Arnulf Krause
Die Götter und Mythen der Germanen

Arnulf Krause

Die Götter und Mythen der Germanen

marixverlag

Bibliografische Information der Deutschen Nationalbibliothek
Die Deutsche Nationalbibliothek verzeichnet diese Publikation in der
Deutschen Nationalbibliografie; detaillierte bibliografische Daten sind
im Internet über
http://dnb.d-nb.de abrufbar.

2. Auflage 2016

© by marixverlag in der Verlagshaus Römerweg GmbH, Wiesbaden 2015
Covergestaltung: Kerstin Göhlich, Wiesbaden
Bildnachweis: Odin auf seinem Thron mit den Wölfen Geri und Freki
und den Raben Huginn und Muninn
(Denkmal von Wilhelm Engelhard, 1888). © akg images, Berlin
Satz und Bearbeitung: SATZstudio Josef Pieper, Bedburg-Hau
Der Titel wurde in der Palatino Linotype gesetzt.
Gesamtherstellung: CPI books GmbH, Leck – Germany

ISBN: 978-3-7374-0986-5

www.verlagshaus-roemerweg.de

»*Ich weiß, dass ich hing am windigen Baum neun ganze Nächte,
vom Speer verwundet und Odin geopfert, selber mir selbst,
an dem Baum, von dem niemand weiß,
aus welchen Wurzeln er wächst.
Weder Brot reichten sie mir noch Trinkhorn,
ich blickte nach unten;
ich nahm die Runen auf, nahm sie schreiend,
ich fiel wieder herab.*«

Schilderung von Odins Selbstopfer
in den *Sprüchen des Hohen*

Inhalt

I. Die Welt des Nordens

Was uns an den Germanen fasziniert

Die Götter und Mythen der Germanen dürften bei den Leserinnen und Lesern neben allem sachlichen Interesse eine Reihe von Assoziationen wecken, die sich mit mehr oder weniger starken Vorstellungen verbinden: der thronende Göttervater Wodan mit seinen Raben und Wölfen; der ungestüme Blitzeschleuderer Donar, dessen Name bereits auf den Donner verweist; Zwerge, Trolle und Drachen als Gestalten der mythischen Welt in und um Asgard; des Weiteren geheimnisumwitterte Grabhügel, Hünengräber inmitten von Heiden und Mooren sowie Runensteine; unwirtliche Einöden, dunkle Wälder und gewaltige Fjorde – kurzum die Welt des Nordens, die sich mit ihren »Götter- und Heldensagen« vom deutschen Rhein bis nach Island am Polarkreis erstreckt. Im *Nibelungenlied* findet sich dafür eine kongeniale Darstellung, indem die burgundischen Recken von Worms in das befremdliche Reich der isländischen Königin Brünhild reisen. Und der sagenhafte Nibelungenschatz wird aus Norwegen zum Mittelrhein befördert. Als wolle hier das mittelhochdeutsche Heldenepos den Mythos des Nordens pflegen und weitererzählen. Heidnische Götter kommen darin allerdings nicht mehr vor; im Gegensatz dazu die Isländer, die sich ihrer – obwohl Christen – noch um 1200 erinnern und Göttervater Odin – wie Wodan im Norden heißt – kräftig bei den Kämpfen der Helden mitmischen lassen. Damit befinden wir uns inmitten der nördlichen Gefilde, in der Welt der germanischen Völker, zu deren Nachfahren sich Deutsche, Engländer und die meisten Skandinavier zählen. Den Dänen, Schweden, Norwegern und Isländern war ihr vorchristliches mythisches Erbe längst vertraut – dank der isländischen Handschriften des Mittelalters, die vieles davon bewahrten. Darunter die Edda, die sich gleichsam als Zauberwort des Nordens erweist. In Deutschland (wie in England) hat man sich alles erst mühsam seit dem 18. Jahrhundert erschließen müssen. Und da fiel insbesondere den Romantikern auf, dass die Götter und Mythen des Nordens ein ganz eigener Hauch umweht, der sie von den Götter- und Heldensagen der Griechen und Römer unterscheidet: Dunkler und geheimnisumwitterter wirken sie, schicksalsträchtiger als jene des klassischen Altertums aus der lichten Welt des Mittelmeers. Auf der Suche nach der eigenen Vergangenheit stieß man auf die Germanen, die gleichsam als »erste Deutsche« galten. Doch von den Mythen der Vorfahren wusste man nichts. Da kamen die fernen Isländer ins Spiel, gewissermaßen ein germanisches Brudervolk. Hatten sie nicht das religiöse Erbe der Ahnen in den *Götterliedern der Älteren Edda* und in der *Prosa-Edda* niedergeschrieben? War diese Überlieferung der beiden Eddas nicht auch die der Deutschen? So eigneten sich die Deutschen eine Mythologie an, von der es zwischen Nordsee und Alpen keine oder nur sehr wenige Spuren gibt. Richard Wagner brachte Wodan und die Walküren auf die Bühne, der *Ring des Nibelungen* wurde zu so etwas wie einem nationalen Weihefestspiel. Nicht zuletzt wegen dieses Bühnentreibens erfreuten sich die Götter und Mythen der Germanen vielerorts Beliebtheit und gehörten von nun an neben den klassischen Göttersagen zum Bildungsgut, über das man verfügen sollte. Die Skandinavier ließen sich ihre überlieferten vorchristlichen Mythen nicht nehmen, aber in Deutschland erfuhren sie im ideologischen Vorlauf und Umfeld der NS-Diktatur schlimmsten Missbrauch. Der wirkte noch lange nach 1945 nach. Dann kam eine umtriebige interdisziplinäre Forschung, die ihre eigene, teils düstere Geschichte aufarbeitete und die gesamte Germanenforschung auf entideologisierte und sachliche Füße stellte. Und dann kam der englische Literaturprofessor und Mythenkenner J. R. R. Tolkien, der aus Elementen alter Mythen einen neuen Mythos schuf. Seine Fantasy-Trilogie *Der Herr der Ringe* (1954/55) wurde zum Klassiker dieses Genres schlechthin. Für seine fiktive Mittelerde bediente er sich keltischer wie germanischer Mythenelemente und erschuf daraus eine Welt im Nordwesten Europas. Dort fand sich wieder der Zauber des Nordens, übrigens auch in Namen wie Gandalf,

Thorin, Kili und Fili, von denen Tolkien schmunzelnd zugab, sie schlichtweg der Edda entnommen zu haben. Auf diesem prominentesten und verbreitetsten Weg (man denke an die Verfilmungen Peter Jacksons seit 2001), aber auch auf vielen Nebenwegen, haben die Götter und Mythen der Germanen in die Gegenwart gefunden.

Wer aber waren die Germanen? Wir verstehen darunter eine große Anzahl von Stämmen, deren Gemeinsamkeiten seit den letzten 500 Jahren vor Chr. greifbar werden. In dieser Zeit entwickelt sich eine germanische Sprache (Urgermanisch) aus dem Indogermanischen oder Indoeuropäischen, von dem die meisten europäischen Sprachen abstammen. Daraus entstehen die heutigen germanischen Sprachen (Dänisch, Schwedisch, Norwegisch, Färöisch und Isländisch, Englisch, Deutsch und Niederländisch, um die wichtigsten zu nennen). Den Archäologen gelten die Menschen der Jastorf-Kultur im heutigen Niedersachsen als erste Germanen, die man im erwähnten Zeitraum datiert. Namentlich und damit historisch greifbar sind die Germanen erst seit dem 1. Jahrhundert vor Chr. Für ihre Berühmtheit hat vor allem Julius Caesars Schrift *Über den Gallischen Krieg* (58–51 vor Chr.) gesorgt. Die derart benannten Barbarenstämme rechts des Rheins kannten jedoch keine einheitliche Selbstbezeichnung und lebten in keinem gemeinsamen Reich. Gleichwohl bestanden Gemeinsamkeiten: eine gemeinsame oder zumindest ähnliche Sprachen, das Fehlen einer Stadtkultur mit Münzwesen, eine von Adel und Kriegergefolgschaften geprägte Stammesgesellschaft, die um die Zeitenwende nach dem Vorbild mediterraner Alphabete entstandene Runenschrift, eine sich allmählich entwickelnde Kunst (»Germanischer Tierstil«), die wohl erst seit der Völkerwanderungszeit entstehenden Heldensagen und schließlich ähnliche religiöse Vorstellungen und Gottheiten. Ein beachtlicher Teil der germanischen Stämme zeichnet sich von ca. 120 vor Chr. bis 1100 nach Chr. durch Kriegszüge, Wanderungen und Landnahmen aus und findet sich oftmals in Bündnissen zusammen. Als erste gelangten die Kimbern und Teutonen aus Jütland bis nach Oberitalien, wo sie von den Römern 102/101 vor Chr. vernichtend geschlagen wurden. Den Abschluss dieser germanischen Völkerwanderungen stellen die Raubzüge, Migrationen und militärischen Interventionen der skandinavischen Wikinger dar (Wikingerzeit 793–1066 nach Chr.), die auf den Britischen Inseln, im Nordatlantik (Island, Grönland), in der Normandie (nach den Normannen »Nordmännern« bezeichnet) sowie im Baltikum und Russland agieren. Sie stellen übrigens als letzte Heiden diejenigen dar, deren vorchristliche Traditionen die wichtigsten Zeugnisse der germanischen Mythologie bieten.

Nach dem legendären Sieg des Cheruskerfürsten Arminius über die Legionen des Varus in der Schlacht im Teutoburger Wald (wohl bei Kalkriese bei Osnabrück) im Jahre 9 nach Chr. machten die Römer den Rhein zur Grenze, der sie schließlich mit dem Limes eine Grenzlinie zwischen Rhein und Donau hinzufügten. Seit dem 3. Jahrhundert entstehen germanische Großstämme, die den Druck auf die Grenzen Roms verstärken: Alamannen, Franken und Sachsen, später noch die Thüringer und Bajuwaren (Baiern). Etwa gleichzeitig bilden sich in Osteuropa Völkerschaften, die teilweise aus Skandinavien stammen: West- und Ostgoten, Burgunden, Vandalen u. a. Diese Ostgermanen gründen während der Völkerwanderungszeit auf römischem Reichsgebiet kurzlebige Reiche. Die aus dem Rhein-Weser-Gebiet über den Rhein vordringenden Franken errichten andererseits gegen 500 ein Reich, das sich 300 Jahre später unter Karl dem Großen über Frankreich, das westliche Deutschland, Oberitalien sowie weitere Gebiete Europas erstreckt und zu einer Keimzelle des mittelalterlichen Abendlandes wird. Auch die um 450 nach England ausgewanderten Angeln, Sachsen und Jüten begründen dort mit ihren sieben Königreichen langwährende Herrschaften. Unter den Nordgermanen geschieht dies erst im 10. und 11. Jahrhundert. Man hat sich angewöhnt, die germanische Stämmevielfalt wie folgt zu gliedern: Elbgermanen (Langobarden, Hermunduren, Semnonen u. a.), Nordseegermanen (Angeln, Sachsen, Friesen), Rhein-Weser-Germanen (aus deren Stämmen die Franken entstanden). Diese drei Untergruppen bilden die Westgermanen (Südgermanen), denen die Großstämme der Franken, Alamannen, Sachsen, Thüringer, Bajuwaren und Langobarden zuzurechnen sind und aus denen später zum Teil die Deutschen werden. Als Nordgermanen bezeichnet man die oben genannten Völker in Skandinavien; als Ostgermanen die ebenso bereits angeführten.

Religion und Mythen dieser zahlreichen germanischen Völkerschaften, Stämme, Großstämme und Völker umfassen demzufolge einen chronologischen Rahmen, der mit der Annahme des Christentum um 1100 nach Chr. endet, dessen Anfänge jedoch irgendwo in den Jahrhunderten vor der Zeitenwende zu suchen sind und womöglich bis in die nordische Bronzezeit zurückreichen. Die Schwerpunkte der Überlieferung stellen die schriftlichen Zeugnisse dar, deren Hauptmasse sich erst im 13. Jahrhundert auf Island findet. Ansonsten greifen wir auf eine Fülle verstreuten Materials zurück wie nichtgermanischer Nachrichten über religiöse Bräuche, Runeninschriften, Sprachzeugnisse und archäologische Funde. Insgesamt muss deren Vielfalt als immens gelten, erstreckt sie sich doch beispielsweise von Weihesteinen romanisierter Germanen im Rheinland des 2. Jahrhunderts bis zu monumentalen Grabhügeln der Wikingerzeit in Skandinavien 800 Jahre später. Aber bei allen zeitlichen wie geographischen Distanzen und Unterschieden zwischen den größeren und kleineren germanischen Gruppierungen erlauben sehr ähnliche Grundlagen, von einer gemeinsamen germanischen Religion und Mythologie zu sprechen. Dabei geht es dem vorliegenden Buch um erheblich mehr als um *Die Götter und Mythen der Germanen*, die zweifelsohne im Mittelpunkt stehen. Sein Blick richtet sich auch auf die germanischen Vorfahren der Bronzezeit, das Weltbild, auf Phänomene der praktizierten Religion, nämlich das Opferwesen, Grabbrauch und Jenseitsvorstellungen sowie die Magie. Schließlich noch ein Blick auf das Ende des germanischen Heidentums durch die Christianisierung und die Frage nach dem Nachleben der alten Götter im Aber- und Volksglauben des Mittelalters und der Neuzeit. Das letzte Kapitel greift unsere Ausgangsfrage wieder auf, was nämlich an Göttern und Mythen der Germanen so interessiert und fasziniert. Dort wird zu zeigen sein, dass die Rezeption und kreative Auseinandersetzung mit ihren religiösen Vorstellungen bereits im Mittelalter beginnt und bis in unsere Gegenwart fortdauert.

II. Edda, Runen, Grabhügel

Woher unser Wissen über die Religion der Germanen stammt

Götter und Mythen der Germanen gehören seit langem der Vergangenheit an; ihre Religion ist Geschichte, von der man so gut wie nichts mehr wüsste. Denn unter den späteren deutschen Stämmen der Franken, Alamannen und Baiern fasste das Christentum im 6. und 7. Jahrhundert Fuß, die Sachsen (im heutigen Westfalen und Niedersachsen) folgten vor etwa 1200 Jahren. Nur noch die Nordgermanen hielten an der Verehrung der alten Götter länger fest. Aber selbst in Skandinavien, von Island bis Schweden, war der Erfolg der Missionare unaufhaltsam, und spätestens um 1100 dürfen alle nordgermanischen Völker als christlich bezeichnet werden. Auch wenn man noch manchem schwedischen Bauern in abgelegenen Wäldern und Gebirgen ab und an die Pflege heidnischer Riten unterstellte – Zukunft war den alten Göttern nicht mehr beschieden; sie fristeten ihr Dasein allenfalls noch als Schreckgespenster des Aberglaubens. Woher stammt dann aber unser reiches Wissen um Götter und Mythen der Germanen? Woher kennen wir Opferkulte und Begräbnissitten?

1. Die isländischen Eddas

Unser Wissen wäre nur bruchstückhaft, hätte man nicht auf der Nordatlantikinsel Island (knapp 300 km vor Grönland, 1000 km von Norwegen entfernt) einen bemerkenswerten Fund gemacht: Dem altertumsinteressierten Bischof Brynjólfur Sveinsson fiel 1643 ein unansehnliches Büchlein in die Hände. Wo genau das geschah, ist bis heute ein Rätsel geblieben. Die abgelegenen isländischen Höfe galten damals als Fundgruben mittelalterlicher Handschriften; denn bei aller Armut liebten die

Isländer ihre Bücher und schrieben sie auch immer wieder ab. Der Fund des Bischofs gelangte 1662 in die Königliche Bibliothek in Kopenhagen, wo er bis 1971 verblieb. Seitdem wacht das Isländische Handschrifteninstitut in Reykjavík über einen Nationalschatz allererster Güte: Der Codex Regius (die *Königliche Handschrift*; Signatur: Gks 2365, 4to) ist eine Handschrift mit den bescheidenen Maßen von 19 x 13 cm und einem Umfang von 45 Pergamentblättern – einige verloren gegangene Blätter sind für unser Thema nicht von Belang. Niedergeschrieben wurde das Büchlein um 1270 auf Island, viel mehr ist bis zur Auffindung im 17. Jahrhundert nicht bekannt.

Zum Inhalt: Die so genannte *Lieder-Edda* (auch als *Ältere Edda* und *Sämunds Edda* bezeichnet) enthält eine Vielzahl von Götter- und Heldenliedern. Letztere behandeln u. a. den Stoff der Nibelungensage und sollen hier nicht weiter interessieren. Der Schreiber hat seine Sammlung anscheinend nach einem durchdachten Plan geordnet und präsentiert. Sie beginnt mit den Götterliedern, an deren Spitze die *Weissagung der Seherin* (altnord. Völuspá) steht, die man als umfassenden Überblick über die altnordische Mythologie bezeichnen kann. Dieses zweifelsohne berühmteste Götterlied mit insgesamt 66 Strophen genießt bis in die Gegenwart den Ruf, ein Text ganz großer Weltliteratur zu sein, der nicht nur als Zeugnis nordgermanischer Mythologie gilt, sondern auch hohen poetischen Ansprüchen genügt. Das Lied ist ein Visionsmonolog, in dem eine Seherin (Völva) dem Gott Odin vom Werden und Vergehen der mythischen Welt erzählt: beginnend mit den Riesen als ältesten Wesen und der Weltesche Yggdrasill; fortfahrend mit den Asengöttern, die aus dem Körper des getöteten Urriesen Ymir die Welt erschufen. Auch die Zwerge finden Erwähnung und die Erweckung des ersten Menschenpaares. Die monumentale mythische Weltschau verdüstert sich mit dem Tod des lichten Gottes Balder, der einer List des zwielichten Loki zum Opfer fällt. Unheilwesen wie Drache und Wolf künden die Ragnarök an, den Untergang der alten Welt. Vom Osten ziehen die Riesen mit Loki und dessen Kindern, dem Fenriswolf und der Midgardschlange heran. Aber das ist nicht das Ende: Der untergegangenen Welt folgt eine neue, die sich aus dem Meer erhebt, und um den aus dem Totenreich Hel zurückkehrenden Gott Balder begründen die Söhne der Asen eine neue Herrschaft.

Auf die *Weissagung der Seherin* folgen mit den *Sprüchen des Hohen* (altnord. Hávamál), dem *Wafthrudnir-* (altnord. Vafþrúðnismál) und dem *Grimnirlied* (altnord. Grímnismál) drei Gedichte um den Gott Odin. Sie enthalten hauptsächlich Spruchweisheiten und mythologisches Wissen in Form von Monologen des höchsten Asengottes und einem Wissenswettstreit mit dem Riesen Wafthrudnir. Dabei stechen die 164 Strophen der *Sprüche des Hohen* besonders hervor, bieten sie doch allerlei Weisheiten, die Odin (der Hohe) kundtut – darunter praktische Lebensregeln, Warnungen vor Wankelmut und Lüge in der Liebe, das hochinteressante Runengedicht Odins, worin der Gott sein Selbstopfer an der Weltesche Yggdrasill schildert, an der er neun Nächte hing, um das Runenwissen zu erwerben. Das umfangreichste Götterlied schließt mit der Aufzählung von Zaubersprüchen, ohne jedoch deren Inhalt zu zitieren.

Den drei Odinsliedern folgt das *Skirnirlied* (altnord. Skírnismál, auch Skírnisför, *Skirnirs Fahrt*), das als einziges Gedicht dem Wanengott Freyr gewidmet ist. Dann schließlich fünf Texte, die sich mit Thor beschäftigen: Im *Harbardlied* (altnord. Hárbarðsljóð) führt er ein Streitgespräch mit seinem unerkannt bleibenden Vater Odin. Das *Hymirlied* (altnord. Hymiskviða) besteht aus mehreren Episoden, in denen er es mit seinen Erzfeinden, den Riesen, zu tun bekommt. In *Lokis Spottrede* (altnord. Lokasenna) steht zwar der bösartige Loki im Mittelpunkt, aber erst Thor gelingt es, den Frieden unter den Göttern wieder herzustellen. Das *Thrymlied* (altnord. Þrymskviða, auch *Heimholung des Hammers*) erzählt auf schwankhafte Weise ein weiteres Abenteuer mit Riesen, während das abschließende *Alwisslied* (altnord. Alvíssmál) in einem Streitgespräch zwischen Thor und einem Zwerg mit deren gegenseitigen Fragen und Antworten Wissen vermittelt. Vor diesem letzten Götterlied hat der Schreiber das mittlerweile zu den Heldenliedern gezählte *Wölundlied* (altnord. Völundarkviða) niedergeschrieben. Der

Grund dafür war anscheinend, dass dessen Protagonist Wölund (der berühmte Meisterschmied Wieland) als Abkömmling der mythischen Alben gesehen wurde. Diesen Götterliedern des Codex Regius stellt man noch einige mythologische Gedichte zur Seite, die andernorts überliefert wurden: *Balders Träume* (altnord. Baldrs draumar, auch *Wegtamlied*), das *Merkgedicht von Rig* (altnord. Rígsþula), das *Hyndlalied* (altnord. Hyndluljóð) sowie das *Swipdaglied* (altnord. Svipdagsmál).

Leider kann keines dieser bedeutenden Zeugnisse in eine ferne germanische Vergangenheit zurückgeführt werden. Eigentlich weiß man kaum mehr, als dass die Götterlieder im 13. Jahrhundert auf Island bekannt waren und zu Pergament gebracht wurden. Alles andere muss Spekulation bleiben. Die Germanen auf dem Kontinent kannten wohl gar keine Götterlieder, die erst zur Zeit der Wikinger im Spätheidentum des 10. Jahrhunderts entstanden. Beispielsweise schreibt man der *Weissagung der Seherin* ihre Entstehung um das Jahr 1000 zu, manchem Lied unterstellt man sogar die intellektuelle Spielerei eines christlichen Gelehrten des 13. Jahrhunderts. Wie auch immer: Götternamen und Mythen sind im Großen und Ganzen nicht aus den Fingern gesogen, sie führen zumindest in Spuren zurück in die vorchristliche Vergangenheit. Der Forschung bleibt es vorbehalten, diese Beziehungen zu klären und möglichst das Alte vom Neuen zu trennen.

An den alten Überlieferungen waren die Isländer des hohen Mittelalters brennend interessiert. Dafür steht Snorri Sturluson (1179–1241), der bedeutendste isländische Politiker und Gelehrte seiner Zeit. Viel ließe sich über seine Herkunft aus dem mächtigen Geschlecht der Sturlungen sagen, viel über seine Ausübung des einflussreichen Amtes (des einzigen) des Gesetzessprechers in der isländischen Republik, viel über seine Aufenthalte beim norwegischen König Hákon Hákonarson, auf dessen Initiative er schließlich von eigenen Verwandten ermordet wurde. Wichtiger sind allerdings jene literarischen Werke, die man ihm zuschreibt, so die *Heimskringla*, eine Geschichte der norwegischen Könige, und die *Saga von Egill Skallagrimsson*, Islands berühmtestem Skalden, den Snorri zu seinen Vorfahren zählte. Seine bedeutendste Arbeit ist jedoch jenes Buch, das nach ihm als *Edda des Snorri Sturluson* bezeichnet wird (altnord. Snorra Edda, *Snorris Edda*, auch *Jüngere* oder *Prosa-Edda*). Im Mittelalter kursierte es schlicht unter dem Namen Edda, dessen Herkunft bis heute ungeklärt blieb: Ist damit die altisländische Bedeutung »Urgroßmutter« gemeint, um auf die alten Überlieferungen hinzuweisen? Oder leitet sich das Wort von óðr »Dichtung« ab oder von dem Hofnamen Oddi, wo Snorri aufwuchs, oder hängt es vielleicht mit dem lateinischen edo »ich verkünde« zusammen? Klar ist jedenfalls, was das Wort Edda bezeichnete: eine Poetik, ein Dichtungslehrbuch für die traditionellen isländischen Poeten, die Skalden, deren Überlieferung Snorri bewahren, pflegen und weitervermitteln wollte. Als er um 1220 sein Werk niederschrieb (vier Haupthandschriften blieben erhalten, von denen die älteste immerhin um 1300 entstand), griff er auf eine Fülle von Skaldengedichten und Eddaliedern zurück, was seine Edda neben den *Götterliedern der Älteren Edda* zur wichtigsten Quelle der nordgermanischen Mythologie macht.

Sie besteht aus vier Teilen, beginnend mit einem kurzen Prolog (altnord. Formáli), der die vorchristlichen Mythen mit der biblischen Schöpfungsgeschichte im Sinne mittelalterlicher Gelehrsamkeit verbindet. Dieses Vorwort soll hier genauso wenig interessieren wie das abschließende *Verzeichnis der Versarten* (altnord. Háttatal), in dem Snorri seine poetische Meisterschaft beweist: In einem Preisgedicht verwendet er in 102 Strophen sageundschreibe 100 verschiedene Versarten.

Der erste Hauptteil *Gylfis Täuschung* (altnord. Gylfaginning) hat es insofern in sich, weil er eine Sammlung vorchristlicher Mythen und Götterbeschreibungen enthält. Snorri bedient sich dabei eines erzählerischen Tricks, indem er seiner Mythographie die Form eines Dialogs gibt. Der schwedische König Gylfi sucht unter einem Decknamen die in den Norden eingewanderten Asen auf, die hier lediglich ein zauberkundiges Menschenvolk und keine Götter sind. Diese, repräsentiert von drei Herrschern namens der Hohe, der Gleichhohe und der Dritte, erkennen jedoch seine Absicht und spiegeln ihm Sinnestäu-

schungen vor. Auf diese Weise erfährt Gylfi von einem Schöp-
fergott Allvater, von der Entstehung der Welt und der sie bevöl-
kernden Wesen wie Götter, Riesen, Zwerge und Menschen.
Letztlich ist es das ganze Wissen der oben beschriebenen Götterlieder, das Snorri ordnet und ergänzt. Kein Wunder, dass
sich die Asen nach der Schilderung der Ragnarök den wissbe-
gierigen Fragen Gylfis entziehen und ihre Illusion auflösen. Der
König bleibt allein auf freiem Feld zurück. *Gylfis Täuschung*
diente ganz offensichtlich dazu, die jungen Skalden des 13. Jahrhunderts mit den alten vorchristlichen Überlieferungen vertraut zu machen.

Dann lässt Snorri die *Sprache der Dichtkunst* (altnord.
Skáldskaparmál) folgen, eine Stillehre mit zahlreichen Zitaten
als Beispiele für die komplizierten Umschreibungen der Skalden, die Heiti (Synonyme) und Kenninge (mehrgliedrige Umschreibungen). Da man dafür gern auf mythologisches Wissen
zurückgriff, erzählt Snorri einige Mythen wie den Skaldenmet-
mythos, den Raub der Göttin Idun, Thors Kämpfe mit Riesen
und Lokis üble Streiche – eine wahre Fundgrube für alte Mythen. Sein reiches Material schöpfte der isländische Gelehrte
aus den eddischen Götterliedern, aus zahlreichen überlieferten
Skaldenstrophen und aus Elementen des Volksglaubens. Seine
Edda ist ein weiteres Stück isländischer Weltliteratur, das sei-
nesgleichen sucht. An manchen unterhaltsamen Götterepiso-
den dürfte er fabulierend selbst Hand angelegt haben, nicht alles darf als authentisch vorchristlich gelten. Trotzdem bietet
das Lehrbuch eine geradezu vorurteilsfrei wirkende Gesamt-
schau der nordgermanischen Mythologie.

2. Andere isländische Schriftquellen des Mittelalters

Auf jene für Snorri so wichtigen Skalden (altnord. skáld, vielleicht mit »schelten« verwandt) sei noch einmal zurückgekom-
men. Wir verstehen darunter norwegische und isländische
Dichter, die mit ihren Preisliedern auf lebende und tote Fürsten
an den Königs- und Fürstenhöfen der Wikingerzeit großes An-

sehen genossen. Lediglich auf Island blieb ihre hochartifizielle Poesie bis in Snorris Zeit erhalten. Das ist insofern bemerkenswert, als die ältesten Gedichte aus dem 9. Jahrhundert stammen. Da Skaldenkunst mündlich entstand und nicht niedergeschrieben wurde, scheint sie über mehrere Jahrhunderte von Mund zu Mund tradiert worden zu sein – bis die mittlerweile des lateinischen Alphabets kundigen Isländer die Strophen aufschrieben. Diese finden sich nicht nur in *Snorris Edda*, sondern auch in zahlreichen Isländer- und Königssagas, die sich mit der isländischen und norwegischen Geschichte beschäftigen. Wie oben bereits dargelegt, bieten die kunstvollen Umschreibungen der Skalden eine mythologische Quelle ersten Ranges. So erwähnt der älteste überlieferte Dichter namens Bragi Boddason in *Ragnars Gedicht* (altnord. Ragnarsdrápa) bereits im 9. Jahrhundert den Mythos von Thors Fischzug gegen die Midgardschlange. Die skaldische Vorliebe für Verrätselungen stellt allerdings auch ein beachtliches Verständnishindernis dar: Woher sollte man wissen, was sich hinter »Kwasirs Blut«, »Zwergenmet«, der »Vaterbuße der Riesen« oder der »Flüssigkeit Odrörirs« verbirgt (die Dichtkunst nämlich)? Hier wären wir ohne Snorris ausführliche Kommentare aufgeschmissen.

Die beiden Eddas und zahlreiche Skaldenstrophen bieten demzufolge eine reiche Fundgrube an mythologischen Informationen. Aber die literarisch umtriebigen Isländer des Mittelalters haben durchaus noch mehr zu bieten – weniger spektakulär, gleichwohl aber weiteres Material an Wissen um Götter und Mythen. Dazu zählen die *Isländersagas* (Íslendinga sögur), Prosatexte insbesondere des 13. Jahrhunderts, deren Handlung zwischen 930 und 1030 und damit noch in heidnischer Zeit angesiedelt ist. Wegen ihres realistischen Erzählstils hielt man die Sagas, die auch im deutschsprachigen Raum durch zahlreiche Übersetzungen bekannt wurden, für authentische mündlich überlieferte Erzählungen, denen man einen hohen Zeugniswert für die vorchristliche Kultur und Religion zuschrieb. Mittlerweile sieht man sie als fiktive historische Romane des hohen Mittelalters, die allerdings auf mündliche Traditionen wie Genealogien, kurze Erzählungen und Skaldenstrophen zurückgreifen. Heidentum und Aberglaube können darum durchaus ihre Spuren hinterlassen haben. Dies gilt auch für das einzigartige *Buch von der Landnahme* (altnord. Landnámabók), das wahrscheinlich im 12. Jahrhundert zusammengestellt wurde. Es erzählt von der Besiedlung Islands um 900 und führt Genealogien der Siedler an. Dabei bietet es eine Fülle an Informationen über Ortsnamen, Tempelbauten, religiöse Vorstellungen und den Volksglauben in vorchristlicher Zeit. Aus der Fülle isländischer Schriften seien noch die Fornaldarsögur (*Vorzeitsagas*) erwähnt, die erst gegen 1300 und im 14. Jahrhundert verfasst wurden. Ihr Thema ist die sagenhafte Vorzeit Skandinaviens vor der Besiedlung Islands. Diese Texte zeichnen sich durch phantastisch-märchenhafte Züge aus, und nicht selten greift der alte Heidengott Odin mit Umhang und Schlapphut in die Handlung ein. Wenn auch weniges davon authentisch sein dürfte, lohnt es doch, die Fornaldarsögur nach Resten alter Mythen zu durchforsten. Schließlich noch einmal zu Snorri Sturluson: Die oben erwähnte *Heimskringla* lässt er mit der *Saga von den Ynglingen* (altnord. Ynglinga saga) beginnen, in der er die mythische Urgeschichte Skandinaviens behandelt und die schwedischen Ynglingenkönige aufzählt, auf die sich die Norweger zurückführen. Die Ynglinge selbst stammen Snorri zufolge von den Göttern Odin, Njörd und Freyr ab, die er als aus Asien (wegen der Namensähnlichkeit der Asen) nach Skandinavien eingewanderte Menschen interpretiert. Snorris Hauptquelle war das aus dem 9. Jahrhundert überlieferte *Gedicht der Ynglinge* (altnord. Ynglingatal) des norwegischen Skalden Thjodolf von Hwin. Wiederum gilt es, die im christlichen Kontext entstandene Saga mit kritischer Vorsicht zu sondieren und nach heidnischen Resten zu befragen.

Was trieb die Isländer dazu, wie keine andere Nation des Mittelalters Texte in ihrer Muttersprache – und nicht nur auf Latein – niederzuschreiben und sich zudem recht intensiv mit den vorchristlichen Göttern und Mythen zu beschäftigen? Um den gängigsten Klischees gleich zu widersprechen: Die Menschen im Nordatlantik bewahrten keine Überreste uralter germanischer Kultur – so hat man um 1900 ihre Literatur gern in Deutschland rezipiert. Und Island war kein letzter Hort germanischen Heidentums, wo Snorri Sturluson noch im 13. Jahrhundert an Odin glaubte und seine Edda quasi als heidnische Bibel schrieb – so heute noch manchmal die Sicht neuheidnischer Gruppen. Das Gegenteil war der Fall: Island war ein christliches Land, allerdings mit einigen Besonderheiten. Dazu zählt zweifelsohne die Annahme des Christentums durch das Allthing im Jahr 1000. Der Gesetzessprecher Thorgeirr Thorkelsson fällte einen Schiedsspruch zugunsten der neuen Religion (obwohl er selbst Heide war) und man stimmte ihm zu: Alle sollten sich taufen lassen. Es folgte eine Zeit des Übergangs, in der das Heidentum durchaus noch präsent, aber nicht mehr tonangebend war. (vgl. Kap. X)

Schließlich errichtete der erste vom Bremer Erzbischof geweihte einheimische Bischof Ísleifr Gizurarson 1056 eine Bischofskirche auf seinem Hof Skálholt im Südwesten der Insel. Sein Sohn und Nachfolger Gizurr – der Zölibat setzte sich auf Island nie durch – schenkte den Bischofsitz schließlich der Kirche. 1106 entstand in Hólar im Norden ein zweites Bistum. Seit 1133 wurden neun Männer- und zwei Frauenklöster gegründet. Sie trugen mit zur Ausbreitung der christlichen Lehre und der abendländischen Gelehrsamkeit bei. Kloster- und Privatschulen sorgten für eine rasche Verbreitung der Schrift – im Winter 1117/18 sollen erstmals Gesetze aufgezeichnet worden sein. Gelehrte dienten als neue Leitbilder: Sæmundr Sigfússon inn fróði (»der Gelehrte«, 1056–1133) gründete in Oddi eine hoch angesehene Schule, wo er sein in Frankreich erworbenes Wissen weitergab. Nicht weniger Ruhm genoss der Geschichtsschreiber Ari Thorgilsson (1067–1148), der erstmals nicht lateinisch, sondern isländisch schrieb. Die Alphabetisierung war auf Island im Gegensatz zum restlichen Europa auch in Laienkreisen verbreitet. Die Gründe für eine ausgeprägte Bibliophilie mögen ganz profan gewesen sein: Die langen dunklen Wintermonate wären ebenso zu nennen wie reichlich vorhandene Tierhäute der Schafherden, aus denen Pergament für die Handschriften hergestellt wurde. Aber noch andere Faktoren kamen hinzu: Reges antiquarisches Interesse an der eigenen Vergangenheit einschließlich der vorchristlichen Mythologie traf auf intensive Beziehungen zum Kontinent. Dessen gelehrte Werke wurden eifrig ins Isländische übersetzt, nicht nur Teile der Bibel, auch etwa die weitverbreitete Geschichte vom Trojanischen Krieg, aus der man die Trójumanna saga machte. Oder die römischen Geschichten Sallusts und Lukians, die zur Rómverja saga wurden. Die isländischen Benediktinerklöster vermittelten wie andernorts das Interesse an der antiken Überlieferung (die vorchristlich war). Und in Klassikern wie Ovids *Metamorphosen* oder Vergils *Aeneis* fanden sich antike Götter und Mythen. Kein Wunder, dass die Isländer des 12. Jahrhunderts analog dazu aus ihrer eigenen Tradition schöpften – was den alten Griechen recht war, mochte ihren Vorfahren billig sein! Demzufolge stößt man in der *Clemens saga*, einer Übertragung der Legende um den Heiligen Papst Clemens, auf ein bemerkenswertes Phänomen: Lateinische Götternamen werden in nordische übertragen – aus Merkur wird Odin, aus Jupiter Thor, aus Venus Freyja usw. Und wenn unter den christlichen Gelehrten Europas üblich war, sich mit antiken Göttern zu beschäftigen, warum sollte man da nicht guten Gewissens die Mythen der Vorväter sammeln, wie Snorri es so vorbildlich tat? Daran war weder etwas Heidnisches noch Ketzerisches. Der weit verbreitete typologische Vergleich ließ sich beispielsweise auf Christus und Thor anwenden. Und dabei schnitt das Christentum besser ab; denn während Christus den Satan in Gestalt des Drachen Leviathan besiegte (in apokrypher Evangelienüberlieferung), verlor Thor im Kampf mit der Midgardschlange sein Leben. Natürlich konnten zudem heidnische Götter als Dämonen in Verruf gebracht werden. Eine andere Sicht unterstellte den Vorfahren eine ehrenhafte Suche nach Gotterkenntnis, lange bevor das Christentum die Wahrheit in den Norden brachte. Weswegen man den falschen Göttern folgte. Dieses Konzept einer »natürlichen Religion« erfreute sich auf Island großer Beliebtheit. Auf die Altvorderen ließ man denn doch nicht gern Schlechtes kommen. Der Überlieferung germanischer Mythologie zum Glück!

3. Schriftzeugnisse seit der Antike

Mit der Fülle isländischer Überlieferungen lassen sich andere, vor allem lateinische Textquellen kaum vergleichen. Allerdings sind sie teilweise weit über 1000 Jahre älter und bieten damit rudimentäre, aber sehr alte Nachrichten über die Religion der Germanen. Im Folgenden seien die wichtigsten Werke genannt: Beginnen wir mit einem Zeitgenossen Snorri Sturlusons, dem Dänen Saxo Grammaticus (Saxo »der Grammatiker«), der als Kleriker und Gelehrter am erzbischöflichen Hof zu Lund kurz nach 1200 eine lateinische Gesta Danorum *(Taten der Dänen)* schrieb, eine Geschichte der Dänen von den Anfängen bis in seine Gegenwart. Für die sagenhafte Frühzeit greift er nach eigenem Bekunden auf isländische Gewährsmänner zurück, durch die er eine Fülle an Mythen und Heldensagen erfuhr. Seine lateinische Gelehrtensprache und ein recht freier Umgang mit den Göttergeschichten führten zu erheblichen Unterschieden zur Überlieferung der isländischen Eddas. Trotzdem kann man den Gesta Danorum ihren Wert als wichtiges Zeugnis nicht absprechen. Nicht unerwähnt bleiben darf der deutsche Kleriker Adam von Bremen, der um 1070 die Historia Hammaburgensis eclesiae *(Geschichte der Hamburgischen Kirche)* schrieb. Da den Erzbischöfen von Hamburg-Bremen die Missionierung Nordeuropas oblag, schenkt Adam auch den »nördlichen Inseln« Aufmerksamkeit. Seine Angaben erhellen die Übergangszeit vom Heidentum zum Christentum, wobei er als berühmtestes Zeugnis ein Opferfest in Alt-Uppsala schildert.

Über 1100 Jahre zuvor beginnen die Nachrichten über die germanischen Stämme mit Caius Iulius Caesars *Gallischem Krieg* (De Bello Gallico), auch wenn er an den religiösen Verhältnissen wenig interessiert ist. Die anschließenden Kriege und friedlichen Kontakte Roms mit den Germanen führen zu zahlreichen Informationen über die »Barbaren« jenseits des Rheins. Der Geschichtsschreiber Publius Cornelius Tacitus (ca. 55–120 nach Chr.) stellt dabei einen ähnlichen Glücksfall dar wie später die isländischen Eddas. Nicht nur, dass seine *Historien* und *Annalen* die römische Geschichte des ersten Jahrhunderts nach Chr. zum Thema haben und darum auch wichtige Nachrichten über die Germanen bringen. Von herausragender Bedeutung ist seine um das Jahr 98 verfasste Schrift De origine et situ Germanorum (*Über Ursprung und die geographische Lage der Germanen*, kurz *Germania*). Diese für die Antike einzigartige ethnographische Monographie nimmt sich der Kultur und der Lebensumstände der germanischen Stämme an, darunter auch Schilderungen der germanischen Religion und ihrer Sitten und Gebräuche.

Nach der Christianisierung der germanischen Stämme widmen sich deren Gelehrte den Geschichten ihrer Völker, die sie mit Antike und neuer Religion verknüpfen. Dabei fällt auch die eine und andere Mitteilung über das Heidentum an. So schildert der byzantinische Geschichtsschreiber Prokop (ca. 500–560) die oströmischen Kriegszüge gegen die Ostgoten in Italien (De bello Gothico *Über den Gotenkrieg*), wobei er Nachrichten über die Goten und die Skandinavier sowie ihre Religion mitteilt. Auch der gotische Bischof Jordanes verfasst um 550 eine *Gotengeschichte* (Getica), in der er Angaben zur Herkunftssage und zum Kult der Goten macht. Wenige Jahrzehnte später schreibt Bischof Gregor von Tours (um 540–594) mit der *Geschichte der Franken* (Historia Francorum) das wichtigste Geschichtswerk der Merowingerzeit. Auch hier liest man in der heidnischen Frühzeit des Volkes von dessen religiösen Bräuchen. Hervorzuheben ist der für seine Gelehrsamkeit berühmte nordenglische Geistliche Beda Venerabilis (»der Ehrwürdige«, 673–735), der eine Historia ecclesiastica gentis Anglorum *(Kirchengeschichte der Angelsachsen)* schrieb, in der er die mythischen Vorfahren dieses Volkes erwähnt. Und nicht zu vergessen Paulus Diaconus (um 720–799) aus einem langobardischen Adelsgeschlecht Norditaliens, der an der Hofschule Karls des Großen in Aachen lehrte. Unter seinen Werken ragt die lateinische *Langobardengeschichte* (Historia Langobardorum) heraus, in der er Entstehungsmythen seines Volkes wiedergibt, deren Motiv sich interessanterweise später im eddischen *Grimnirlied* wiederfindet. Gerade im Umfeld des Frankenherrschers Karl und seiner Nachfolger stoßen wir auf mehrere kurze, aber bedeutende Texte, u. a. die Missionierung der Sachsen betreffend: so in den Gesetzestexten der Kapitularien und insbesondere in dem Indiculus Superstitionum et paganiarum *(Verzeichnis des Aberglaubens und Heidentums)*, das etliche heidnische »Verstöße« auflistet, etwa »Heiligtümer des Wodan und Donar«, »Zaubersprüche« und ein »Götzenbild aus Mehlteig«. Höchst erwähnenswert ist auch das *Sächsische Taufgelöbnis*, das in der Sachsenmission verwendet wurde. Dem Text folgend musste der Täufling nicht nur dem Teufel abschwören, sondern auch den germanischen Göttern Donar, Wodan und Saxnot. Etwas später wurden die *Merseburger Zaubersprüche* niedergeschrieben, die vorchristliche Magie bezeugen, aber auch mehrere göttliche und übernatürliche Wesen nennen. Für Deutschland sei hier noch Bischof Burchard von Worms (965–1025) erwähnt, dessen Bußbücher zahlreiche abergläubische Bräuche verurteilen, die sich teilweise auf vorchristliche Vorstellungen zurückführen lassen.

Schließlich ist noch eine ganz spezielle Gruppe von Schriftzeugnissen zu nennen, nämlich jene in Runen geschriebenen. Darunter (der Singular Rune hat die Grundbedeutung »Geheimnis« und gehört zu Wörtern wie Geraune und raunen) versteht man germanische Schriftzeichen, die nachweislich seit dem 2. Jahrhundert unter einzelnen Stämmen und Gruppen in Gebrauch waren. Anfangs fanden sie im südlichen Skandinavien Verwendung, um 600 erfreuten sie sich unter den Alamannen in Süddeutschland größerer Beliebtheit. Ihre Blütezeit erlebten sie unter den Wikingern, wobei es noch im 11. Jahrhundert im mittelschwedischen Uppland zu einem regelrechten Boom von Runensteinen kam, die üblicherweise von Christen errichtet wurden. Runen galten demzufolge nicht als urheidnische Attribute, auch wenn man sie ursprünglich als »götterentstammt« ansah und Odin zuschrieb. Runeninschriften (von einem bis zu 750 Zeichen) finden sich u. a. auf Lanzenblättern und Schwertklingen, aber auch auf Schmuckstücken wie Ringen und Fibeln sowie auf Brakteaten, die als kleine Goldscheiben Glück verhießen. In Skandinavien ritzte man sie während der Wikingerzeit auf Steine und Felsblöcke, oftmals zusammen

mit Ornamenten und Bildmotiven, die farbig ausgemalt wurden. Runen dienten sowohl profanen als auch sakralen Zwe-
cken, etwa der Anrufung von Göttern, aber auch der Abwehr
von Dämonen und Geistern. Demzufolge sind es Runenritzungen, die als erste die Götternamen Wodan-Odin und Donar-
Thor bezeugen. Magische Zwecke belegen Runenwörter wie
alu (»Abwehr«) und laukar (»Lauch«) oder das dreimalige Ritzen der Thurs-Rune, die Schaden bewirken sollte.

4. Archäologische Funde

Von den Runen führt ein direkter Weg zur Archäologie, sind
doch runentragende Objekte zumeist den Funderfolgen der
Vor- und Frühgeschichte zu verdanken. Den oben vorgestellten
Schriftzeugnissen eignet zweifelsohne eine gewisse Unschein-
barkeit, während Bodenfunde eine nicht zu versiegende Quelle religionshistorischer Erkenntnisse verbunden mit medialer
Aufmerksamkeit zu sein scheinen. Im Idealfall ergänzen sich
die schriftlichen Zeugnisse und die archäologischen Ergebnis-
se, nicht selten ergeben sich Diskrepanzen, die nicht gelöst werden können. Hier die bedeutendsten Fundgruppen:
　　Gräber bieten Erkenntnisse über den Umgang mit den Toten
und die damit verbundenen Jenseitsvorstellungen. Außerdem
erweist sich die vorchristliche Sitte der Grabbeigaben als wah-
rer Segen für Informationen über die Sachkultur. Ein Beispiel:
Auf der schwedischen Insel Björkö im Mälarsee fanden sich bei
dem wikingerzeitlichen Handelszentrum Birka hunderte von
Gräbern, in denen beigelegte Goldblechfigürchen, Thorshämmer und zahlreiche Amulette religiöse Bräuche belegen. Besonders ergiebig ist die weit verbreitete Grabhügelsitte, mit der
man mächtige Verstorbene ehrte: vom Fürstengrab von Gommern (Sachsen-Anhalt) aus dem frühen 4. Jahrhundert über das
südostenglische Schiffsgrab von Sutton Hoo mit seinen prächtigen Beigaben (um 650) bis zum sensationellen Grabfund im
norwegischen Oseberg, wo in der 1. Hälfte des 9. Jahrhunderts
eine hochstehende Fürstin nebst Dienerin und einer Vielzahl

von Beigaben beigesetzt wurde. Zumeist weniger spektakulär kommen Opferplatzfunde daher, die sich in ehemaligen Gewässern oder Mooren machen lassen. In Bad Pyrmont im Weserbergland, im thüringischen Oberdorla oder im dänischen Nydam sowie an unzähligen anderen Fundorten ließen sich Opfergaben manchmal aus über einem ganzen Jahrtausend verfolgen. Und was man nicht alles den Göttern übergab: Waffen aller Art, Schmuckstücke, Keramik, Wagenräder, ganze Boote, Kleider, Pferdegeschirre, allerlei Tiere und wohl dann und wann auch Menschen. Eine reiche Fundquelle tut sich da also auf. Ganz im Gegensatz zu Gebäuderesten, bei denen in unserem Zusammenhang natürlich vor allem germanische Tempel von Interesse sind. Ein schwieriges Unterfangen, hat man doch lange grundsätzlich die Existenz solcher Häuser infrage gestellt. Mittlerweile ist man sich ziemlich sicher, dass etwa die langen Hallen der Wikinger auch für sakrale Zwecke genutzt wurden und dass insbesondere kleinere Gebäude sogar als Tempel dienten. Im Rahmen solcher Großfunde stieß man auf eine Fülle kleinerer Objekte, die wichtige Zeugnisse über Göttervorstellungen und mythische Motive bieten: Votivgaben (Opfergaben); Kultgegenstände wie die mutmaßlich göttliche Wesen darstellenden Holzidole; kreisrunde Brakteaten und Goldblechfigürchen, die wohl als Amulette dienten. Dazu treten Thorshämmer, die eine besondere Verehrung des Gottes Thor verdeutlichen, und gerade im Skandinavien der Wikingerzeit etliche Figürchen, die als Götterstatuetten gedeutet werden und nicht selten die Überlieferung der Eddas bestätigen.

5. Lebendige Überlieferung

Es bleibt eine Quellengruppe zu erwähnen, in der Gegebenheiten der Gegenwart bzw. der jüngeren Vergangenheit als Relikte und Überlieferungen des germanischen Heidentums interpretiert werden. So unterstellte man etwa dem Aberglauben bzw. Volksglauben eine Kontinuität vorchristlicher Vorstellungen und Bräuche (z. B. beim skandinavischen Julfest oder der

Wilden Jagd; vgl. Kap. XI). Mittlerweile übt man größere Vorsicht und führt Volksbräuche des 19. oder 20. Jahrhunderts
nicht mehr ohne kritische Sichtung der Quellen auf germanische Traditionen zurück. Unproblematischer und offensichtli-
cher ist es um die Wochentagsnamen bestellt, die in den ersten
Jahrhunderten unserer Zeitrechnung die Übertragung römischer Götternamen in germanische bezeugen. Demzufolge
wurde aus dem lateinischen dies Martis (französisch Mardi)
»Tag des Mars« der deutsche Dienstag (nach *Tīwaz) bzw. der
englische Tuesday. Dem dies Mercurii (französisch Mercredi)
»Tag des Merkur« entspricht der englische Wednesday (nach
Wodan: *Wodanesdag) und der dänische Onsdag (nach Odin:
altnord. Óđinsdagr). Ähnlich verhält es sich mit Donnerstag
(nach Donar) und Freitag (nach Frîja bzw. Frigg). Schwieriger
verhält es sich mit Ortsnamen, die ab und an Spuren der alten
Götter und ihrer Verehrung überliefern. Der deutschsprachige
Raum ist dabei wenig ergiebig, hier möchte man am ehesten
Namen wie Godesberg (Bonn) und einen Teil der Donnersberge (Pfalz u. a.) von Wodan bzw. Donar herleiten. Skandinavien
dagegen ist reich an Ortsnamen, die man auf einen Götternamen oder auf einen vorchristlichen Kultplatz zurückführen
kann; in Schweden, Norwegen und Dänemark immerhin über
1000. Dabei verbinden sich Götternamen mit einem Naturna-
men oder mit der Bezeichnung einer Kultstätte. Einige Beispiele: Odense auf Fünen »Odins Heiligtum«, Odenslunda »Odins
Hain«, Thorshof »Thors Tempel«, Ullevi »Ulls Heiligtum«, Frö-
jaberg »Freyjas Berg« oder Närlunda »Njörds Hain«. In England
gehen derartige Namen – deutlich weniger als in Skandinavi-
en – zumeist auf die angelsächsische Besiedlung seit dem
5. Jahrhundert zurück (Wodnesfeld und Wednesbury weisen
auf Wodan, Thundersley und Thunorslege auf Donar).

III. Das Rätsel der Felsbilder

Die Religion der Vorfahren

Anhand der schriftlichen wie archäologischen Quellen und Zeugnisse lässt sich demnach in groben Umrissen, aber auch in mancherlei Details ein recht anschauliches Bild der germanischen Religion gewinnen. Seit wann aber gilt dies, wie alt sind die Verehrung einzelner Gottheiten und mythische Motive? Die antiken Zeugnisse setzen bekanntlich mit Caesars Schilderungen ein und mehr Nachrichten fließen dann erst ab dem 1. Jahrhundert nach Chr. Fatalerweise vermitteln die Bodenfunde für diese Zeit und die vorausgehenden Jahrhunderte ein äußerst dürftiges Bild germanischer Kultur und Religion. Denn der mutmaßliche Ursprungs- und Kernraum der germanischen Stämme, Südskandinavien und Norddeutschland, zeichnet sich seit etwa 500 vor Chr. in der so genannten Jüngeren Eisenzeit durch eine auffallende Verarmung der materiellen Kultur aus – ganz im Gegensatz zu den aufblühenden keltischen Kulturen, die sich südlich davon von Frankreich über West- und Süddeutschland bis auf den Balkan erstrecken. Die nördliche Kargheit hat einen Namen, nämlich den des Fundorts von Jastorf, einem Gräberfeld bei Uelzen im nordöstlichen Niedersachsen. Aber just das halbe Jahrtausend vor der Zeitenwende sieht man als Entstehungszeit der Germanen an; in diesem Zeitraum haben sich ihre Sprache und ihre Kultur einschließlich der Religion entscheidend entwickelt. Anschließend dehnten unter keltischen und später römischen Einflüssen die Stämme ihr Siedlungsgebiet südwärts aus und erlebten über Jahrhunderte eine Phase von Innovationen. Dafür stehen Häuptlingsgräber mit reichen Beigaben, die die Jastorf-Kultur so gut wie gar nicht kannte, und religiös bedeutende Zentralorte. Ebenso gewinnt das Kunsthandwerk an Qualität und in der Völkerwanderungszeit bieten die bereits erwähnten Brakteaten filigrane Götterdarstellungen. Über den 1000 Jahre zuvor erfolgten »Absturz« kann nur gemutmaßt werden, so über eine Klimaverschlechterung, die zu ärmlicheren Lebensbedingungen führte, oder über Umbrüche unter den benachbarten Kelten, das gewaltsame Ende von deren Hallstatt-Kultur, und die damit verbundene Isolierung Nordeuropas.

Wie auch immer – im Norden lebten bereits seit Jahrtausenden Menschen, die als Vorfahren der Germanen bezeichnet werden dürfen. Von umwälzenden Einwanderungen und Bevölkerungsverschiebungen ist nämlich wenig oder nichts bekannt. Am ehesten dürften solche Migrationen für die Indoeuropäer bzw. Indogermanen gelten, deren Kultur sich seit dem 3. Jahrtausend vor Chr. mutmaßlich aus den osteuropäischen Steppen ausbreitete. Diese archäologisch nach ihrer kennzeichnenden Töpferware benannten Schnurkeramiker bzw. Streitaxtleute (nach ihren martialischen Waffen) traten wahrscheinlich als kriegerische Eroberer auf und vermischten sich mit der alteingesessenen Bevölkerung. Und sie haben offensichtlich große Teile des prähistorischen Europa geprägt; denn sprachhistorische Vergleiche ergaben, dass die meisten europäischen Sprachen sowie das Iranische und Indische miteinander als urverwandt anzusehen sind. So gelten auch Kelten und Germanen als Indoeuropäer – was der französische Religionswissenschafter Georges Dumézil für ihre Göttervorstellungen nachgewiesen hat. Denn offensichtlich kannten die Schnurkeramiker drei herausragende Gottheiten, die die Aspekte der Macht (später durch den germanischen Tyr und noch später durch Wodan-Odin repräsentiert), der Stärke (Donar-Thor) sowie der Fruchtbarkeit (die Wanengötter Njörd und Freyr) repräsentierten. Ähnliche Göttervorstellungen sowie Motive finden sich nicht nur in germanischen Mythen, sondern auch in denen der Kelten, Griechen, Römer und Inder.

Bevor indogermanische Einflüsse greifbar sind, herrschte in weiten Teilen Europas in der Jungsteinzeit (Neolithikum) die sogenannte Megalithkultur (Großsteinkultur), die wahrscheinlich um 5000 vor Chr. im westlichen Europa ihren Ausgang nahm. Für deren monumentale Grab- und Kultanlagen seien hier beispielhaft die bretonischen Menhire (Steinsäulen) ge-

nannt, von denen man noch im 19. Jahrhundert sage und schrei-
be 4700 Exemplare zählte. Oder die so genannten Henges, kreis-
förmige Flächen, die von einem aufwändigen System von Wäl-
len, Gräben sowie Steinkreisen begrenzt wurden. Stonehenge
in der südwestenglischen Grafschaft Wiltshire ist ihr berühmtester Vertreter, an dem man 2000 Jahre baute, bis die mächtigen vier Steinkreise innerhalb eines Ringwalls von 114 m
Durchmesser um 1100 vor Chr. aufgegeben wurden. In dem
weitgespannten neolithischen Netz sakraler Steinbauten waren
auch Norddeutschland und Südskandinavien eingebunden.
Hier legten die Vorfahren der Germanen im 3. und frühen
2. Jahrtausend vor Chr. die später so genannten Hünengräber
an, Großsteingräber unter einem aufgeschütteten Erdhügel.
Darin bestattete man die unverbrannten Toten mehrerer Generationen (in Dänemark bis zu 100 Tote in einem Grab). Dass als
Konsequenz das Grab immer wieder geöffnet werden musste,
zeugt von fehlender Angst vor den toten Ahnen und erweist
sich als ein großer Unterschied zu den Nachfahren 3000 Jahre
später, die etwa auf Island beachtliche Furcht vor Wiedergängern hatten. Ansonsten errichtete man auch hier Ganggräber
(Grabkammern aus Großsteinen unter einem Grabhügel), Dol-
men (Grabkammern aus Großsteinen ohne Erdhügel) und
Langhügel (eingetiefte, lange Grabkammern unter einem fla-
chen Erdhügel), ebenso Henges (also kreisrunde Grabenwerke),
Steinkreise und Menhire (also Einzelsteine). Dies alles setzte einen hohen Grad gesellschaftlicher Organisation voraus, wie er
für die eisenzeitliche Jastorf-Kultur undenkbar ist. Wie geradezu religiös-mythische Landschaften entstanden, mag ein Beispiel aus Südschweden verdeutlichen: In Falbygden (Provinz
Västergötland) errichteten die Bewohner um 3000 vor Chr. zwischen den Seen Vänern und Vättern in einem Umkreis von einigen Dutzend Kilometern fast 300 Megalithgräber. Man legte
sie zumeist auf Anhöhen an, von denen kein Blick auf die benachbarten Dörfer, wohl aber auf die Berge am Horizont fiel.
Die Sitze der Ahnen standen wohl absichtlich im Blickkontakt
zu den Göttern, deren Reich die Berge waren. Den Jenseitigen
und Überirdischen waren zudem die Moore geweiht, in denen

man Opfer darbrachte (diese Kultpraxis sollten auch die Germanen noch kennen).

Gegen 1500 vor Chr. setzte sich in Nordeuropa der Gebrauch von Metall durch, was seinen Ausdruck in der üblichen Bezeichnung »Nordische Bronzezeit« gefunden hat. Der Norden erlebte für fast ein Jahrtausend eine sprichwörtlich gewordene Blütezeit mit weitreichenden Handelsbeziehungen, prächtigen Waffen und Schmuck aus Bronze und Edelmetall. In den Bestattungssitten vollzog sich ein auffallender Wandel: vom neolithischen Kollektivgrab zu Einzelgräbern unter einem Grabhügel; um 1300 vor Chr. setzte sich die Leichenverbrennung durch, wobei man die Asche der Toten in Urnen beisetzte. Als auffallendstes der so genannten Steinkistengräber gilt das Grab von Kivik (Schonen, Schweden) aus der Zeit um 1000 vor Chr. Unter einem Steinhügel von 75 m Durchmesser fanden sich zwei Grabkammern für jeweils einen Toten. Von der größeren Kammer sind neun Steinplatten erhalten geblieben, in die zahlreiche Bilder eingraviert wurden. Ihre einzelnen Figuren und Motive fügen sich teilweise zu Szenen zusammen, die offensichtlich von einem Ereignis erzählen. Für seine religiöse Bedeutung spricht die Tatsache, dass die Darstellungen die Wände im Grabinneren zieren, also nur für den Toten gedacht waren. Besondere Aufmerksamkeit erregt eine menschliche Figur, die auf einem zweirädrigen Wagen steht und zwei Pferde antreibt. Ihr voraus schreiten vier Figuren mit womöglich verstümmelten Gliedmaßen. Eine andere Szene zeigt eine Figur mit erhobenem Arm, der acht mysteriöse Gestalten folgen. In lange Gewänder gehüllt und mit einem vogelkopfartigen Haupt stellen sie vielleicht Priester dar. Das Ganze wäre dann die Darstellung einer Kulthandlung, die anlässlich der Totenfeier des Bestatteten begangen wurde und aus Wagenrennen, rituellen Pferdekämpfen sowie Opferzeremonien bestand. Die uns rätselhaften Szenen von Kivik dürften folglich Prozessionen, Totenspiele und Opferkulte wiedergeben, wie sie im damaligen Südskandinavien üblich waren. Von Gottheiten erfahren wir wegen des Mangels schriftlicher Zeugnisse und der Deutungsunsicherheit bei archäologischen Funden nichts. Allerdings ist eindeutig festzustellen, dass die Sonne herausragende Verehrung genoss. Dafür spricht u. a. der berühmte Sonnenwagen von Trundholm (Dänemark, um 1400 vor Chr.): Diese Bronzeplastik zeigt ein Pferd, das eine »Sonnenscheibe« von 24 cm Durchmesser zieht. Ursprünglich diente ein sechsrädriges Fahrgestell als Unterlage, sodass das auffallende Objekt wahrscheinlich im religiösen Kult Verwendung fand. Dem lag wohl ein Mythos zugrunde, wonach das Pferd die Sonne über den Himmel zog. Das Hauptgestirn blieb allenthalben auf den Bilddarstellungen des Nordens präsent – es war das Lieblingsmotiv der Bronzezeit. Ein Wort noch zum Sensationsfund der Himmelsscheibe von Nebra, die ein Hort nahe des Mittelberggipfels in Sachsen-Anhalt barg. Die Bronzescheibe (Durchmesser: 32 cm) mit applizierten Goldblechteilen ist die älteste konkrete Darstellung astronomischer Erscheinungen, finden sich doch darauf Vollmond oder Sonne, Sichelmond und 32 Sterne, von denen sich allerdings nur die Plejaden, das Siebengestirn, eindeutig identifizieren lassen. Eine spätere Bearbeitung ergänzte zwei so genannte Horizontbögen, zwischen die wiederum später ein stark gekrümmter Bogen gesetzt wurde, womöglich das Motiv der Sonnenbarke. Um die 400 Jahre mag die Scheibe in Gebrauch gewesen sein, bis sie um 1600 vor Chr. in einem Hort im Erdreich verschwand. Mit den späteren Germanen und ihren religiösen Vorstellungen hat sie nichts zu tun, obwohl in den Medien zeitweise die fatale Formulierung der himmelskundigen »Ur-Germanen« auftauchte (SPIEGEL 48, 25.11.2002), was an völkische Ideen aus den Jahrzehnten um 1900 erinnert. Damals versuchte man auf unwissenschaftlicher Grundlage den Germanen als vermeintlichen Vorfahren der Deutschen eine Jahrtausende alte Kultur anzudichten. Die Himmelsscheibe von Nebra spricht hingegen für den kulturellen Wandel trotz biologischer Verwandtschaft, dafür, dass Wissen und religiöse Vorstellungen schlichtweg verloren gehen können.

Dagegen möchte man eine andere bronzezeitliche Quellengruppe bisweilen in größerer Nähe zur germanischen Mythologie sehen: Zwischen 2000 und 500 vor Chr. entstanden in vielen Teilen Skandinaviens so genannte Felsbilder, von denen etliche Tausend erhalten geblieben sind. Sie finden sich u. a. in Südnorwegen und im westlichen (Bohuslän) und südlichen Schweden. Dort ritzte oder schlug man in flache oder leicht geneigte Steinflächen Bilder ein, die teilweise mit Kalk oder Rötel eingefärbt wurden. Heraus kam ein monumentales Bildprogramm in einer sehr ähnlichen Motiv- und Formensprache, deren Deutung seit langem umstritten ist. Da erkennt man Tausende menschengestaltiger Figuren, teils bis zu einer Größe von mehr als 2 m; außerdem zahlreiche Tiere wie Pferde, Elche, Rentiere, Eber und Schlangen. Schiffe erweisen sich als Lieblingsmotiv, etliche mit Sonnenscheiben verweisen ganz offensichtlich auf den Sonnenkult. An Fahrzeugen finden sich zwei- und vierrädrige Wagen, weiterhin sind Pflüge zu erkennen. Einzelne Motive hatten wohl symbolische Bedeutung, darunter die seltsamen Schalengruben, einzelne Hände und Füße, Beile und Kreise. Die Figuren wurden zu regelrechten Szenen zusammengefasst, viele sind mit Schwert, Axt, Hammer, Speer sowie Pfeil und Bogen bewaffnet und scheinen miteinander zu kämpfen, auch als Reiter zu Pferd mit Speer und Schild. Andere lenken Wagen, stehen hinter Pflügen oder treten als Tänzer und Akrobaten auf. Sie blasen Luren, die typischen Musikinstrumente der Bronzezeit, und scheinen sich als Adoranten im Gebet an eine höhere Macht zu wenden. Manchmal stellen sie offensichtlich ein Brautpaar dar. Was hat das alles zu bedeuten und warum machten sich die Skandinavier vor 3000 und mehr Jahren soviel Mühe? Lange sah man in den Felsbildern ferne historische Ereignisse dargestellt, Stammeskriege, Jagdpartien, Szenen des Alltagslebens wie die Bearbeitung des Ackers und von Festen zu besonderen Anlässen. Nach den Erkenntnissen des schwedischen Forschers Oscar Almgren (Almgren 1934) handelte es sich hingegen um religiöse Urkunden, die vor allem diverse Kulthandlungen wiedergeben. Diese Interpretation sieht man auch heute noch als wahrscheinlichste an und verbindet darum mit vielen Bildern kultische Feiern. Dabei handelt es sich ganz offensichtlich um einen Fruchtbarkeitskult, wofür Schiffsprozessionen mit Sonnenscheiben und Bäumen sprechen, die an das Wachstum und die alljährliche Wiedergeburt der Pflanzen erinnern. Auf diesen Aspekt weisen ebenso die Motive des Pflügens der Äcker, die vielleicht rituelle Vereinigung von Paaren und die häufige Darstellung phallischer Männerfiguren. Auf manchen Schiffen finden Kultfeiern mit Musikanten und Akrobaten statt, vielleicht auch mit waffenschwingenden Kriegern. Das auffallendste Thema der Felsbilder ist folglich die Verehrung der Sonne und göttlicher Mächte, die um Fruchtbarkeit angerufen wurden. Auf welche Götter und Mythen sich das alles bezogen haben könnte, ist letztlich unbekannt. Haben die großen Hand- und Fußmotive etwas damit zu tun? Übergroß dargestellte Figuren könnten für die Darstellung eines überirdischen Wesens sprechen – etwa ein Speerträger und eine Männergestalt, die eine Axt über ein Brautpaar hält und es mit dieser Geste womöglich weiht. Aber das gesamte Bildprogramm und seine einzelnen Elemente lassen sich mit einer konkreten Interpretation nicht erfassen. Lange unterstellte man eine fortdauernde Tradition von den bronzezeitlichen Felsbildern bis zu den Mythen der beiden Eddas, wollte gar im übergroßen Speerträger einen Speergott und frühen Odin erkennen und im Axtschwinger den Axt- bzw. Hammergott Thor. Mit absoluter Bestimmtheit lässt sich selbstverständlich nichts ausschließen, aber das Gesamtprogramm der Felsbilder erinnert kaum an die spätere germanische Mythologie. Denn ein ausgesprochener Sonnenkult ist ihr völlig fremd. Es bleibt insofern dabei, dass selbst gleichbleibende Bevölkerung nicht für anhaltende Kontinuitäten spricht. Die Nachfahren der Bronzezeitmenschen Südskandinaviens und Norddeutschlands erfuhren immense Brüche und Wandlungen – auch in religiöser Hinsicht. Nach vielen Jahrhunderten entwickelten sich schließlich jene Göttervorstellungen und Mythen, wie sie für die Germanen kennzeichnend wurden. Dabei bleibt es womöglich das Unscheinbare, dass die letzten Bronzezeitler mit den frühen Germanen verbindet: Die Kontinuität von Opferplätzen über viele Generationen und die auf uns so bizarr wirkenden Pfahlgötter, von denen im Folgenden noch zu sprechen ist.

IV. Von Riesenbäumen, Monsterschlangen und der Götterdämmerung

Das Weltbild der Germanen

1. Die Weltschöpfung

Die Menschen versuchten seit jeher, sich ein Bild vom Kosmos zu machen, der von den antiken Griechen so bezeichneten geordneten Welt. Dort, wo alles seinen Platz hat und wo man auch seine alltägliche Welt verorten kann, wirkt das Ungeordnete und Wirre bedrohlich. Denn die Mächte des Chaos stehen der Menschen- und Götterwelt gegenüber und stellen eine unaufhörliche Gefahr dar. Derartige Weltbilder gehören zu den Universalien der Religionen. Was die germanischen Grundzüge der Weltschöpfung betrifft, fielen bereits Jacob Grimm in seiner *Deutschen Mythologie* (1835) zahlreiche Parallelen und Ähnlichkeiten zu griechischen und indischen Mythen auf, selbst zu »Chochinchinesische(n) überlieferungen« und einem »caraibische(n) mythus« (Band I, 473). Darüberhinaus lässt sich für das germanische Weltbild zweierlei feststellen: 1. Allein schriftliche Zeugnisse mit Mythen, Mythenresten und auffallenden Formulierungen stehen als Informationsquellen zur Verfügung. Archäologische Funde tragen zur Erhellung wenig bei. Eine Ausnahme ist die eine und andere bildliche Darstellung aus der skandinavischen Zeit des Spätheidentums, in der gerade aus der christlichen Perspektive die eschatologischen Vorstellungen von den Ragnarök Interesse weckten. 2. Die den Germanen oder Nordgermanen zugeschriebenen Mythen, Mythenmotive und Gottheiten stehen selten allein da. Fast immer lassen sich verwandte oder gar identische Vorstellungen finden: bei den Babyloniern, den Griechen und Römern, den Indern, später dann bei den Christen oder bei samischen Schamanen. Folglich bietet sich ein breites Spektrum an Interpretationen möglicher Beziehungen an. Dieses reicht von der bereits angesprochenen indoeuropäischen Urverwandtschaft bis zu Entlehnungen aus antiken Mythologien sowie dem Christentum. Damit soll jedoch den germanischen Göttern und Mythen ihre Originalität nicht abgesprochen werden, wie in ihren Vorstellungen der Weltschöpfung (Kosmogonie), des Weltbildes (Kosmologie) und des Weltendes (Eschatologie) festzustellen ist.

a) Die Erschaffung der Welt

Ein abgerundetes Bild vorchristlicher Vorstellungen über die Erschaffung der Welt aus dem Chaos bietet erst der Isländer Snorri Sturluson in seiner Edda. Seinem neugierigen König Gylfi, der hier unter dem Pseudonym Gangleri (»der vom Gehen Müde«) auftritt, legt er nämlich die Frage in den Mund: »Was war am Anfang, wie entstand alles, und was war davor?« (Gylf. 4 ff.). Die mysteriösen Asen antworten sofort mit einem Zitat aus der *Weissagung der Seherin*, womit der Verfasser Snorri auf seine offensichtliche Hauptquelle verweist. In der Tat ist davon auszugehen, dass er sich der *Weissagung* und anderer eddischer Götterlieder (dem *Grimnir-* und dem *Wafthrudnirlied*) bedient hat. Die Forschung konnte auf mehrere Unterschiede zwischen Snorri und seinen Quellen verweisen, aber im Großen und Ganzen ergibt sich doch folgendes Monumentalgemälde der nordgermanischen Kosmogonie: Im Nichts vor der Schöpfung existierte ein Urraum, das Ginnungagap, dessen Begriff Snorri bereits in der *Weissagung der Seherin* vorfand (Str. 3). Über die Bedeutung des altisländischen Wortes ist viel gerätselt worden: »Schlund der Urleere«, »Urraum voll schöpferischer Kräfte« oder sogar mit »magischen Kräften« (AGR § 571). Leben findet sich in diesem »Urschlund« – hat man ihn sich als gigantische Schlucht vorzustellen? – noch nicht. Dafür toben aber die Elemente: Zum einen fließen die Eliwagar (vielleicht eine Verbindung von »Sturm« und »Meer«), ein oder mehrere Flüsse, ins Ginnungagap, deren giftiger Schaum hart wie Schlacke wird. Diese Flüsse entspringen in einer Gegend im Norden,

Niflheim (»die dunkle Welt«) nämlich, die von Kälte und Eis erfüllt ist. Sie findet ihr Gegenstück südlich des Ginnungagap in Muspellsheim (Muspellsheimr, »Welt Muspells«), das von Feuer und Hitze geprägt ist. Aus dem Zusammenspiel der Eliwagar, der Kälte aus Niflheim und der Hitze aus Muspellsheim entstand das erste Leben, genauer aus dem Tau, den der heiße Luftstrom und der Reif entstehen ließen: Ymir (aus indogerman. *iemo-, »Zwilling, Zwitter«), ein Urriese, den man sich als Zwitterwesen vorzustellen hat. Denn während er schlief, begann er zu schwitzen. Aus dem Schweiß wuchsen ihm unter dem linken Arm ein Mann und eine Frau hervor, außerdem zeugte ein Fuß mit dem anderen einen Sohn. Von ihnen stammen die so genannten Reifriesen ab. Gut für das anfangs einzige Lebewesen Ymir, dass im Urraum mit der Urkuh Audhumla (»die milchgebende, hornlose Kuh«) eine Nahrungsspenderin zum Vorschein kommt, von deren vier Eutern er sich nähren kann. Die Kuh selbst fand wiederum Nahrung, indem sie die bereiften salzigen Steine ableckte. Und dabei leckte sie innerhalb von drei Tagen einen Mann names Buri frei. Auf diese Weise nahmen im Ginnungagap die Geschlechter der Riesen bzw. Reifriesen und der Götter ihren Anfang, wobei die folgenden Beziehungen und Genealogien nicht immer eindeutig zu klären sind. Jedenfalls hatte Buri (»Erzeuger, Vater«) einen Sohn Borr (»Sohn«), von dessen Mutter nichts bekannt ist (Gylf. 6). Dieser zeugte aber mit der Riesin Bestla (»Ehefrau« oder »Rinde«), der Tochter des Bölthorn, drei Söhne: die Götter Odin, Wili und We. Während Ymir als erstes Lebewesen und Urriese noch dem Chaos verhaftet war (was seinen Nachfahren auch bleiben wird), ergreifen die ersten Götter die Initiative und erschaffen den geordneten Kosmos. Dafür töten sie ihren entfernten Verwandten Ymir und erbauen aus seinem Körper die Welt: Aus seinem Blut werden das Meer und alle Gewässer, aus dem Fleisch wird die vom Meer umflossene Erde, aus den Knochen werden die Berge. Zähne und zerbrochene Knochen bilden Steine und Geröll. Ymirs Schädel dient von nun an als Himmel, den sie an vier Ecken auf die Erde setzen. Insgesamt vier Zwerge sichern diese Ecken und heißen dementsprechend nach den

Himmelsrichtungen Austri, Westri, Nordri und Sudri. Am Himmel befestigen die Götter die Funken aus Muspellsheim und machen sie zu Sternen und Gestirnen, denen sie ihren Lauf geben, womit sie die Zeiteinteilung festlegen. Selbst Ymirs Gehirn findet noch Verwendung, werden daraus doch die Wolken gestaltet (Gylf. 8, Grim. 41). Die Wimpern schließlich dienten als Schutzzaun der Menschen vor den Angriffen der Riesen (dazu mehr unter »Weltbild«). Dies war umso notwendiger, als nicht alle Riesen in Ymirs Blut umgekommen waren: Bergelmir konnte sich und seine Frau retten und wurde zum Stammvater der Reifriesen. Mit ihnen blieben die uralten Chaoskräfte in der Welt erhalten; sie wurden die Erzfeinde der Götter.

Soviel zur Weltschöpfung laut Snorri und den Götterliedern. Was ist von dieser Darstellung zu halten, deren Zeugnisse nicht weiter als ins Spätheidentum um das Jahr 1000 zurückreichen und deren Ausformulierung erst um 1220 erfolgte? Natürlich ist darauf verwiesen worden, wie viele Gemeinsamkeiten mit den altnordischen Vorstellungen sich in der damals bekannten antiken Mythologie, in biblischen Motiven und in hochmittelalterlicher Gelehrsamkeit finden ließen. Beispielsweise erinnert die Weltschöpfung aus Ymirs Körper an geläufige Gleichsetzungen von Mikro- und Makrokosmos. Es mag die banale Beobachtung hinzutreten, dass die kosmogonischen Elemente von Urschlund, Feuer und Eis stark Snorris Lebensumwelt auf Island ähneln, wovon natürlich die heidnischen Südgermanen Jahrhunderte zuvor keine Ahnung hatten. Und doch gibt es einzelne Elemente, die weiter zurückreichen und durchaus anderen Germanen bekannt gewesen sein dürften.

So hat der Urriese Ymir nicht nur die Namensbedeutung mit jenem Tuisto (»Zwitter«) gemein, den fast 1000 Jahre früher Tacitus als erdentsprossenen Gott nennt, von dem mit Mannus der Stammvater der Germanen abstammt, der seinerseits drei Söhne hatte (*Germania* 2). Hierbei handelt es sich um eine sehr alte Vorstellung, die indoeuropäischer Herkunft sein dürfte. Viele Gedanken hat man sich über zwei Textvarianten der *Weissagung der Seherin* gemacht: Einmal heißt es »Urzeit war es, als Ymir lebte«, dann wieder, von Snorri überliefert, »Urzeit war es, wo nichts war«. Was ist authentischer? Oder ist es nur eine Frage der Perspektive? In der *Weissagung* des Codex Regius richtet sich der Blick auf den Stammvater der Riesen, Snorri sieht das Zitat als Grundlage seiner breiten Schilderung der Schöpfungsanfänge. Immerhin erinnert Snorris Zitat an das *Wessobrunner Gebet*, einen kurzen christlichen Text aus dem Anfang des 9. Jahrhunderts, in dem es in althochdeutscher Sprache heißt: Do dar niuuiht ni uuas – »Als da gar nichts war«. Ist das also original germanisch oder womöglich doch von der biblischen Psalmendichtung inspiriert? Wahrscheinlich existierten zumindest in der Spätphase der germanischen Religion und Mythologie, die sowieso mit christlichen Vorstellungen konkurrierten, mehrere Schöpfungskonzepte: Eines mit dem anfänglichen Nichts und ein anderes, das Ymir als Baustoff der Welt näher in den Blick nahm. Manche Interpreten wollen sogar einen Mythos erkennen, dem zufolge die Welt aus dem Wasser kam. Mehr Sicherheit bietet eine Formel, die sich in beiden Varianten der *Weissagung der Seherin* findet (Str. 3 und Gylf. 4). Dort heißt es über die Urzeit mit dem Ginnungagap: »Erde existierte nicht, noch Himmel darüber« (altnord. iorð fannz æva né uphiminn). Just diese, übrigens typisch germanisch stabreimende Formulierung finden wir auch im *Wessobrunner Gebet*: Dat ero ni uuas noh ûfhimil – »Dass es die Erde nicht gab und den Himmel«. Und außerdem in altenglischen Psalmen, in der altsächsischen Heliand-Dichtung und sogar auf einem schwedischen Runenstein aus dem frühen 11. Jahrhundert (Skarpåker, Södermanland), auf dem ein Toter gepriesen wird mit den Worten, die Erde werde zerreißen und der Himmel darüber, bis es einen Gleichguten wie den Verstorbenen geben werde. Nun sind diese Zeugnisse allesamt im christlichen Umfeld anzusiedeln oder zeigen doch wie die *Weissagung der Seherin* Nähe zur neuen Religion. Gleichwohl weiß man, dass gerade Stabreimformeln mit dem Reim der Wortanfänge sehr lange Verwendung finden, sei es nun heidnisch oder christlich.

b) Die Erschaffung der Lebewesen

Was die Erschaffung von Lebewesen betrifft, sind wiederum die beiden Eddas unsere Hauptquellen. Von den Riesen als Nachfahren Ymirs haben wir bereits gehört. Sie entstehen in seiner Person aus dem Spiel der Naturkräfte bzw. aus seinem offensichtlichen Zwitterstatus. Erst mit dem einzigen überlebenden Reifriesenpaar beginnt ihr Fortpflanzungsstammbaum. Die Götter haben mit dem »freigeleckten« Buri einen Ahnherrn, dem die Kuh Audhumla gewissermaßen als Geburtshelferin zur Seite stand. Übrigens könnte man versucht sein, in diesem Zusammenhang eine Kuh als geradezu »ungermanisch« anzusehen. Der römische Gewährsmann Tacitus lässt uns dies aber überdenken. Denn ihm zufolge wurde der Kultwagen der Göttin Nerthus von Kühen gezogen (*Germania* 40; vgl. Kapitel V). Weiterhin fällt auf, dass Buris Sohn Borr mit einer Riesin den göttlichen Stammbaum begründet. Auf diese Weise sind beide mythischen Gruppen auf immer miteinander verwandt, und die Götter haben Anteil an den ältesten Wesen der Welt. Von Riesen weiß Tacitus um 100 nach Chr. nichts zu berichten. Aber er liefert doch ein verbreitetes Herkunftsschema, das noch in den Eddas Bestand hat. Bei ihm ist es der genannte Tuisto, von dessen Sohn Mannus (wahrscheinlich »Mensch«) die Ahnen der drei großen germanischen Stammesgruppen der Ingwäonen, Istwäonen und Herminonen abstammen (*Germania* 2). Dem entsprechen im Norden Buri, Borr und dessen drei Söhne Odin, Wili und We. Wiederum zeichnen sich die Namen dieser Göttertrias durch Stabreim aus, denn früher im Süden hieß Odin Wodan. Den Riesen und Göttern folgen an Alter die Zwerge, denen die *Weissagung der Seherin* ohnehin sehr viel Platz einräumt. Die Götter schufen sie aus Blut und Knochen Ymirs (Weiss. 10 ff.) und als oberster Zwerg wird Modsognir erwähnt, von dem sonst nichts bekannt ist. Nach Snorri lebten sie zuerst als Maden im Fleisch des Urriesen, aus dem die Götter die Erde schufen. Sie gaben ihnen Verstand und menschliche Gestalt, aber der Erde unter den Bergen, Steinen und Felsen sind sie immer verbunden (Gylf. 14).

Bleiben noch die Menschen, von deren Schöpfung die nordgermanische Kosmogonie erzählt. Als Schöpfer wirken wie bei den Zwergen die Götter, nur dass sie jetzt namentlich genannt werden. Bei Snorri sind es Borrs Söhne, also Odin, Wili und We, die am Meeresstrand aus zwei Baumstämmen, anscheinend Treibholz, das erste Menschenpaar erschaffen (Gylf. 9). Die *Weissagung der Seherin* nennt als schöpferische Göttertrias auch Odin, der hier aber von Hönir und Lodurr begleitet wird (Str. 17 f.). Auch sie finden ein geschwächtes Paar am Strand, dessen Gestalten jedoch nicht explizit als Baumstämme bezeichnet werden. Die Namen sind hingegen wie bei Snorri: Ask (altnord. askr, »Esche«) für den Mann, Embla (vielleicht »Ulme« oder »Schlingpflanze«) heißt die Frau. Die Götter erwecken sie nicht nur zum Leben, sondern statten sie auch mit einer Fülle von Eigenschaften aus: Seele, Vernunft, Blut und gute Farbe; Snorri ergänzt ganz praktisch Bewegungskraft, äußere Gestalt sowie die Fähigkeiten zu sprechen, hören und sehen, außerdem Kleidung und natürlich ihre Namen. Bemerkenswert ist die Herkunft dieser Ureltern des Menschengeschlechts aus Bäumen – im Gegensatz zu den Zwergen, die dem Erdreich mit Bergen und Steinen entstammen. Die Bezeichnungen »Esche« und »Ulme« passen natürlich trefflich zu dieser Baumherkunft, wobei »Embla« mit seinen möglichen Bedeutungen einige Probleme bereitet (»Ulme« ist eher unwahrscheinlich). Aber hinter der Bedeutung der »Schlingpflanze« könnte sich eine uralte Vorstellung verbergen, der zufolge das Zusammentreffen harter und weicher Holzarten symbolisch für den Geschlechtsakt steht, Mann und Frau also verbindet. Wie auch immer: Mensch, Baum und Holz gehören offensichtlich eng zusammen, was auch die Vorstellung des Menschenpaares Lif (»Leben«) und Lifthrasir (»der nach Leben Strebende«) belegt, das als einziges den Weltuntergang der Ragnarök überlebt. Und dies anscheinend im Schutz der Weltesche Yggdrasill (Gylf. 53, Waft. 45). Auch wenn sich in nichtgermanischen Mythen enge Beziehungen zwischen Mensch und Baum finden (etwa bei Jeremia im Alten Testament oder bei Hesiod), ist doch den Germanen – wie übrigens auch den Kelten – eine weitverbreitete Baumverehrung nicht abzusprechen (vgl. unten). Ihr dürften die geschilderten Anthropogonien aus Bäumen entstammen.

2. Kosmologie

a) Das Weltbild

Das nordgermanische Weltbild gehört zweifelsohne zu den populärsten Vorstellungen der germanischen Mythologie. Insbesondere der Mythograph Snorri Sturluson bietet ein beeindruckendes Gesamtbild, das uns dann und wann Stichwörter liefert, mit deren Hilfe wir auf ältere Vorstellungen der Südgermanen stoßen. Snorri beginnt mit der Menschenwelt Midgard (Miðgarðr, »Wohnort in der Mitte«), die er erstmals im Zusammenhang mit dem genannten Schutzzaun aus Ymirs Wimpern erwähnt (Gylf. 8). Diesen sicheren Ort geben die Götter den Menschen als Heimstatt. Snorri bedient sich wiederum etlicher Götterlieder, die darauf eingehen. Das älteste Zeugnis dürfte einmal mehr die *Weissagung der Seherin* sein, die allerdings vom »mächtigen Midgard« spricht und damit vielleicht speziell den Zaun meint (Str. 4, 56). In den Göttergeschichten der Eddas spielt die Menschenwelt keine exponierte Rolle, aber das Wort als solches hat es in sich. Es findet sich nämlich weithin in den germanischen Sprachen, so bereits in der gotischen Bibelübersetzung des 4. Jahrhunderts als »midjungards«, eine Übersetzung von lateinisch »orbis terrae« und dem griechischen Begriff der Ökumene, des Erdkreises also im Sinne der von Menschen bewohnten Welt. Später dann als altenglisch »middangeard« und in Nordwestdeutschland als altsächsisch »middelgard«, schließlich auch im Althochdeutschen als »Mittilgart« und »Mittingart«. Das bairische Endzeitgedicht *Muspilli* erwähnt beim Weltende sogar den Brand der Menschenwelt: prinnit mittilagart. Alle Wortvarianten bezeichnen die Menschenwelt als »Welt in der Mitte« und assoziieren die verbreitete Vorstellung, derzufolge die eigene Welt im Zentrum steht. Dabei spielt das Grundwort »gard« eine wichtige Rolle, das sich übrigens im deutschen »Garten« und im englischen »yard« erhalten hat, im Altnordischen hieß es »garðr«, im Altenglischen »geard«. Darunter verstand man nicht nur den Hof als Keimzelle des bäuerlichen Lebens, sondern auch seine Umzäunung; den Wall, der alles zusammenhielt und schützte.

Aber zurück zur mythischen Topographie der Nordgermanen: Snorri fasst die Erde als horizontale Scheibenwelt auf, von deren Mitte konzentrische Kreise nach außen führen. Die eigentliche Mitte bildet trotz des Namens der Menschwelt Asgard (Ásgarðr, Asenheim) als Wohnort der Asengötter (Gylf. 9: »die Burg in der Mitte der Welt«). Dort erhebt sich der Hochsitz Hlidskjalf, von dem Odin die ganze Welt überblicken kann, ebenso Walhall und die Höfe sämtlicher Götter und Göttinnen. Im Gegensatz zu Midgard kann die Vorstellung von Asgard anscheinend auf kein hohes Alter zurückblicken; denn außer Snorri verwenden lediglich zwei Götterlieder den Begriff in einem eher beiläufigen Sinn (Thrym. 18, Hym. 7). Ursprünglich wurden die Sitze der Götter als Teil der Menschenwelt gesehen oder doch zumindest in deren Nähe angesiedelt. Snorri wird die Idee zugeschrieben, Asgard womöglich unter dem Einfluss des christlichen Bildes vom Himmlischen Jerusalem in den Himmel zu versetzen. Und das dürfte dann als poetische Weiterentwicklung zum Bild von Bifröst (»bebender Himmelsweg«, auch Bilröst »kurz erscheinender Regenbogen«) geführt haben, jener Himmelsbrücke von Midgard hinauf nach Asgard, die von den Menschen als Regenbogen wahrgenommen wird. Diese Vorstellung ist in ihrer Ausmalung sicherlich Snorri geschuldet, der in *Gylfis Täuschung* mehrmals auf Bifröst eingeht (Kap. 13 u. a.). In den Götterliedern macht sich der Begriff hingegen rar (im Grim. 44 als Bilröst).

Die geschützten Welten der Götter und Menschen umgibt Utgard (Útgarðr, »Außenwelt«), wo die Chaosmächte der Riesen und anderer dämonischer Wesen eine ständige Bedrohung bilden. Das Wort als solches verwenden weder die Götterlieder noch die Skalden, allein Snorri nennt es als Behausung eines Riesen, wo der Asengott Thor ein gefährliches Abenteuer zu bestehen hat (Gylf. 45). Gleichwohl hat es sich als Bezeichnung der bedrohlichen Außenwelt durchgesetzt. Denn es verdeutlicht die universal verbreitete Vorstellung von geordnetem Kosmos und den Chaosmächten. Der ringförmige Utgard lässt sich bei Snorri zumindest erschließen, sollen die Riesen doch an den Stränden des alles umkreisenden Weltmeeres hausen (Gylf. 8). Die literarische Überlieferung bietet allerdings ein komplizierteres Bild: Ihrzufolge stellte man sich die gefährliche Außenwelt einmal im Osten, dann wieder im Norden vor. Ein Synonym für Utgard mag Riesenheim (Jötunheimr) sein, die Welt der Riesen also, die Snorri zu Beginn von *Gylfis Täuschung* im Norden ansiedelt (Kap. 1). Üblicherweise dachte man sich diesen bedrohlichen Ort im Osten, durch Flüsse und einen dunklen Wald von Midgard getrennt. Sein Name taucht allerorten auf, sowohl bei Snorri als auch früher in Götterliedern wie der *Weissagung der Seherin* (Str. 8), dem *Skirnir-* und dem *Thrymlied* und ebenso bei den Skalden. Schließlich sei zur Ergänzung der Utgardvorstellungen noch das düstere Totenreich Hel erwähnt, das man sich insbesondere im Norden dachte, ebenso lokalisierte man es manchmal unterirdisch (vgl. Kap. VIII).

Das nordgermanische Weltbild wird nicht zuletzt von einer Vielzahl von Flüssen geprägt, die besonderen Quellen entspringen und von dem Riesentöter Thor auf seinen Abenteuern überquert werden müssen. Sie münden in den alles umkreisenden Weltozean, in dem die ultimative Bedrohung lauert: eine riesige dämonische Schlange, gleichsam das Ursymbol des Chaos, die so lang ist, dass sie ganz Midgard umgibt und sich laut Snorri in den eigenen Schwanz beißen kann. Er verwendet als erster um 1220 den Namen, unter dem sie berühmt wurde: die Midgardschlange (Gylf. 34 u. a., vgl. unten).

b) Der Weltenbaum und die Bedeutung von Bäumen

Dieses horizontale Weltbild wäre unvollständig ohne ein bedeutendes vertikales Element, dessen genaue Position schwer zu fassen ist. Snorri jedenfalls beschreibt sehr ausführlich die Esche Yggdrasill (»Odins Pferd«; vgl. Kap. V), die mit ihrer Grö-

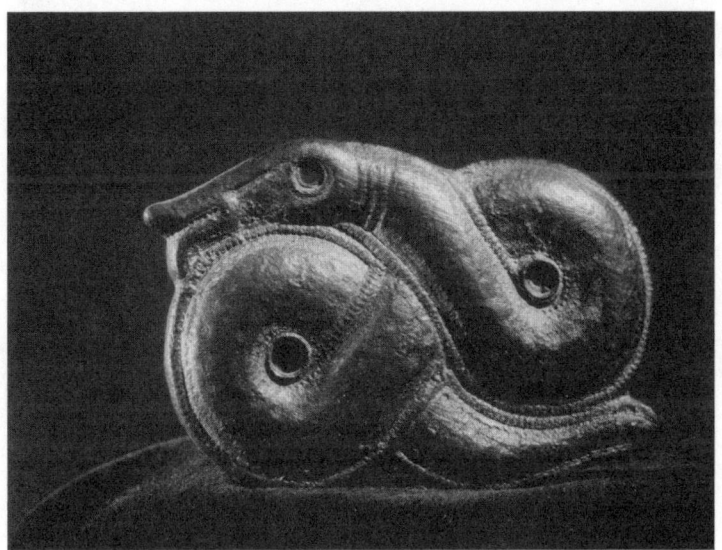

Brosche in Form der Midgardschlange (7. Jahrhundert, Öland)

ße den Weltenbaum darstellt (Gylf. 15 f. Snorris Hauptquellen waren die Weiss. und das Grim.). Der »größte und beste aller Bäume« erstreckt sich über den Himmel und breitet seine langen Äste über die ganze Welt. Von drei Wurzeln erstreckt sich eine zu den Asen, die zweite zu den Reifriesen und eine dritte nach Niflheim, wo sich die Quelle Hwergelmir befindet. Unter dem Wohnort der Reifriesen liegt die Quelle Mimirs, die Klugheit verheißt. Bei den Asen sprudelt die heilige Urdquelle (Urđar brunnr, »Quelle der Urd« oder »Schicksalsbrunnen«), an der die Götter zum Gericht zusammenkommen. Sie ist insofern von besonderer Bedeutung, weil dort in einer prächtigen Halle die drei das Schicksal bestimmenden Nornen Urd (Schicksal), Skuld (Schuld) und Werdandi (Werdende) wohnen. Das Bild Yggdrasills zeichnet sich durch etliche tierische Bewohner aus: Bei der Quelle Hwergelmir nagt der Drache Nidhögg an der Wurzel, in Gesellschaft von unzähligen Schlangen. Im Astwerk sitzt ein kluger Adler, »zwischen dessen Augen« ein Habicht. Das Eichhörnchen Ratatosk (»Bohrer-Zahn«) springt überall herum und tauscht zwischen dem Adler und dem Drachen Nidhögg Bösartigkeiten aus. Vier Hirsche beißen zudem im Geäst die Blätter ab. Mit dem germanischen Weltenbaum verbinden sich viele Fragen; woher etwa Snorris detailreiche Beschreibung stammt – was man in seiner Gesamtheit schlichtweg nicht beantworten kann. Die Bedeutung des Baumes findet sich etwa als biblischer Baum der Erkenntnis, Bäume und Quellen bilden eine verbreitete Motiveinheit, der Adler erscheint in anderen indoeuropäischen Mythen, der Unheil verheißende, weil an der Wurzel nagende Drache Nidhögg scheint christlichen Vorstellungen entsprungen usw. Seit langem wird zudem diskutiert, ob die Esche nicht eigentlich eine Eibe sei. Hier dürfte es am sinnvollsten sein, den Quellen zu vertrauen, die von der Esche ausgingen und damit von einem prächtigen Laubbaum, der durchaus beachtliche Größen erreichen kann. Die alles entscheidende Grundvorstellung Yggdrasills ist ohnehin bedeutender: Sie gemahnt nicht nur an den Baumkult der Germanen (s. u.), sondern auch an die Vorstellung eines Baumes bzw. Stammes als Kosmosachse und Himmelsstütze. Adam von Bremen hat um 1070 das Opferfest der Schweden in Alt-Uppsala beschrieben (vgl. Kap. VII), nahe dessen Tempel sich ein mächtiger Baum erhob, der seine Äste weit ausbreitete und immergrün war (was zugegebenermaßen eine Esche nicht ist). Dort befand sich auch eine Quelle, wo die Heiden ihre Opfer darbrachten. Ein viel älteres Zeugnis bietet die Irminsul (altsächs., althochdt. Irminsûl, »gewaltige Säule«), ein großer heiliger Holzpfahl der heidnischen Sachsen, der sich in der Eresburg im heutigen Hochsauerland erhob. Karl der Große ließ ihn 772 zerstören, so die fränkischen Annalen und Widukind von Corvey. Viel spricht dafür, in dieser vorchristlichen Tradition der germanischen Stämme auch die Weltesche Yggdrasill zu sehen.

Wenn wir an die germanische Schöpfungsgeschichte der Menschen denken, tut sich zwischen Mensch, Baum und Welt eine bemerkenswerte Nähe auf. Die Römer brachten die barbarischen Germanen ohnehin mit den dunklen Wäldern jenseits des Rheins in Verbindung, etwa dem großen Herkynischen Wald. Tacitus weiß von ihnen zu berichten, dass sie ihre Gottheiten auf geweihten Waldlichtungen und in Hainen verehren (*Germania* 9). Um 400 preist der Dichter Claudian die römischen Siege über Germanen damit, dass man nun deren heilige Haine und die als barbarische Gottheit verehrte Eiche gefahrlos fällen könne (Demandt 153). Dass sich der Laubbaum dessen ungeachtet religiöser Verehrung erfreute, beweist 300 Jahre später die so genannte Donarseiche bei Geismar in Nordhessen, die dem Gott Donar geweiht war. Sie fiel um 723 den Axthieben des Missionars Bonifatius zum Opfer, der damit die Machtlosigkeit des Heidengottes demonstrieren wollte. Selbst in der christlichen Ära wird noch heftig gegen den Aberglauben mit Bäumen gewettert, die zweifellos auch als Symbole der Fruchtbarkeit hohe Verehrung genossen (vgl. Kap. XI). Abschließend sei noch auf eine vielleicht in Relikten erhaltene Vorstellung verwiesen, wonach Pfähle und Bäume sogar den Mittelpunkt von Haus und Hof bildeten. Die isländische *Völsunga saga* aus dem 13. Jahrhundert verwendet ein Motiv, das an die Sitte des »Hausbaums« erinnern könnte. König Wölsung, Sigurds Vorfahre, lässt nämlich seine Halle um eine mächtige Eiche bauen. Deren Zweige überragen das Dach, während der Stamm mitten in die Halle hinabreicht.

c) Tiere und Untiere

In Weltbild und Religion bzw. Kultur spielen Tiere eine wichtige Rolle, was deutsche Personennamen belegen, die sich auf die Germanen zurückführen lassen: Beispielsweise enthält Wolfgang erkennbar den »Wolf«, Bernhard, Eberhard und Falko beziehen sich auf Bär, Eber und Falke, Namen wie Arnulf setzen sich sogar aus zwei Tierwörtern zusammen (hier Adler und Wolf). Dabei ging es ursprünglich wohl nicht um religiöse Aspekte, sondern um die positiven Eigenschaften eines Tieres wie Kraft, Schnelligkeit und Angriffslust, die sich der Namensträger zu eigen machte. Wie in anderen Kulturen dürften Tiere

einzelnen Personen und ganzen Stämmen als Schutz- und To-
temtiere gedient haben. Hier interessiert mehr ihr mythischer
Bezug zu bestimmten Gottheiten, was u. a. in ihrer Funktion als
göttliches Begleittier einen Ausdruck findet. In der eddischen
Mythologie verwandeln sich Götter immer wieder in Tiere; da
wäre zu prüfen, ob solcherart Metamorphosen auf eine engere
religiöse Beziehung schließen lassen. Ein offensichtlicheres
Zeugnis stellen die zahlreichen Tieropfer dar, die ab und an die
Schriftquellen erwähnen und die archäologisch nachgewiesen
werden können. Dazu gehören Ziegenböcke für Thor, Eber für
Freyr und Pferde für Odin, weswegen übrigens auch das Opfermahl von Pferdefleisch von großer Bedeutung war. Darum
wurde mit der Einführung des Christentums dessen Verzehr
ausdrücklich verboten. Überhaupt war die Verehrung des Pferdes sehr alt: Bereits Tacitus berichtet von Schimmeln, die in Ehren gehalten wurden und als Vertraute der Götter galten (*Germania* 10). Später sagte man den Thüringern ein enges Verhältnis zu ihren Pferden nach, und im 11. Jahrhundert galt für heidnische Isländer noch nach der Annahme des Christentums eine
vorübergehende Ausnahmeregel zum Verzehr von Pferdefleisch. In der Mythologie stellt Odins achtbeiniges Wunder-
ross Sleipnir das bedeutendste Pferd dar (vgl. Kap. V).

Weitere wichtige Tiere: Der Bär nimmt in den Mythen keinen
herausragenden Platz ein, aber einiges spricht für sein Ansehen
als mutiges Raubtier. Odin bezeichnete man als Björn (Bär),
desweiteren tragen mit Beowulf (altengl. »Bienen-Wolf« als
Umschreibung des Bären) und Bjarki (altnord., »Bärchen«) berühmte Helden einen Bärennamen. Nicht zu vergessen die Berserker (»Bärenfellträger«), die als ekstatische Krieger Odins wegen ihrer sprichwörtlichen Berserkerwut gefürchtet wurden.
Germanische Krieger nahmen sich aber auch den für seine Angriffslust bekannten Eber zum Vorbild, was in Skandinavien
in dem Ehrennamen Jöfurr (altnord., »Eber«) für Fürsten einen sinnfälligen Ausdruck fand. Laut dem altenglischen Heldenepos *Beowulf* schmückten Eberfiguren die Helme der südschwedischen Gauten, was archäologische Funde bestätigten
(Valsgärde). Das beeindruckende Tier erfreute sich allerdings

Tanzender Krieger, Krieger im Wolfsfell (Pressblech aus Torslunda, Öland)

auch im Fruchtbarkeitskult großer Beliebtheit. Es galt nämlich als Kulttier des Wanengottes Freyr und wurde anlässlich von Fruchtbarkeitsritualen geschlachtet. Was auch in das Walhall-Bild eingeflossen ist; denn dort dient der Eber Sährimnir als nie ausgehende (Fleisch-)Speise. Ganz anders kommt der Rabe daher, der gemeinsam mit dem Wolf als Tier des Schlachtfeldes galt und sich über das Fleisch der Gefallenen hermacht. Vielleicht sah man in den klugen Vögeln einstmals Tiergeister, die Schutz und Hilfe boten. In der nordgermanischen Mythologie werden sie unter ihrem düsteren Aspekt zu den Vögeln des Toten- und Schlachtengottes Odin gezählt, der sogar als Rabengott galt und zwei Raben auf seinen Schultern sitzen hatte. Wenig verwunderlich ist es, dass auch die Wölfe als seine Tiere gelten. Was nicht nur an seinen Wölfen Geri und Freki deutlich wird, die er in Walhall füttert, sondern auch an Odin verbundenen Kriegern in Wolfsfellen (Úlfheðnar, »Wolfshäuter«). Einen unheimlichen Aspekt dieses Raubtiers belegen die Werwolfvorstellungen, denen zufolge sich Menschen in reißende Wölfe verwandeln. Dass also der Wolf nicht den besten Ruf genoss, unterstreicht das isländische Wort vargr (»Wolf«), womit man den in der Wildnis hausenden Geächteten bezeichnete.

In manchen Darstellungen finden sich auch Adler, die Odin einen seiner zahlreichen Beinamen gaben (altnord. Arnhöfði, »Adlerköpfiger«). Zweifellos gehörten sie zu den geachteten Tieren, denen hier allerdings keine größere Aufmerksamkeit geschenkt werden soll. Anders beim Hirschen, obwohl die einzelnen Zeugnisse über ihn unsicher sind. Bereits für das 1. Jahrhundert ist der Stammesname der Cherusker belegt, die Arminius mit anderen Stämmen 9 nach Chr. bei Kalkriese siegreich in den Kampf gegen Roms Legionen führte. Ihr Name stammt vielleicht von einer Hirschbezeichnung (german. *herut-) und verweist somit auf den hohen Stellenwert des Tieres. Archäologische Zeugnisse sind eindeutiger: Im ostenglischen Grab von Sutton Hoo (7. Jahrhundert) fand sich eine Hirschfigur als Szepterbekrönung, und fränkischen Gräbern wurden ganze Hirschgeweihe beigegeben. Im *Beowulf*-Epos trägt eine weithin berühmte dänische Königshalle den Namen Heorot (altengl., »Hirsch-Halle«), den sie zahlreichen Hirschgeweihen zu verdanken hat.

Kommen wir zu überirdischen Tiergestalten, die in der Mythologie eine große Rolle spielen. Da wäre zweifelsohne an erster Stelle der Drache (von lat. draco, griech. drakon, »der scharf Blickende«) zu nennen, den sich die Germanen als große Schlange vorstellten. Dementsprechend verwendeten sie neben dem Lehnwort aus dem Lateinischen die eigene Bezeichnung »Wurm« (altengl. »wyrm«, altnord. »ormr«, althochdt. »Wurm«), womit neben einer gewöhnlichen Schlange auch ein Drache als bösartige Riesenschlange gemeint sein konnte. In dieser Gestalt tritt sie etwa als Feind des Helden Sigurd/Siegfried der Nibelungensage auf. Insbesondere unter den Wikingern fanden die dämonischen Fabeltiere beachtliche Resonanz, benannten doch diese ihre gefürchteten Drachenschiffe als »dreki« (altnord., »Drache«) und verzierten deren Steven mit

Drachenköpfen. Außerdem steckt der filigrane Tierstil der Skandinavier voll verschlungener Drachenkörper. Auch wenn die Nordleute bei der Gestaltung ihrer Drachenboote das Schreckenerregende im Blick hatten, so haben sie doch mit ihrem bedrohlichen Drachenbild viel mit christlichen Vorstellungen gemein. Dort unterliegt allerdings der teuflische Drache den Heiligen wie Michael und Georg. Im heidnischen Norden lief das Ganze nicht so klar ab.

Dort kannte man neben dem erwähnten Nidhögg aus der *Weissagung der Seherin*, der ohnehin christlich beeinflusst scheint, nur die Midgardschlange (Miðgarðsormr), die als riesiges Ungeheuer im Ozean lebt und die Welt umspannt. Deren Vorstellung war wohl recht alt, kennt sie doch schon der älteste überlieferte Skalde Bragi Boddason im 9. Jahrhundert und 100 Jahre zuvor findet sie sich auf einem gotländischen Bildstein (Ardre VIII).

Vor Snorri benannte man das Unheilswesen einfach als »Schlange« oder »Drache« (altnord. »ormr«, »naðr«), aber auch »Jörmungand« (»gewaltiges Zauberwesen«). Was die eddischen Mythen von ihr zu erzählen wissen, muss in der Tat besorgniserregend gewesen sein. Denn sie war ein Kind des Gottes Loki und der Riesin Angrboda, das wegen seiner Gefährlichkeit ins tiefe Meer geworfen wurde. Dort wächst sie heran, bis sie bekanntlich ganz Midgard umgibt. Ihr ärgster Feind ist der Asengott Thor, der sie gar zu angeln versucht (vgl. Kap. V). Zum finalen Duell der beiden kommt es während der Ragnarök (s. u.). Die Midgardschlange hat einen nicht minder gefürchteten Bruder (die Unterweltgöttin Hel ist beider Schwester), den Fenriswolf (Fenrisúlfr, von Fenrir, »Sumpfbewohner«), der gewissermaßen das Haupt der übel beleumdeten Wölfe darstellt. Selbst die göttlichen Asen erweisen ihm mehr als Respekt. Denn nur einer von ihnen, Tyr, hat den Mut, das Untier zu füttern. Mit Mühen gelingt es, ihn zu fesseln, wobei Tyr seine rechte Hand verliert. Als der Wolf sein Maul aufreißt und die Götter beißen will, stecken sie ihm ein Schwert als Sperre hinein. Derart bleibt der Fenriswolf gebändigt, bis er sich bei den Ragnarök befreit und mit den anderen dämonischen Mächten über die Asen herfällt.

Bildstein Ardre VIII (Gotland)

3. Das Weltende

Insofern verbildlichen Midgardschlange und Fenriswolf nebst anderen Angehörigen ihrer Geschlechter in der eddischen Mythologie den drohenden Untergang, der in der so genannten Götterdämmerung sein monumentales Finale findet. Seit dem 19. Jahrhundert galt diese Vorstellung als Ausdruck einer typisch germanischen Eschatologie, der Lehre von den letzten Dingen. Dabei übersah man manches, was die Einschätzung nordischer Weltuntergangsszenarien relativiert. Mehr als Ragnarök dürfte sowieso Muspell (altnord., altsächs. »mutspelli«, althochdt. »muspille«, Bedeutung vielleicht »Weltende durch Feuer«) eine ältere Vorstellung bezeichnen, das Weltende, das man anscheinend mit einem großen Weltenbrand verband. So wird es etwa in dem althochdeutschen Gedicht *Muspilli* im 9. Jahrhundert verwendet – christlich zwar, aber doch auf einen älteren germanischen Terminus zurückgreifend. Diese Vorstellung pflegten oder übernahmen auch die Nordgermanen, bis sie Snorri um 1220 verarbeitete. Mehr ist von alten Untergangsbildern nicht überliefert.

a) Die Götterdämmerung

Die berüchtigte Götterdämmerung lässt sich auf den altnordischen Begriff Ragnarök zurückführen, der als »Schicksal der Götter« zu verstehen ist (eine Nebenform dazu ist Ragnarökr »Götterdämmerung«). Das zweifellos großartige Szenario dazu bietet in aller Breite erstmals die *Weissagung der Seherin* um das Jahr 1000. Mehr als 200 Jahre später nutzte sie Snorri für seine Darstellung in *Gylfis Täuschung*. Zusammengefasst ergibt sich das folgende Gemälde: Katastrophen künden das Ende an. Als erstes bringt nämlich der Fimbulwinter Unmengen an Schnee, bis schließlich eisiger Frost herrscht und Stürme toben, während die Sonne nicht mehr scheint. Drei solcher Winter brechen über die Welt herein, von keiner Sommerzeit unterbrochen. Die Katastrophen werden vom moralischen Verfall begleitet:

Schlachten toben, sogar Brüder töten sich gegenseitig: »Axtzeit, Schwertzeit, gespaltene Schilde, Windzeit, Wolfszeit, bis die Welt zu Grunde geht.« (Weiss. 45). Danach verschlingen Wölfe Sonne und Mond, auch die Sterne verschwinden. Bäume werden entwurzelt, die Gebirge brechen zusammen. Alle Fesseln und Bande reißen, weshalb sich der Fenriswolf befreien kann. Die Midgardschlange wälzt sich im Meer, was zu Überschwemmungen führt, und kriecht an Land. Der Fenriswolf stürmt mit weit aufgerissenem Maul heran, sodass der Oberkiefer den Himmel, der Unterkiefer die Erde berührt. Aus seinen Augen und Nüstern schießen Flammen. Die Midgardschlange verpestet mit ihrem Gift die Luft und alle Gewässer. Der Himmel birst und die riesenhaften Muspellssöhne preschen heran, geführt vom Feuerriesen Surt. Als sie über die Brücke Bifröst reiten, stürzt diese ein. Auf dem Feld Wigrid (altnord. Vígríðr, »wo der Kampf wogt«) kommen alle dämonischen Mächte zusammen: Surt und die Muspellssöhne, der Fenriswolf und die Midgardschlange, außerdem Loki mit dem Riesen Hrym, der das Totenschiff Naglfar steuert, dazu sämtliche Reifriesen und Helkerle. Inzwischen bläst der Wächtergott Heimdall Alarm, worauf die Götter zusammenkommen und sich beraten. Die Esche Yggdrasill schwankt, und alles ist von Furcht erfüllt. Die Asen und die Einherjer (vgl. Kap. V) stellen sich den Feinden zum Kampf: zuerst Odin mit seinem Speer Gungnir. Während er auf den Fenriswolf losgeht, kämpft Thor mit der Midgardschlange. Freyr fällt im Kampf mit Surt. Der Höllenhund Garm befreit sich und kämpft mit Tyr, wobei beide fallen. Thor erschlägt die Midgardschlange, kommt dann aber selbst durch ihr Gift um. Und der Fenriswolf verschlingt Odin, der jedoch von seinem Sohn Widarr gerächt wird. Dieser tritt mit einem Fuß in den Unterkiefer des Wolfs, während er mit einer Hand den Oberkiefer packt und ihm das Maul entzweireißt. Loki und Heimdall töten sich derweil gegenseitig. Schließlich schleudert Surt Feuer über die Erde, wodurch die ganze Welt in Flammen steht: »Die Sonne verdunkelt sich, das Land versinkt im Meer.« Vom Himmel stürzen die Sterne, und es wüten Feuer, Rauch und Hitze (Weiss. 57, Gylf. 51).

Der Fenriswolf verschlingt Odin (Thorwald-Kreuz, Man)

Damit bietet die *Weissagung der Seherin* ein gewaltiges Szenario, nach dessen Quellen man immer wieder gefragt hat. Denn den Germanen allein wollte man es nicht zuschreiben, auch wenn der Muspell-Begriff für ein genuines Weltenbrandgeschehen sprechen könnte. Aber lassen Vergleiche das Ganze nicht als

»Echo eines uralten indoeuropäischen Mythos von der Vernichtung und Wiedergeburt der Welt im Zuge eines kosmischen Götterkampfs« (Böldl, 130 f.) erscheinen? Oder orientierte sich der Dichter um 1000 nicht doch an erheblich jüngeren christlichen Quellen wie der Johannesoffenbarung? Der Einflüsse mag es viele geben, trotzdem ist von einem sehr originellen Bild des Weltendes auszugehen.

b) Eine neue Welt

Nicht selten wird übersehen, dass die Götterdämmerung nach den Ausschlag gebenden Quellen überhaupt nicht das Ende aller Zeiten markiert. Denn der untergegangenen Welt folgt eine neue: Eine grüne und herrliche Erde steigt aus dem Meer empor, auf der Getreide von selbst wächst. Odins Söhne Widarr und Wali haben überlebt und wohnen nun auf Idawöll (Iðavöllr, »Idafeld«, vielleicht »glänzende Ebene« oder »Feld der Betriebsamkeit« oder vom christlichen Eden beeinflusst), wo vorher Asgard war. Dort stoßen Thors Söhne Modi und Magni sowie die Götter Balder und Höd zu ihnen. Auch für die überlebenden Menschen findet sich mit Gimle (Gimlé, vielleicht »der vor Feuer sichere Ort«) eine neue sichere Heimstatt. Und die Sonne hat eine Tochter, die von nun an ihre Bahn zieht (Weiss. 59 ff., Gylf. 53). Wer sich auf ein nur bei den Nordgermanen überliefertes martialisches Untergangsszenario beruft, der muss auch die neue grüne Erde zu Kenntnis nehmen – die womöglich für einen zyklischen Zug der Wiederkehr im Weltbild der Germanen spricht.

V. Odin, Thor, streitbare Frauen und andere Gottheiten

1. Götter und Göttervorstellungen

a) Göttervorstellungen im germanischen Altertum

Wer denkt bei germanischen Göttern nicht an Odin und Thor? Zu recht übrigens, denn in der Tat scheinen sie ein ganzes Jahrtausend verehrt worden zu sein. Aber ihre exponierte Stellung verdanken sie doch der Wikingerzeit und den Jahrhunderten davor – und selbstverständlich dem Bild, das die isländischen Eddas von ihnen vermitteln. Dieses Bild bietet allerdings eine beachtliche Schräglage zugunsten der beiden Hauptgötter. Die germanische Religion umfasst mit ihren Göttern und Mythen mehr als ein Jahrtausend und reicht mit mehr oder weniger starken Wurzeln zumindest in die Zeit der erwähnten Jastorf-Kultur zurück. Gerade im so genannten germanischen Altertum dieser Frühzeit weist sie eine Fülle von Göttervorstellungen auf, die ein etwas anderes Bild ergeben.

Was die bronzezeitlichen Felsbilder betrifft, gilt deren Beziehung zu den Germanen bekanntlich als problematisch. Allerdings gibt es eine archäologische Fundgruppe, die bis in die Endphase der Bronzezeit zurückreicht und als Ausdruck germanischer Religiosität akzeptiert wird: Die Pfahlgötter oder -idole sind anthropomorph gestaltete Holzpfähle, deren Menschengestalt durch die Herausarbeitung primitiver bzw. abstrakter Gesichtszüge und die Hinzufügung von Gliedmaßen deutlich wird. Diese rustikalen Figuren wurden offensichtlich an Opferplätzen aufgestellt und finden sich über viele Jahrhunderte in zahlreichen Gebieten der germanischen Stämme. Als Holzgötter ähneln sie auffallend den eddischen Menschenschöpfungen aus Bäumen – eine Verbindung zum Baumkult ist also offensichtlich.

Gleichsam als Urpaar der Holzidole sind jene beiden Pfahlgottheiten anzusehen, die in Braak bei Eutin (Ostholstein) aus einem Moor geborgen wurden. Zwischen dem 9. und 6. Jahrhundert vor Chr. datiert, bieten sie den ältesten Fund dieser Gruppe. Beide Eichenfiguren stellen mit einer erhalten gebliebenen Größe von 2,75 und 2,29 m ein Paar dar, dessen Geschlechtsmerkmale ursprünglich deutlich herausgearbeitet worden waren.

Sie dürften als Götterpaar verehrten worden sein und Opfer empfangen haben. Solche Vorstellungen weisen eine bemerkenswerte Kontinuität auf und finden sich wahrscheinlich noch unter den Wikingern. Menschengestaltige Holzfiguren hat man in unterschiedlicher Gestalt an diversen Opferplätzen gefunden, so in Oberdorla und Possendorf in Thüringen und im jütländischen Nydam und Ejsbøl in Dänemark. Ein spätes Zeugnis liefert der arabische Reisende Ibn Fadlan 922 von der Wolga, wo er auf schwedischstämmige Rus traf, die einem hohen Holzpfahl mit Männergesicht Opfer darbrachten (Simek 2014, 105; möglicherweise mit slawischen Einflüssen). Ob zwei in den *Sprüchen des Hohen* erwähnte »Holzmänner« (Str. 49) hingegen Pfahlgötter meinen, ist ungewiss. Zweifellos kann man aber den Namen des Göttergeschlechts der Asen mit den uralten Pfahlgöttern verbinden. Diese stehen für die bei weitem ältesten nachweisbaren Vorstellungen germanischer Gottheiten.

Aber diese archäologischen Funde bilden nur eine Gruppe unter einer Vielzahl von Gottheiten, die die germanischen Stämme des Altertums anbeteten. Als wichtigster Zeuge dient wieder einmal Tacitus, der die Götter sogar namentlich benennt; allerdings gemäß der Interpretatio romana, indem er zwecks Bezeichnung die Namen römischer Gottheiten heranzieht. Demzufolge nennt er als Hauptgötter Merkur, Herkules und Mars (*Germania* 9), hinter denen sich Wodan, Donar und Tyr verbergen dürften (dazu unten mehr). Von dem der Erde entsprossenen Tuisto, seinem Sohn Mannus, laut Tacitus der Stammvater der Germanen, und dessen drei Söhnen haben wir bereits gehört. Germanische Stämme pflegten eine Tradition, wonach derartige Göttertriaden oder auch einzelne Götter ihre Urahnen waren. Aber Tacitus weiß auch von den Alcis (lat., »Schutzgottheiten«) zu berichten, einem göttlichen Zwillings-

Kopf eines Pfahlidols von Braak (bei Eutin)

paar, dessen Name mit gotisch alhs »Tempel« oder germanisch alces »Elche« verwandt sein könnte. Hat man sich die Brüder, die ein Gegenstück in den römischen Dioskuren Castor und Pollux haben, eventuell als Elch- bzw. Pferdegötter vorzustellen? Verehrung sollen sie jedenfalls bei den Naharnavalern im heutigen Südpolen erfahren haben – in einem »uralten heiligen Hain, dem ein Priester in Frauentracht vorsteht« (*Germania* 43). Derartige Brüderpaare finden sich auch später noch, so Raos und Raptos bei den Vandalen (Cassius Dio), Hengist und Horsa bei den Angelsachsen (Beda Venerabilis), Ibur und Aio bei den Langobarden (Paulus Diaconus) und Aggi und Ebbi bei den Dänen (Saxo Grammaticus). Weitere Informationen über Glaubensvorstellungen der germanischen Frühzeit liefern insbesondere Weihesteine aus den römischen Rheinprovinzen in den ersten Jahrhunderten nach der Zeitenwende. Damals mischten sich unter der Herrschaft des Imperium Romanum römische mit keltischen und germanischen Götternamen. Und in der Regel sind es diese latinisierten Namen, die ihre Herkunft verraten. Der größte Teil der Weiheinschriften ist weiblichen Gottheiten und den germanischen Hauptgöttern gewidmet. Um 200 nach Chr. errichtete man beim heutigen Kerpen auch einem Gott Requalivahanus einen derartigen Votivstein. Mitten im Land der germanischen Ubier, die bereits vor mehr als 200 Jahren romanisiert worden waren, aber trotzdem ihre Göttervorstellungen weiter pflegten. Dazu dürfte auch jener Gott gehört haben, dessen Namen man von einem germanischen Wort für »Finsternis« (*rehwaz) herleitet, der also womöglich ein Unterweltsgott war.

b) Die nordgermanischen Göttergruppen

Erst in Skandinavien werden ein paar Jahrhunderte später Bezeichnungen für ganze Göttergruppen überliefert, Kollektivnamen also, die durchaus ältere Wurzeln haben können. Häufig stößt man in den Quellen auf das Wort Regin (altnord., »die sich Beratenden«), wobei ein westschwedischer Runenstein aus der Zeit um 600 das älteste Zeugnis liefert. Dort wird eine Rune als von den »Beratenden stammend« (raginkuđo, Noleby) bezeichnet. Später greift der Dichter der *Weissagung der Seherin* mehrmals auf das Wort zurück: »Da schritten alle Rater zum Richterstuhl, die heiligsten Götter, und beratschlagten« (Str. 6 u. a.). Etwas versteckt findet sich der Name übrigens als Genitiv in den Ragnarök. Ansonsten tauchen im Norden noch die Bönd und Höpt auf, was »Fesseln« und »Bande« bedeutet (AGR § 342) und die Götter als »Bindende« (Sprüche 109) versteht, die also womöglich die Welt binden und verpflichten (Tacitus erwähnt einen regelrechten Fesselkult, vgl. Kap. VII). Schließlich seien noch die Tívar, die wahrscheinlich dem Altirischen entlehnten Díar sowie die Goð oder Guð erwähnt. Letzeres entstammte einem alten germanischen Wort *guþa »Gottheit«, die man anruft und der man opfert. Den Singular verwandte man nach der Christianisierung zur Bezeichnung des einzigen Gottes.

Die bekanntesten Kollektivnamen der nordgermanischen Mythologie überliefern die beiden Eddas, nämlich die der Götterfamilien der Asen und Wanen. Der erste Begriff umfasst die meisten Götter und Göttinnen, manchmal inklusive der Wanen. In den Götterliedern ist die Anzahl seiner Belege Legion, und Snorri lässt die Asen als Menschen aus Asien in Skandinavien einwandern. Das sind außer den Hauptgöttern

- Odin (Gott der Krieger, der Toten, der Magie und Dichtkunst)
- Thor (Gott des Donners)
- Balder (Gott des Lichts und des Guten)
- Tyr (Gott des Himmels, des Krieges und der Thingversammlung)
- Bragi (Gott der Dichtung und Beredsamkeit)
- Heimdall (Wächter der Götterwelt)
- Höd, der blind ist
- Hönir, der keine besondere Aufgabe hatte
- Widarr, der als stark und schweigsam gilt
- Wali, ein mutiger Bogenschütze
- Ull, der Skiläufer und Bogenschütze

- Forseti, der bei Händeln versöhnt sowie
- Loki, der Ränkeschmied.

Als Asinnen nennt Snorri

- Frigg, Odins Frau und Hauptgöttin, die das Schicksal der Menschen kennt
- Idun (Göttin der Jugend)
- sowie Göttinnen, die in den Mythen zumeist keine besondere Rolle spielen und keine festen Aufgaben wahrnehmen:
  Gefjun, Gerd, Sigyn, Fulla, Nanna, Saga, Eir, Sjöfn, Lofn, War, Wör, Syn, Hlin, Snotra, Gna, Sol und Bil.

Zu ergänzen wäre diese Liste um die drei Wanengottheiten

- Njörd (Gott des Meeres, der Winde und des Feuers sowie von Erfolg und Reichtum)
- Freyr (Gott der Fruchtbarkeit) und
- Freyja (Göttin der Liebe).

Obwohl nicht alle von dem Götterpaar Odin und Frigg abstammen, gelten diese doch als verehrte Eltern und Oberhäupter. Alle Götter bewohnen Asgard, wo sie ihre einzelnen Höfe haben. Von diesem mythologischen Umfeld abgesehen, stellt die Bezeichnung Asen (altnord. Æsir, Sg. Áss) ein ganz bemerkenswertes Zeugnis dar. Nicht nur, dass es bereits im Gotischen auftaucht (Ansis) und später im Angelsächsischen (ēsa). Althochdeutsche Personennamen wie Ansila und Ansgeir belegen auch hier seine Kenntnis, ebenso schwedische Ortsnamen wie Asperg und Åslunda. Für das hohe Alter des Wortes spricht die mögliche Bedeutung einer römischen Inschrift, auf die man in Belgien gestoßen ist: Die darauf genannte Göttin Vihansa könnte den Asennamen enthalten. Eindeutiger ist eine Runenritzung aus der Zeit um 200 nach Chr., wo es heißt »dem Asen weihe ich« (a(n)sau wīja; Runenschnalle von Vimose). Das dem zugrundeliegende germanische Wort *ans- hat wohl die Bedeutungen »Pfahl, Balken« oder »Lebenskraft« und liefert damit ein weiteres Zeugnis für den Baumkult und die uralte Verehrung von Pfahlgöttern. Die zweite eddische Götterfamilie der Wanen (Vanir) kommt dagegen recht unspektakulär daher. Bereits die *Weissagung der Seherin* führt sie als Kriegsgegner der

Asen ein (Str. 24), dann findet sich der Name häufig in den Götterliedern. Als Wanen sind lediglich Njörd und seine Kinder Freyr und Freyja bekannt. Sie alle zeichnen sich als Fruchtbarkeitsgottheiten aus, die angeblich verwerfliche Zauberei praktizierten und die Geschwisterehe kannten. Weder ist das Wort vor der eddischen Überlieferung zu finden, noch weiß man, was es eigentlich bedeutet.

2. Die weiblichen Gottheiten

a) Die Göttinnen des germanischen Altertums

Ungewöhnlicherweise seien hier die weiblichen Gottheiten den männlichen Hauptgöttern vorangestellt. Dies ist insofern gerechtfertigt, als von Odin und Thor zwar ein umfangreicher Mythenschatz durch die Eddas überliefert wird, Göttinnen aber im alltäglichen Glauben eine viel größere Rolle spielten. Dafür sprechen die Zeugnisse der ersten Jahrhunderte nach der Zeitenwende aus dem westgermanisch-römischen Grenzgebiet. Wiederum sind es die Weihesteine mit ihren lateinischen Inschriften, die die Namen germanischer Göttinnen im römischen Gewand überliefern. Sie fanden sich vor allem in der römischen Provinz Niedergermanien (Germania inferior), die sich links des Rheins vom Ahrgebiet über den Niederrhein bis nach Holland erstreckte, und wurden gerade im Kölner Raum von germanischstämmiger ubischer Bevölkerung geprägt. Außerdem ergänzt Tacitus das Bild eines intensiven Göttinnenkults durch Nachrichten von den »barbarischen« Stämmen jenseits des Rheins.

Beginnen wir mit seinem Bericht über den Kult einer Erdmutter Nerthus, den mehrere suebische Stämme auf einer Insel in der Ostsee pflegten; darunter mit den Anglern die Vorfahren der Angeln, die dem Land zwischen Flensburg und Schleswig seinen Namen gaben und 400 Jahre später mit Sachsen und anderen Stämmen in das nach ihnen benannte England auswanderten. Der Name Nerthus entspricht nach Lautentwicklungen genau dem des erst viel später bezeugten Wanengottes Njörd, was für eine lange Tradition mit einem Wechsel des Geschlechts spricht. Zu Zeiten des Tacitus existierte auf der besagten Insel (vielleicht Fünen oder Alsen in Dänemark) ein heiliger Hain,

> »in dem ihr geweihter, mit Tüchern bedeckter Wagen steht, den nur der Priester berühren darf. Er bemerkt ihre Anwesenheit im Allerheiligsten und geleitet sie ehrfürchtig, wenn sie auf ihrem mit Kühen bespannten Wagen umherfährt. An diesen frohen Tagen sind alle Orte festlich geschmückt, denen die Göttin die Gnade ihres Aufenthaltes gewährt. Währenddessen führt man keinen Krieg und greift nicht zu den Waffen – alles Eisen bleibt verschlossen. Dann herrschen nur Ruhe und Frieden, bis die Göttin der Menschen müde ist und vom Priester wieder in ihr Heiligtum geleitet wird. Wagen, Tücher und angeblich sogar die Gottheit selbst werden in einem entlegenen See gewaschen. Die dabei helfenden Sklaven verschlingt der See« (*Germania* 40).

Der Römer schmückt dieses Szenario stimmungsvoll aus, indem er das »geheime Grauen« und das »heilige Dunkel« schildert, weil nur Todgeweihte die Göttin erblicken dürfen. Nerthus steht vielleicht auch hinter jener germanischen Isis, die Tacitus an anderer Stelle in der *Germania* (Kap. 9) ausdrücklich hervorhebt. Oder ist damit Nehalennia gemeint, von der insbesondere in den Niederlanden zahlreiche Weiheinschriften gefunden wurden? In der Provinz Zeeland scheinen im 3. Jahrhundert auf Walcheren (Domburg) und Noord-Beveland regelrechte Kultzentren bestanden zu haben. Auf den Altären wird die Göttin mit Fruchtkörben, einem Hund oder einem Schiffsbug dargestellt. Dementsprechend interpretiert man sie als Göttin der Fruchtbarkeit, des Todes (worauf der Hund als Attribut weisen könnte) oder der Schifffahrt, mit der Tacitus auch die genannte Isis verbindet. Auf diese Aspekte deutet bereits ihr Name, nämlich vielleicht »Todesgöttin«, »Schifffahrtsgöttin« oder »hilfsbereit sich nähernde Göttin«. Mit dieser Vieldeutigkeit steht Nehalennia nicht allein, denn die frühgermanischen Göttinnen übernahmen Aufgaben als Fruchtbarkeits- und Schutz-

Weihestein für die Aufanischen Matronen (Nettersheim, Nordeifel)

gottheiten, doch kriegerische und düstere Seiten waren ihnen nicht fremd. So etwa eindeutig bei Baduhenna (von germanisch *badwa-, »Kampf«), die nach Tacitus eine Kriegsgöttin war. In den *Annalen* spricht er von ihrem heiligen Hain in Friesland, wo 28 nach Chr. mehrere hundert römische Soldaten geopfert

71

worden sein sollen. Aber so blutrünstig ging es unter den meisten Göttinnen nicht zu. Hier eine kleine Auswahl: In Xanten verehrte man Alateivia (»die Allgöttliche«) vielleicht als Heilgöttin; in Köln mit Aueha eine Flussgöttin (*ahwō-»Fluss«), aber mit Hariasa (»die Heerende«) auch eine Kriegsgöttin; mehrmals am Niederrhein die Erdgöttin Hludana (»die Verbergende«), von der mutmaßlich eine Traditionslinie bis zur Frau Holle des Grimm'schen Märchens reicht (vgl. Kap. XI); die Bedeutung der holländischen Sandraudiga, nämlich »die wahrhaft Reiche«, spricht für sich; Vercana könnte sprachlich etwas mit »wirken« oder »Birke« zu tun haben und eine Heilgöttin sein, während Vagdavercustis wohl mit »Kampftugend« zu verbinden ist und dann als Kriegsgöttin Verehrung gefunden hätte.

Die weibliche Götterwelt des germanischen Altertums wäre unvollständig ohne die Erwähnung des weitverbreiteten Matronenkultes, bei dem nicht einzelne Göttinnen, sondern Dreiergruppen verehrt wurden. Diese Muttergottheiten (lat. Matronae, Matres, Matrae »Mütter«) rief man bis ins 5. Jahrhundert im römischen Macht- und Kulturraum an.

Das Problem: Sie waren sowohl unter germanisch- wie keltischstämmiger Bevölkerung beliebt, wobei die jeweilige Herkunft nur über die Beinamen der Matronen zu klären ist – wenn überhaupt. Ihre Votivsteine und Altäre finden sich in vielen Teilen des Römischen Reiches, vor allem jedoch im Rheinland, in Ostgallien und Oberitalien. Diese Steindenkmäler mit einer Bilddarstellung und einer lateinischen Inschrift zeigen die drei Matronen als Hauben tragende verheiratete Frauen und als Jungfrauen mit offenem Haar. Stehend oder sitzend halten sie Fruchtkörbe auf dem Schoß. An sie wandte man sich hilfesuchend um den Schutz der Familie, um Fruchtbarkeit und Geburtshilfe. Über 1100 Inschriften sind bekannt, wovon etwa die Hälfte der Namen germanischer Herkunft ist. Viel spricht dafür, dass Germanen in römischen Armeediensten den Kult bis nach Rom und in viele Teile des Römischen Reiches brachten. Ein Mittelpunkt der Matronenverehrung lag im Gebiet der Ubier im Kölner Raum, wo es zahlreiche Kultzentren gab, so in Pesch und Nettersheim in der Eifel und in Bonn. Sie wurden

geprägt von Votivsteinen, Altären und Tempeln, die offensichtlich von hohen römischen Beamten, Offizieren und Legionären
gestiftet wurden. Der Opferkult dürfte gemäß römischen
Brauchs abgelaufen sein – mit Weihrauch, Opferschalen mit
Obst sowie Tieropfern mit Schwein und Fisch. Dieser Mutter-
kult fand ein Fortleben nach dem Ende des Imperium Romanum; denn der englische Geschichtsschreiber Beda Venerabilis
(gest. 735) erwähnt eine modraniht (altengl. »Mütter-Nacht«)
zur Zeit des Julfestes (Weihnachten), in der die vorchristlichen
Angeln ein großes Opferfest veranstaltet hätten. Weibliche
Dreiergruppen tauchen durch die Zeiten noch vielerorts auf,
nicht immer sind sie mit Sicherheit auf die Matronen zurück-
zuführen. Selbst für den christlichen Drei-Jungfrauen-Kult
kann man diese Verbindung nicht ausschließen. Noch ein Blick
auf die Namen der Matronen, die allein über deren Herkunft
befragt werden können – immerhin schreibt man mehr als 100
einen germanischen Ursprung zu. Ein Teil davon bezieht sich
auf Stämme und Ortsnamen, beispielsweise die »suebischen«
und »germanischen Mütter«. Hier eine knappe Auswahl:
Ahueccaniae (bei Köln), »wahrsagende Wasserfrauen«; Alafer-
hviae (um Jülich), »die großen Leben Spendenden« oder »die zu
allen Bäumen gehörenden«; Amfratninae (Eschweiler), »die Erfolg Bringenden«; Aufaniae (Bonn u. a.), »freigiebige Ahnmüt-
ter«; Gabiae (Euskirchen u. a.), »die Gebenden«; Gantunae
(Köln), »die Gänsegöttinnen«; Lubiae (Köln), »Heilende Göttinnen«; Renahenae (Bonn), »die Rheingöttinnen«; Saitchamiae
(bei Zülpich), vielleicht »die Göttinnen der Magie«; Tummaes-
tiae (bei Euskirchen), »die hilfreichen Frauen des Hauses«.

b) Die eddischen Göttinnen

Von den westgermanischen Stämmen und römisch geprägten
Votivsteinen geht es in die der Überlieferung nach viel jüngere
Welt der nordgermanischen Göttinnen. Sie sind durchweg in
der mythischen Welt angesiedelt, die uns Snorri und die Götterlieder präsentieren. Beginnen wir mit Frigg (altnord., »Frau,

Geliebte«), die neben ihrem Mann Odin das Oberhaupt der göttlichen Asen darstellt. Sie wurde bereits viel früher unter den südlichen Germanen verehrt, wo sich ihr Name als Frîja (althochdt.) und Frea (langobardisch) findet. Für ihr hohes Alter spricht der Umstand, dass nach ihr noch vor dem 5. Jahrhundert der römische Dies Veneris (»Tag der Venus«) mit »Tag der Frîja« (altengl. frīgedeag, althochdt. frîatag, altnord. friádagr), also Freitag, übersetzt wurde. Außerhalb Skandinaviens findet sich ihr Name noch im 2. *Merseburger Zauberspruch.* Und dann in der Überlieferung der Eddas (Gylf. 35, Weiss. 33 u. a. und viele andere Götterlieder). Aus ihnen ist mancherlei über die Göttermutter zu erfahren, ohne dass sie eine herausragende Rolle übernähme – die großen Abenteuer bleiben ohnehin den männlichen Göttern vorbehalten. Als vornehmste Asin bewohnt sie in Asgard den prächtigen Hof Fensalir (vielleicht »Sumpfsäle«), bedient von Fulla (vielleicht »Stute«) und Gna (Gná, vielleicht »die hoch Dahinfahrende«), die ebenso als Asengöttinnen gelten. Sie besitzt ein Falkengewand, in dem man fliegen kann, was aber kein außerordentliches Merkmal ist, weil derartige Requisiten häufig zu finden sind. Beim Tod ihres Sohnes Balder spielt sie eine besondere Rolle. Denn sie versucht ihn vor dem prognostizierten Schaden zu bewahren, indem sie allen Dingen und Lebewesen Schutzeide abnimmt – mit einer Ausnahme, die dem geliebten Sohn das Verderben bringt (vgl. unten). Danach bittet Frigg die Asen darum, zur Unterweltsherrin Hel zu reiten und ihr ein Lösegeld zu bieten, wenn sie Balder wieder nach Asgard lasse. Während man von dieser dramatischen Episode wie überhaupt vom gesamten Balder-Mythos außerhalb der Eddas und jenseits von Skandinavien nichts erfährt, tut sich bei einem Wettstreit Friggs mit Odin eine auffallende Parallele auf. Denn im *Grimnirlied* unterstellt sie ihrem Kandidaten mehr Gastfreundschaft als dem Odins und scheut auch vor Tricks und übler Nachrede nicht zurück. Ein ähnlicher Streit des Götterpaares findet sich bereits viel früher in der *Langobardengeschichte* des Paulus Diaconus, in der Frea (Frigg) die Langobarden gegen die Vandalen erfolgreich unterstützt, die Godan (Wodan) um Hilfe angerufen hatten. Snorri Sturluson erzählt in seiner euhemeristischen *Saga von den Ynglingen,* die die Götter als historische Menschen sieht, noch eine ganz andere Geschichte. Ihrzufolge hätten sich Odins Brüder Wili und We während dessen Verbannung Frigg mitsamt der Herrschaft geteilt. Darauf spielt übrigens der streitsüchtige Loki an, indem er Frigg als »mannstoll« bezeichnet (Spottr. 26). Auch Saxo Grammaticus gibt in seinem lateinischen Monumentalwerk ein ehrenrühriges Bild von Frigg. Ihm zufolge ist sie derart eifersüchtig auf Odins Ruhm, dass sie seine Statue zerstören lässt und sich mit einem Sklaven einlässt. Festzustellen bleibt also, dass der hehren Göttermutter auch dunkle Seiten nachgesagt werden. Aber wer weiß: Vielleicht steht dahinter eine seit langem verehrte Liebesgöttin, die insbesondere von Frauen verehrt wurde und sich ihre Unabhängigkeit zu wahren wusste.

Das gilt auch von der Wanengöttin Freyja (»Herrin, Frau«), die bereits in den Eddas die populärste Göttin der nordgermanischen Mythologie ist und diesen Status bis heute behalten hat – manchmal stellt sie Frigg/Frîja völlig in den Schatten und wird gar fälschlicherweise als Namensgeberin des Freitags angesehen! Im Gegensatz zur Göttermutter hat Freyja mit den Westgermanen der Römerzeit nichts zu tun und außerhalb Skandinaviens fand sich bislang keine Spur von ihr. Aber selbst dort taucht ihr Name erst in den Götterliedern auf, derer sich Snorri für seine umfangreichere Darstellung bedient. Immerhin sei vorweg darauf verwiesen, dass man zahlreiche Ortsnamen in Norwegen und Schweden, einige wenige in Dänemark auf ihren Kult zurückführt, etwa Frövi (*Freyjuvé, »Freyjas Heiligtum«); interessanterweise sollen sogar Berge und Gewässer nach ihr benannt sein (vgl. ARG § 535). Für ihre Beliebtheit spricht auch das *Buch der Isländer* (Íslendingabók), das der Gelehrte Ari Thorgilsson um 1125 verfasst hat: Demnach soll sie der christliche Skalde Hjalti Skeggjason kurz vor der Annahme des Christentums auf dem isländischen Allthing als Hündin bezeichnet haben, was ihm die Ächtung und damit Lebensgefahr einbrachte. Wer aber war Freyja? Ohne jeden Zweifel im nordischen Pantheon die Liebesgöttin par excellence und in

Verbindung damit eine Gottheit der Fruchtbarkeit. Dafür sprechen die Vielzahl ihrer Kultstätten und die Zugehörigkeit zu den Wanen, die sie gemeinsam mit ihrem Vater Njörd und ihrem Bruder Freyr bildet. Nach Snorri bewohnt sie in Asgard den Hof Folkwang (Fólkvangr, »Volksfeld« oder »Feld der Krieger«) mit der prachtvollen Halle Sessrumnir (»Sitze-Räumer«) (Gylf. 24 mit Zitat des Grim. 14; Sprache 20). Über ihre Familienverhältnisse ist wenig bekannt. Mit ihrem selten erwähnten Mann Od (Óðr) hat sie die für ihre Schönheit gerühmte Tochter Hnoss (»Kostbarkeit, Schmuckstück«). Als Od lange auf Reisen ging, soll Freyja Tränen aus rotem Gold vergossen haben und ihn in vieler Herren Länder gesucht haben. Kein Wunder, dass man sie in Liebesfragen anrief. Dabei dürfte es auch um handfeste Sexualität gegangen sein; denn Freyja genoss unter den (männlichen) Poeten und Verfassern keinen guten Ruf: Nicht zufällig beschimpfte sie Hjalti Skeggjason als Hündin und spielte damit auf ihre »Läufigkeit« an. Man sagte ihr ein inzestuöses Verhältnis zu ihrem Bruder nach, was der bösartige Loki noch zu steigern weiß: Von den Asen und Alben sei jeder ihr Geliebter gewesen (Spottr. 30) und die Götter hätten sie mit ihrem Bruder überrascht (Str. 32). Selbst die Riesen stellen der schönen Göttin nach – denen sie sich aber standhaft verwehrt (etwa im Thrym.). Ein später Text aus dem 14. Jahrhundert sagt ihr nach, sie habe sich für ein Schmuckstück mit dessen Schmieden, vier Zwergen nämlich, eingelassen (Sörla þáttr, *Sörli-Abschnitt*). Üble Nachrede oder nicht: Zu Schmuck und Edelmetall hatte Freyja in der Tat eine enge Beziehung. Dafür sprechen ihre Goldtränen, der Name ihrer Tochter (»Kostbarkeit«) und das geheimnisvolle Schmuckstück der Brisingamen (»Halsschmuck der Brisinge«, vielleicht zu »glänzen«; Gylf. 35), das als Brōsinga mene sogar im altenglischen Heldenepos *Beowulf* erwähnt wird.

Freyja soll es von den besagten vier Zwergen erhalten haben, Loki raubte es und musste mit Heimdall in Seehundgestalt darum kämpfen. Eine ziemlich abstruse Geschichte, die aber bereits der Skalde Ulf Uggason in seinem *Hausgedicht* (Húsdrápa) um 980 erwähnt. Was dahintersteckt, ist völlig unklar: der Dieb-

Bronzefigürchen der Göttin Freyja (Östergötland, Schweden)

stahl des Feuers (Brisingamen), ein Symbol der Sonne oder des Nordlichts? Auch sonstige Attribute zeichnen sich durch den Nimbus des Rätselhaften aus. Ein Flughemd aus Federn hat sie mit Frigg gemein; aber dass ihr Wagen von einem Katzengespann gezogen wird, hat doch immer wieder für Verwunderung gesorgt. Steckt dahinter die kleinasiatische Göttin Kybele mit ihren Löwen, die immerhin der römisch-germanischen Bevölkerung des Rheinlands bekannt war? Ein vielleicht doch etwas zu weiter und komplizierter Weg! Anders steht es um den goldborstigen Eber Hildiswini (Hildisvíni »Kampfeber«, Hyndl.), der deutliche Anklänge an Freyrs Eber Gullinborsti zeigt. Überhaupt galt der Eber als Fruchtbarkeitssymbol, weswegen Freyjas Name Sýr (»Sau«) auf die Wanengötter anspielt. Ihre sonstigen Bezeichnungen sind nicht alle so klar: Gefn (»Geberin«), Hörn (zu »Flachs«), Mardöll (vielleicht »die das Meer Erleuchtende«) und Vanadís (»Wanendise«). Als Wanengöttin soll sie eine Art von Schwarzer Magie praktiziert haben, die unter Männern als entehrend galt *(Saga von den Ynglingen)*. Nicht unerwähnt bleiben darf, dass ihr gemäß des *Grimnirliedes* (Str. 14) die Hälfte der in der Schlacht gefallenen Krieger zukommt, während Odin die andere Hälfte erhält. Freyja entpuppt sich also als Liebesgöttin mit Überraschungen. Als Wanengöttin verkörperte sie Aspekte der Fruchtbarkeit, wegen der (und der in Liebesdingen) sie verehrt wurde. Der letztgenannte Zug einer Totengöttin gemahnt an die ambivalenten Züge der zahlreichen weiblichen Gottheiten des germanischen Altertums. Als Meisterin weiblicher Magie pflegte wohl auch Freyja eine besondere Beziehung zu den Frauen. An ihre schwer deutbare Vielschichtigkeit reicht keine andere Göttin der eddischen Mythologie heran.

Schon gar nicht Idun (Iðunn, »die Verjüngende«), der aber eine wichtige Rolle zukommt: Sie bewahrt in einer Truhe jene Äpfel auf, die die Götter jung halten. Wenn sie zu altern beginnen, beißen sie hinein (Gylf. 26; Sprache 1, 22; Spottr. 17). Umso folgenreicher ist der Mythos von ihrer Entführung und dem Diebstahl dieser Äpfel, woran Loki Schuld trägt und nicht zuletzt der Riese Thjasi beteiligt ist. Die Äpfel bezeugen Iduns Aspekt der Fruchtbarkeit, auf dessen Mythos der norwegische Skalde Thjodolf von Hwin bereits im 9. Jahrhundert in seinem Gedicht *Herbst-Lange* (Haustlöng) anspielt. Auch Gefjun (»die Gebende«) war wohl eine Fruchtbarkeitsgöttin, die zu den Asen zählte und mit einem Riesen vier Söhne hatte. Als Gylfi (vgl. Kap. II) ihr so viel Land verspricht, wie sie an einem Tag und in einer Nacht umpflügen kann, holt sie ihre Söhne in Ochsengestalt aus Riesenheim. Mit ihrem Pflug und dem Ochsengespann pflügt sie ein großes Stück Land heraus (dort entstand

der Mälarsee in Schweden) und zieht es ins Meer, wo es die Insel Seeland bildet (Gylf. 1; die Geschichte kannte bereits der erste Skalde Bragi in *Ragnars Gedicht*). Gerd (Gerðr, vielleicht zu
garðr »umzäuntes Land« oder »durch Zaun geschützt«) ist gewissermaßen eine eingeheiratete Göttin und die Frau des Wanengottes Freyr, denn ihre Eltern sind Riesen (Skirn., Gylf. 37).
Die folgenden Göttinnen gewinnen kein ausgeprägtes Profil
und spielen in den Göttergeschichten allenfalls eine Nebenrol-
le: Sigyn (vielleicht »Siegfreundin«) ist Lokis Frau, mit der er
den Sohn Narfi zeugt. Nur in der Erzählung von Lokis Bestrafung tritt sie in Erscheinung. Nanna (vielleicht »Mutter« oder
»Wagemutige«) gilt laut Snorri als Balders Frau und hat mit diesem den Sohn Forseti. Nach dem Tod Balders bricht ihr während dessen Feuerbestattung vor Kummer das Herz und sie
stirbt. Saga (Sága, vielleicht von »sehen«) bewohnt den großen
Hof Sökkwabekk in Asgard. Eir (»Helferin«) wird für ihre Heil-
kräfte gerühmt. Hinter Sjöfn (vielleicht zu »Sinn« oder »Verwandte«) verbirgt sich wohl eine Schutzgöttin der Ehe und Liebe. Lofn (»die Milde«) gilt als Ehestifterin unter den Menschen.
War (Vár, »Geliebte«) hingegen schützt Ehe, Liebe und Treue-
schwüre. Wör (Vör, vielleicht »die Vorsichtige«) zeichnet sich
durch ihre klugen Fragen aus. Syn (»Verweigerung«) nennt
Snorri die Wächterin der Hallentüren. Auch Hlin (Hlín »Schüt-
zerin«) schützt die Menschen vor Gefahren. Snotra (»die Kluge«) zeichnet sich bereits durch ihren Namen aus. Während die
Letztgenannten womöglich Erfindungen Snorris sind, könnte
Sol (Sól, »Sonne«) als Personifikation der Sonne, die die Pferde
des Sonnenwagens antreibt, auf sehr alte Vorstellungen zu-
rückgehen.

c) Walküren und andere weibliche Gottheiten

Neben den genannten in Asgard verorteten Göttinnen von
mehr oder weniger großer Bedeutung kennt die nordgermanische Mythologie etliche andere weibliche Gestalten, die zumindest am überirdischen Mythenkosmos teilhaben. Obwohl ei-

gentlich keine Gottheiten, dürften die Walküren (Valkyrjar, Sg. Valkyrja, »Wälerinnen der Gefallenen«; altengl. waelcyrge) am populärsten sein. Nach dem vorherrschenden Bild der Eddas dienen diese Jungfrauen in Odins prächtiger Halle Walhall, wo sie den gefallenen Kriegern der Einherjer aufwarten. Der Kriegsgott entsendet sie in die Schlacht, um jene Männer auszuwählen, die fallen und somit zu ihm nach Walhall kommen. Bereits in der *Weissagung der Seherin* werden sie genannt (Str. 30), ebenso von Snorri, aber vor allem fällt ihnen in den Heldenliedern der Älteren Edda eine ausgestaltete und kennzeichnende Rolle zu: Dem Helden Helgi erscheinen sie mit Licht und Blitzen am Himmel, helmtragend und mit blutbespritzten Brünnen, strahlende Speere in Händen (Helgi 1 54, Helgi Hj. 27 f.). Das *Walkürenlied* (altnord. Darraðarljóð, *Dörrudlied*, nur in der *Saga von Njal* überliefert) beschreibt sie als düstere Frauen, die an ihrem Webstuhl aus menschlichen Überresten und blutigen Waffen das Geschick der Krieger weben. Ursprünglich verstand man sie als Totendämoninnen, die auf dem Schlachtfeld ihrem blutigen Geschäft nachgingen. Später wurden daraus harmlose Dienerinnen in Walhall oder romantisch verbrämte Schildmädchen der Heldendichtung, die sogar in Liebe einem Helden verfallen. Neben ihrem Kollektivnamen tragen die Walküren auch Einzelnamen, meistens Kampf-Bezeichnungen und Wörter aus dem Waffen- und Kriegerbereich wie Göndul (zu »Zauber«), Skögull (»Kampf«), Geiravör (»Speergöttin«), Hildr (»Kampf«), Skeggöld (»Axtzeit«) oder Herja (»Heererin«).

Die Disen (dísir, Sg. dís, »Frau, Göttin«) finden in den Götterliedern zwar kaum Erwähnung, tauchen aber sonst allenthalben in der altnordischen Literatur auf. Die ihnen zugeschriebenen Eigenschaften sind mannigfaltig und decken ein breites Spektrum ab: Fruchtbarkeits- und Kriegsgöttinnen, Walküren, Schutzgeister, selbst Traumfrauen und die Seelen der Verstorbenen. Manchmal bezeichnen jedoch die Skalden eine Frau ganz profan als Dise, was auch die verbreiteten weiblichen Personennamen Vigdis und Frøydis belegen. In welcher Funktion auch immer: Schwedische und norwegische Ortsnamen wie

Diseberg, Disasen und Disin (»Disenwiese«) dürften für eine verbreitete kultische Verehrung dieser Gottheiten sprechen. Zwei Isländersagas des 13. Jahrhunderts erwähnen sogar ein Disenopfer (dísablót), das im Herbst oder zu Winterbeginn begangen wurde und mit einem Gastmahl verbunden war. Das bezeugt auch die Erwähnung eines Disting (»Ding zur Zeit des Disenopfers«), wie eine Thingversammlung in Uppsala genannt wurde. Passend dazu der Disensaal (Dísarsalr), womit Snorri einen Tempel ebendort bezeichnet, in dem die Disen verehrt wurden *(Saga von den Ynglingen)*. Ob dieser Disensaal jener Tempel ist, den Adam von Bremen erwähnt, kann leider nicht geklärt werden. Später tauchen noch so genannte »Weissagungsdisen« (Spádísir) in den Quellen auf, in deren Gestalt sich Motive von Traumfrauen, Walküren und Nornen mit dem Volksglauben vermischen. Sollten sie um Fruchtbarkeit und Schutz angerufen worden sein, außerdem auch im Krieg eine Rolle gespielt haben, wären sie den westgermanischen Göttinnen und Matronen vergleichbar. Aber mehr noch: Deutliche Spuren führen zu den Südgermanen und bis zu 1000 Jahre zurück – zu den Idisen, wie die Disen oder ihnen zumindest verwandte Gottheiten geheißen wurden. Tacitus erwähnt nämlich eine Örtlichkeit namens Idisiaviso (»Ebene der Idisi, Frauenwiese«; *Annalen*), eine Ebene an der Weser, wo 16 nach Chr. eine Schlacht zwischen Arminius und den Römern stattgefunden habe. Den Ortsnamen dürfte man so interpretieren, dass nach germanischem Glauben die Idisi als walkürenhafte Schlachtgöttinnen in den Kampf eingriffen. Eine gewisse Bestätigung findet der Glaube an Idisen (altsächs. Idisi, Sg. idis, althochdt. itis, ags. ides, »Frau, würdige Frau oder Jungfrau«) im *Ersten Merseburger Zauberspruch* in einer Handschrift des 10. Jahrhunderts. Dem Text zufolge binden und lösen sie Fesseln und behindern das feindliche Heer (vgl. den Walkürennamen Herfjötur, »Heerfessel«).

Die Nornen (Nornar, Sg. norn) haben so manches mit den Disen, aber auch mit den Matronen gemein. Mit den Letzteren verbindet die Schicksalsfrauen der nordgermanischen Mythologie insbesondere die Dreizahl, wie sie Snorri bezeugt. Ihm zufolge (und nach Weiss. 20) sind dies die drei Mädchen Urd (Urđr, »Schicksal«), Skuld (»Schuld«) und Werdandi (Verdandi, »Werdende«), die aus einer prächtigen Halle an der Quelle des Urdbrunnens unter der Esche Yggdrasill kommen. Sie entscheiden über die Lebenszeit der Menschen, indem sie jedem neugeborenen Kind seine Lebensdauer bestimmen. Dabei gibt es mehr als diese drei; sie stammen von Göttern, Alben und Zwergen ab. Snorri unterscheidet zwischen guten und schlechten Nornen: Die einen bereiten eine gute Lebenszeit, die anderen eine üble (Gylf. 15). Den verbreiteten Glauben an diese nordischen Schicksalsfrauen belegen neben Snorri etliche Eddalieder und Skaldenstrophen. Wie die Walküren finden auch sie in den Heldenliedern der Älteren Edda eine besonders anschauliche Darstellung, nach der sie dem Helden ein Ruhm verheißendes Schicksal bestimmen, aber auch schuld an dessen tragischem Ende sind: Des Nachts kommen sie zum neugeborenen Helden Helgi Hundingstöter und spinnen ihm die Schicksalsfäden, die sie am Himmel befestigen (Helgi 1 2 ff.). Der Zwerg Andwari macht eine »elende Norne« für sein Geschick verantwortlich (Reg. 2). Und der Gotenkönig Angantyr klagt, dass er seinen Halbbruder töten musste: »Übel ist der Spruch der Nornen« (Hunn. 34).

3. Odin – Wodan

a) Wodan im germanischen Altertum und außerhalb Skandinaviens

Wodan, der von den Nordgermanen Odin genannt wurde, mag nicht immer als mächtiger Göttervater verehrt worden sein, so wie ihn Snorri darstellte (Gylf. 3). Bedeutend war er gleichwohl und seine Verehrung reicht weit zurück. Seine Spuren finden sich bereits bei den antiken Geschichtsschreibern, wenn sie auf die regelrechten Opferorgien der Kimbern und Teutonen eingehen. Diese bedrohten mit ihren Kriegszügen und Wanderungen zwischen 113 und 101 vor Chr. die römische Republik und drangen gar bis Oberitalien vor. Opferten sie Wodan ihre Kriegsgefangenen? Eine Frage, die Spekulation bleiben muss. Erst Tacitus hilft weiter. Er erwähnt nämlich einen Gott, der von den Germanen am meisten verehrt werde, und bezeichnet ihn mit dem römischen Götternamen Mercurius, dem sie an bestimmten Tagen auch Menschenopfer darbrächten (*Germania* 9). Was aber hat der römische Gott des Handels mit Wodan zu tun? Letztlich ist das nicht in Erfahrung zu bringen, die Gleichsetzung scheint jedoch sicher. Denn wie bei Frigg liefert dafür die germanische Tagesbezeichnung einen frühen Beweis. Demnach wurde aus dem Dies Mercurii »Tag des Merkur« der »Tag Wodans«, angelsächsisch Wodnesdaeg und althochdeutsch Wodanestag. Während die Bezeichnung als englisch Wednesday und niederländisch Woensdag erhalten geblieben ist, nahm im Deutschen der unverfänglichere Mittwoch den Platz des Wodanstages ein. Noch älter und in die Zeiten des Tacitus zurückreichend sind Weihesteine aus den römischen Provinzen im Rheinland, die dem Merkur errichtet wurden. Wie bei den Matronen verweisen die Beinamen auf die Herkunft. Das gilt insbesondere für einen »kimbrischen Merkur« (Mercurius Cimbrianus), von dem sich im Rhein-Main-Gebiet und am Neckar mehrere Inschriften fanden, so auf dem Heiligenberg bei Heidelberg und auf dem Greinberg bei Miltenberg, die dem Ende des 2. Jahrhunderts nach Chr. zugewiesen werden. Und in der Tat bezieht man diesen Beinamen auf Teile des Kimbernvolkes, die sich dort um 100 vor Chr. angesiedelt hatten. Von weiteren, durchaus umstrittenen Merkur-Inschriften lässt der »Mercurius Rex« (König Merkur) aus Nijmegen aufhorchen; denn diese Rangstufe kam eigentlich nur Wodan zu und nicht dem geringeren römischen Original. Für spätere christliche Gelehrte wie Paul Diaconus und Geoffrey von Monmouth bis hin zu den erwähnten Zeugnissen Islands (vgl. Kap. II) steht außer Zweifel, Wodan mit Merkur gleichzusetzen. Und beide Gottheiten ähneln sich tatsächlich, so in Mantelumhang, breitem Hut und Stab, aber auch in ihrer Umtriebigkeit und als düstere Seelenführer ins Totenreich. Allerdings darf bezweifelt werden, dass Tacitus dies alles bereits im Blick hatte. Unter den

Süd- bzw. Westgermanen taucht Wodan allenthalben auf, sei es als Wōden (altengl.), Wuotan (althochdt.) oder Wotan und Godan (langobardisch). Allen liegt das germanische Wort *Wōþanaz zugrunde, das mit unserem »Wut« (althochdt. wuot) verwandt ist und auf ein ursprüngliches Bedeutungsspektrum von »wütend, rasend, besessen« hinweist. Weiter unten werden wir auf Aspekte des nordgermanischen Odin stoßen, die durchaus zum »Wütenden« und »Besessenen« passen. Ältere Spuren sind im Süden hingegen rar. Erstmals ist das Wort um 700 auf der Nordendorfer Runenfibel bei Augsburg bezeugt und dann wieder im *Sächsischen Taufgelöbnis*, das während der Sachsenmission Karls des Großen Verwendung fand und verlangte, u. a. Wodan (uuoden) abzuschwören. Im *Zweiten Merseburger Zauberspruch* erweist sich Wodan als Meister der Magie und Heilkraft, was im *Neunkräutersegen* gegen 1000 bestätigt wird. Dieser altenglische Zauberspruch besteht aus einer Heilkräuterbeschwörung, wobei Woden eine wichtige Rolle spielt. Schließlich gilt der ominöse Gott vielen Germanen als Ahnherr ihrer Dynastien, so bei den Goten (Jordanes, Getica) und den Angelsachsen (Beda Venerabilis und *Angelsächsische Chronik*). Die *Langobardengeschichte* des Paulus Diaconus gibt sogar einen südgermanischen Wodanmythos wieder. Demnach trafen die Langobarden unter ihrem herkömmlichen Namen Winniler auf die Vandalen, mit denen es zum Kampf kam. Die Feinde baten Godan (Wodan) um den Sieg, die Winniler wandten sich an dessen Frau Frea (Frigg, vgl. oben), die ihnen mit einer List den Sieg und den neuen Namen der Langobarden (Langbärte) verschaffte. Wodans Bild in diesen älteren und nichtskandinavischen Zeugnissen ist demnach diffus und erst die reiche nordgermanische Überlieferung schafft einiges an Klarheit über diesen geheimnisvollen Gott.

b) Der Odin des Nordens

Der südgermanische Wodan ist mit Odin (altnord. Óđinn) identisch, daran lassen sprachhistorische Argumente keinen Zweifel. Bevor wir uns eingehend der eddischen Überlieferung widmen, die immerhin erst im 13. Jahrhundert verschriftlicht wurde, werfen wir einen Blick auf ältere Zeugnisse. Der eigentliche Name findet sich bemerkenswerterweise auf einem Fundstück, das in die erste Hälfte des 8. Jahrhunderts datiert wird und aus Ribe an der jütländischen Nordseeküste in Dänemark stammt. In ein menschliches Schädelfragment ritzte man damals Runen, mittels derer Gottheiten um Hilfe gegen Kopfschmerzen angerufen wurden. Wie viele Runeninschriften ist auch diese

Odin und Balders Fohlen (Brakteat von Fünen, Dänemark)

in ihrer genauen Bedeutung umstritten, aber zweifellos lässt sich doch der Name Odin (uþin) lesen. Bereits unter den Großeltern und Eltern der Wikinger genoss der Gott demnach den Ruf eines magischen Arztes. Heilende Kräfte schreibt ihm ebenso der erwähnte althochdeutsche *Zweite Merseburger Zauberspruch* zu, demzufolge sich Balders Fohlen einen Fuß verrenkte, der von mehreren mythischen Personen »besprochen« wurde. Aber erst Wodan/Odin gelang die Heilung. Was hat diese kleine Göttergeschichte, die erst im 10. Jahrhundert wahrscheinlich ein Geistlicher des Klosters Fulda zu Pergament brachte, mit dem skandinavischen Odin zu tun?

Anscheinend sehr viel, denn just diese Heilungsszene lässt sich bereits 400 bis 500 Jahre früher im Norden finden – auf kleinen runden, einseitig geprägten Metallscheiben, insbesondere aus Gold. Diese so genannten Brakteaten dienten profan als Schmuck, vor allem aber als Heils- und Glücksbringer der Völkerwanderungszeit. Die Forschung brauchte lange, bis sie in den Miniaturen ein regelrechtes Bildprogramm entdeckte, was Karl Hauck zu verdanken ist. Nach seinen Erkenntnissen zieren die Brakteaten nicht nur knappe Runeninschriften, sondern auch Motive, die spätantike römische Medaillons mit dem Kaiserportrait imitieren. Dessen Bild ersetzten die germanischen Künstler anscheinend durch das ihres Gottes Odin, was für dessen herausragende Bedeutung spricht. Unter den ermittelten vier Haupttypen zeigt einer einen Männerkopf im Profil über einem vierbeinigen Tier, dessen Fuß verletzt scheint (C-Brakteaten). Das dürfte mehr als ein Zufall sein, nämlich die bildliche Wiedergabe eines bekannten Mythos um den Gott Odin. Aus den folgenden Jahrhunderten stammen weitere Darstellungen, die man mit ihm in Verbindung bringt: so etwa Pressbleche aus einem Grab des Gräberfeldes von Vendel (Uppland, Schweden), die einen Krieger zu Pferd zeigen, der Lanze und Schild trägt, teils von zwei Vögeln (Rabe und Adler vielleicht) begleitet wird und seine Lanze auf eine Schlange richtet. Oder die monumentalen Szenen auf den Bildsteinen der schwedischen Insel Gotland, die den Gott auf seinem achtbeinigen Pferd zeigen und ihn somit recht sicher identifizierbar machen.

Dies wären also älteste Spuren Odins im Norden, die von Skaldenstrophen ab dem 9. Jahrhundert komplettiert werden. Drei Beispiele: Die beiden Preisgedichte des *Eirikliedes* und des *Hakonliedes* schildern um 960, wie tote norwegische Könige in das Kriegerparadies Walhall einziehen und von Odin begrüßt werden (vgl. Kap. VIII). Wenig später soll der berühmte isländische Skalde Egill Skallagrimsson, den Snorri Sturluson zu seinen Vorfahren zählte, das Gedicht *Der Verlust der Söhne* (Sonatorrek) verfasst haben. Darin klagt er Odin an, dieser habe ihm seine Söhne genommen, ihm dafür aber die künstlerische Gabe des Dichtens geschenkt.

Mit den Gedichten der Skalden sind wir bereits im Island des hohen Mittelalters, dessen Handschriften sie überliefern. Und damit auch bei den *Götterliedern der Älteren Edda* sowie bei *Snorris Edda*, denen die meisten Nachrichten über Odin zu verdanken sind. Sie vermitteln ein reiches, aber auch vielschichtiges Bild des alten germanischen Hauptgottes: Das ist er jedenfalls in der altnordischen Überlieferung, der höchste Gott, Schöpfer der Welt und der Menschen, aber auch Gottheit des Krieges und der Krieger, ein Totengott also, dem Ekstase, Magie und Zauberei nicht fremd sind. Neben diesen dunklen Zügen zeichnet ihn wie gesehen ärztliches Heilwissen aus, zudem gilt er als Bringer des Runenwissens und der Dichtkunst, weshalb ihn die Skalden besonders verehren. Als seine Eltern gelten bekanntlich Burr und die Riesin Bestla, die auch seine Brüder Wili und We zeugten. Mit Frigg hat er den Sohn Balder. Thor zeugte er mit der Göttin Jörd (Jörð, »Erde«), Wali mit Rind. Außerdem werden auch Heimdall, Tyr, Bragi, Widar und Höd als seine Söhne bezeichnet. Wie auch immer: Eine unbändige Promiskuität ist ihm nicht abzusprechen – insbesondere auch mit Riesinnen. Zahlreich sind seine Kennzeichen und Attribute: In Asgard überblickt er von seinem Hochsitz Hlidskjalf (Hliðskjálf, vielleicht »Aussichtsgerüst«) alle Welten und was in ihnen geschieht. Wenn er in seinem Hochsitz in Walhall thront, sitzen die beiden Raben Huginn (»Gedanke«) und Muninn (ebenso) auf seinen Schultern und berichten, was sie gesehen und gehört haben. Denn bei Tagesanbruch fliegen sie um die ganze Welt und zum Frühstück kehren sie mit ihren Neuigkeiten zurück.

Zu dieser Walhallszenerie gehören auch die beiden Wölfe Freki (»Gieriger«) und Geri (ebenso), die er mit Fleisch füttert. Neben den Schlachttieren der Raben und Wölfe ist sein achtbeiniges Pferd Sleipnir (»der Dahingleitende«) geradezu Odins Kennzeichen geworden. Die markante Vielbeinigkeit bezeugen bereits im 8. Jahrhundert gotländische Bildsteine (Ardre III und Tjängvide) und wollen womöglich damit die Schnelligkeit des in der Tat als schnellstes Pferd geltenden Sleipnir zum Ausdruck bringen. Dass es sich um ein besonderes Ross handelt, bezeugen auch seine Eltern, nämlich der Hengst eines Riesen und Loki in Stutengestalt (dazu unten mehr). Außerdem ist Odins Speer Gungnir (»Schwankender«) erwähnenswert, der eines seiner Hauptkennzeichen ist. Er wird der Schmiedekunst der Zwerge zugeschrieben, und der Gott zieht mit ihm in die letzte Schlacht der Ragnarök. Obwohl ein Stoß des Speeres niemals endet, rettet es ihn nicht vor dem Untergang. Gungnir unterstreicht, dass der Speer die eigentliche Waffe Odins ist. Denn mit dessen Wurf weiht er das feindliche Heer, die mit dem Speer getöteten Krieger holt Odin zu sich und Opfer werden ihm mit dem Speer dargebracht – bei seinem Selbstopfer zur Runengewinnung verletzt er sich selbst mit dem Speer. Schließlich zählt noch der Goldring Draupnir (»Tropfer«) zu Odins Attributen, von dem in jeder »neunten Nacht« acht gleichschwere Goldringe abtropfen. Der Wunderring gelangt mit Balder in die Unterwelt Hel und von dort wieder zurück. Zweifellos wurde er ursprünglich als Herrschaftssymbol verstanden; wenig verwunderlich also, dass die Brakteaten auch Odin mit einem Ring zeigen. Neben Begleittieren und typischen Gegenständen zeichnet den Gott noch ein anderer Zug aus: die Vielzahl seiner überlieferten Decknamen und Umschreibungen, nämlich um die 170. Zu seinen Charakterzügen gehört ohnehin die Kunst, sich zu verstellen und einen anderen Namen anzunehmen, etwa Grimnir (»der Maskierte«) in dem gleichnamigen Götterlied, das seinen Besuch bei dem ungastlichen König Geirrod schildert – der deshalb auch zu Tode kommt (Grim.). Die meis-

Odin oder eine Völva? Knapp 2 cm hohes Figürchen aus der Wikingerzeit (Lejre, Dänemark)

ten Namen verweisen auf bestimmte Aspekte des Gottes und auf Mythen. Hier eine Auswahl:

- Alföðr (»Allvater«)
- Arnhöfði (»der Adlerköpfige«)
- Dörruðr (»Speerkämpfer«)
- Fimbulthulr (»mächtiger Redner«)
- Gangleri (»der vom Gehen Müde«: Danach nennt sich Snorris König Gylfi)
- Gautr/Gauti (»der Göte«. Unter diesem Namen Verehrung als göttlicher Stammvater: bei den Langobarden als Gapt bzw. Gaut und Gausus; bei den Angelsachsen als Geat)
- Geirtýr (»Speer-Gott«)

- Glapsviðr (»der geübte Verführer«: wohl anspielend auf Odins Liebesabenteuer)
- Göndlir (»Zauberer«)
- Hangatýr (»Gott der Gehängten«)
- Haptaguð (»Gott der Gefesselten« oder »Gott der göttlichen Mächte«: Odin kann von Fesseln befreien oder sie anlegen)
- Hárbarðr (»Graubart«)
- Hárr (»Hoher«, »Einäugiger«)
- Hrafnaguð (»Rabengott«)
- Jólnir (vielleicht »Zauberer« zu Jól »Julfest«: Odin wurde beim Mittwinterfest wahrscheinlich auch als Totengott mit der Ahnenverehrung in Verbindung gebracht. Die Wilde Jagd, die Vorstellung eines Geisterheeres (vgl. Kap. XI), sah ihn zumindest später als Anführer dieser Dämonenschar.
- Langbarðr (»Langbart« – angeblich stammte daher der Stammesname der Langobarden)
- Sigföðr (»Siegvater«)
- Valkjósandi (»Auswähler der Gefallenen«)
- Yggr (»der Schreckliche«).

Bevor wir uns diesen vielseitigen Aspekten Odins und ihren Mythen zuwenden, noch zu der Frage, wie sich sein hervorgehobener Herrschaftscharakter außerhalb dieser Schriftquellen niederschlägt. Adam von Bremen führt drei Götter an, denen in Uppsala geopfert wurde, nämlich Thor, Freyr und Odin, den er Wodan nennt *(Hamburgische Kirchengeschichte)*. Der christliche Chronist hebt ihn nicht sonderlich hervor, eventuell überragt ihn Thor sogar rangmäßig. Obwohl er es nicht ausdrücklich erwähnt, könnten die angesprochenen Menschenopfer an einem Baum allerdings Odin gegolten haben. Als ein Indiz für kultische Gottesverehrung gelten Ortsnamen, die auf alte Kultorte verweisen. Dabei ist nun Odin allerdings stark unterrepräsentiert: Auf Island findet sich dazu überhaupt nichts, und in Skandinavien existierten anscheinend Odin-Schwerpunkte vor allem in Dänemark und Südschweden – Namen etwa wie Óðinsvé (»Odins Heiligtum«), deren prominentester Vertreter das heutige Odense auf der dänischen Insel Fünen ist.

c) Der vielseitige Gott und seine Aufgaben

Im Gegensatz zu der ausgiebigen Beschreibung Odins ist die Zahl überlieferter Mythen, Erzählungen oder Abenteuer mit ihm eher gering. Wir haben oben bereits von seiner Rolle bei der Weltschöpfung und beim Weltende der Ragnarök erfahren. Als Herr Walhalls versammelt er die gefallenen Krieger um sich, die sich auf die Ragnarök vorbereiten. Wenn es darüber hinaus einen Odinsmythos gibt, so ist es zweifelsohne der von der Gewinnung des Skaldenmets (Sprache 1; Sprüche 104–110): Diese Flüssigkeit entstand aus jenem Speichel, den die Asen und Wanen in ein Gefäß spuckten und mit dem sie ihren ursprünglichen Krieg beendeten und Frieden schlossen. Den daraus erschaffenen Mann Kwasir (Kvasir, ursprünglich wohl die Bezeichnung eines gegorenen Beerensaftes) töteten zwei Zwerge, die sein Blut mit Honig mischten und den eigentlichen Met schufen. Er gelangte in den Besitz des Riesen Suttung als Buße für die Ermordung seiner Eltern durch die Zwerge. Dieser bewahrte das kostbare Nass in einem Berg auf und bestellte seine Tochter Gunnlöd zur Wächterin. Hier kommt Odin unter dem Decknamen Bölwerk (Bölverkr, »der Übelstifter«) ins Spiel. Denn er verpflichtet Suttungs Bruder, ihm einen Teil des Skaldenmets zu versprechen. Obwohl ihn der Riese hintergehen will, kriecht er in Schlangengestalt durch ein Loch im Felsen. Als Bölwerk sucht er Gunnlöd auf und bleibt drei Nächte bei ihr. Mit den dafür versprochenen drei Metschlucken nimmt er die gesamte Flüssigkeit auf und fliegt in Adlergestalt davon – verfolgt von Suttung, der sich ebenfalls in einen Adler verwandelt. Aber Odin gelingt es, den Met in Asgard auszuspucken und für die Asen zu retten. Befragt man diese Geschichte nach ihrem mutmaßlichen Alter, gelangt man in die indoeuropäische Frühzeit. Jedenfalls steht die Erzählung vom inspirierenden Dichtertrank bei den Nordgermanen nicht allein da. Und das Motiv des vermischten Speichels klingt uralt und geradezu archetypisch. Den Skalden wäre dies gleichgültig gewesen, denn mit dem Mythos vom Skaldenmet, den der Gott an sie in kleinen Mengen weiterreicht, ist ihre Kunst letztlich göttlichen

Ursprungs. Und Odin galt ihnen als der gefeierte Gott der edlen Dichtkunst. Außerdem bietet die Erzählung von der Gewinnung des Skaldenmets ein treffendes Beispiel für Odin als Lieberhaber bzw. Verführer insbesondere von Riesinnen. Aber auch die Königstochter Rind erliegt seinen Avancen und Zauberkräften und gebiert ihm Wali, den Rächer seines Lieblingssohnes Balder. Auf humoreske Weise behandelt übrigens das *Harbardlied* Odins Ruf als Frauenverführer (Str. 18 u. a.).

Ernster geht es in den Geschichten zu, die Odin als Gott des Wissens und der Wissengewinnung beschreiben. Da wäre jene Erzählung anzuführen, die Odins prägnante Einäugigkeit begründet: Als er nämlich Mimir (Mímir, »Weiser, sich Erinnernder«), den Hüter einer Klugheit verheißenden Quelle, um einen Trunk aus dieser bittet, muss er diesen mit einem Auge »bezahlen« (Weiss. 28, Gylf. 15, *Saga von den Ynglingen*). Zugänglicher ist für ihn die Weisheit aus »Mimirs Haupt«, einem sprechenden Kopf, von dem man nicht weiß, ob er etwas mit dem Quellen-Mimir zutun hat (Weiss. 46). Jedenfalls hat der Gott das kluge Haupt mit Kräutern und Zaubersprüchen konserviert, um an seinem Wissen teilhaben zu können. Nach Snorri wurde dieser Mimir einstmals von den Asen als Geisel zu den Wanen geschickt – vor der Verbrüderung beider Göttergeschlechter. Als diesen seine Weisheit zuviel wurde, enthaupteten sie ihn und sandten den Kopf zu den Asen zurück *(Saga von den Ynglingen)*. Weisheitsquellen und kluge sprechende Köpfe sind übrigens keine seltenen Motive, die sich u. a. in den Mythen der Inselkelten auf den Britischen Inseln finden. Wissen gewinnt Odin auch durch sein legendäres Selbstopfer, das zwei Strophen der *Sprüche des Hohen* schildern (138 f.). Ihnen zufolge hing er neun Nächte an einem »windigen Baum« (wahrscheinlich Yggdrasill), um die Kenntnis der Runen zu gewinnen:

> »Ich weiß, dass ich hing am windigen Baum neun ganze Nächte, vom Speer verwundet und Odin geopfert, selber mir selbst, an dem Baum, von dem niemand weiß, aus welchen Wurzeln er wächst. Weder Brot reichten sie mir noch Trinkhorn, ich blickte nach unten; ich nahm die Runen auf, nahm sie schreiend, ich fiel wieder herab.«

Als Sieger erweist er sich im Wissenswettstreit, so mit dem Riesen Wafthrudnir (Waft.). Unter dem erwähnten Decknamen Grimnir wird er von König Geirrod gefoltert, um sein Wissen preiszugeben (Grim.). Als Kenner der Magie zeigt er sich, als er eine tote Seherin zum Sprechen bringt (Bald.).

Zum populären Bild Odins haben nicht zuletzt die isländischen *Vorzeitsagas* (Fornaldarsögur) des späten Mittelalters beigetragen, die natürlich von Christen geschrieben wurden und lediglich der Unterhaltung dienten. Hier findet der Heidengott seinen kennzeichnenden Charakter als alter einäugiger Mann mit Schlapphut und Mantel, der unvermittelt und geheimnisvoll auftaucht. Eine besondere Rolle kommt ihm vor allem in der *Wölsungensaga* (Völsunga saga) zu, die die Heldensagen der Nibelungen zum Thema hat. Während einer Hochzeitsfeier der Wölsungen, der Familie des Helden Sigurd, tritt er unbekannt in die Halle und stößt ein Schwert in den Eichenstamm, der sich darin erhebt: Wer es herausziehen kann, dem soll es gehören. Danach taucht Odin immer wieder auf und bestimmt letztlich das Geschick der Wölsungen: u. a. als Fährmann für einen Toten und als geheimnisvoller Alter mit einem Speer.

Solche Ausgestaltungen bieten allerdings nur einen späten anschaulichen Farbbtupfer, der die erstaunliche Vielseitigkeit des Gottes unterstreicht, die er offensichtlich gerade in der Wikingerzeit gehabt hat. Da galt er wohl schon als Herrschaftsgott, aber erst Snorri Sturluson dürfte ihn unter christlichen Einflüssen zum »allmächtigen Asen« gemacht haben. Seinen alten Rang belegen jene Zeugnisse, wonach ihn adlige Geschlechter Englands und Skandinaviens als ihren Ahnherrn ansahen. Odin/Wodan dürfte nicht von der Masse der Germanen verehrt worden sein, deren Bauern die Fruchtbarkeitsgötter und der handfeste Thor/Donar viel näher standen. Dem Kriegsgott Odin widmete dagegen der kriegerische Stammesadel seine Verehrung. Die Angelsachsen sollen ihm vor der Schlacht Opfer dargebracht haben, und die nach ihm benannten Langobarden sahen in ihm den Siegschenker. Man weihte ihm das feindliche Heer, indem man einen Speer darüberwarf, so das bis in die Völkerwanderungszeit zurückreichende alt-

nordische *Hunnenschlachtlied*. Für regelrechte Odinskrieger
sprechen die Berserker (altnord. berserkr, Pl. berserkir, »Bärenfellträger«) in ihren Bärenfellen. Sie dienten ihrem Gott der Ekstase (Wut) mit der so genannten Berserkerwut (berserksgangr),
die mit tranceähnlichen Zuständen vergleichbar ist. Ebenfalls
in Tierverkleidung traten die »Wolfshäuter« (Úlfheđnar) auf.
Dahinter verbargen sich Kriegerbünde, die wohl auch früher
unter den südlichen Germanenstämmen zu finden waren. Jedenfalls zeigen um 700 kleine Helmbleche auffallende Krieger
in Fellverkleidungen (Torslunda, Schweden). Zwei Jahrhunderte später erwähnt der norwegische Skalde Thorbjörn Horn-
klaue Berserker in der Schlacht. Eine vielleicht der historischen
Wirklichkeit recht nahe kommende Beschreibung bringt Snorri Sturluson: Ohne Panzer seien Odins Männer in die Schlacht
gezogen, toll wie Hunde oder Wölfe, in ihre Schilde hätten sie
gebissen und stark wie Bären oder Stiere seien sie gewesen. Andere hätten sie getötet, sie selbst hätten hingegen in ihrer Berserkerwut weder von Feuer noch von Eisen verwundet werden
können *(Saga von den Ynglingen)*. Aber schließlich entscheidet
Odin genauso über das Kampfgeschick des Einzelnen, den er
nicht selten für Walhall bestimmt. Wegen seines Selbstopfers
an der Esche Yggdrasill sah man ihn als Gott der Gehängten an.
Darum wurden ihm wohl Menschen geopfert, indem man sie
an Bäumen hängte – so wie es Adam von Bremen noch um 1070
schildert. Die aristokratische Gottheit erfuhr eine Bestätigung
als »Schutzherr« der ziemlich abgehobenen Skalden, die ihre
Kunst mit dem geschilderten Mythos vom Skaldenmet verbinden konnten. Herrschaft, Krieg, Tod, Wissen, Kunst, Heilkunst
und Magie, darin galt Odin als Meister. Und das eine ergab sich
nicht selten aus dem anderen. Diese Aspekte erzeugten den
düsteren Charakter des rätselvollen Gottes, den man als solchen auch noch im Aberglauben wahrnahm. Nach seinen
Ursprüngen zu fragen, ist wie meistens bei religiösen Phänomenen nicht müßig, aber in der Antwort doch wenig zufrie-
denstellend. Da trafen zweifelsohne indoeuropäische Züge
auf – umstrittene – antike sowie auf Elemente der östlichen
Steppenvölker, die zumindest schamanistische Motive gelie-

fert haben mögen, wie etwa die Samen (»Lappen«), die über viele Jahrhunderte die Nachbarn der Nordgermanen waren. Zweifelsohne ist Wodan/Odin jedoch eine eigene germanische Note nicht abzusprechen.

4. Thor – Donar

a) Donar im germanischen Altertum und außerhalb Skandinaviens

Donar/Thor darf man im Vergleich zu Wodan/Odin als den erheblich unkomplizierteren Gott bezeichnen. Bereits seinem Namen ist die Verwandtschaft zum »Donner« anzusehen und damit seine Funktion als alter Gewittergott. Die eddische Überlieferung ist voll der Geschichten um ihn – keine dunklen, rätselhaften Mythen wie die Odins, sondern unterhaltsame Abenteuer, in denen Thor den Helden im Kampf gegen Ungeheuer aller Art mimt. Kein Wunder also, dass solch ein »populärer Superheld« (Böldl, 188) Eingang in die Comic-Welt des 20. und 21. Jahrhunderts gefunden hat. Kommen wir aber zu den Anfängen: Ob die hammer- und axtschwingenden Gestalten der bronzezeitlichen Felsbilder (vgl. Kap. III) bereits unseren Asengott darstellen, ist ungewiss und auch in der Forschung Ansichtssache. Bleiben als älteste sichere Zeugnisse wieder einmal die römischen bzw. die romnahen. Das bis heute offensichtlichste ist der Wochentagsname des Donnerstags (englisch Thursday, niederländisch Donderdag und dänisch Torsdag; die historischen Namen sind althochdt. donarestag, altengl. thunresdæg und altnord. Þórsdagr). Er orientiert sich am lateinischen Dies Iovi (französisch Jeudi), dem »Tag des Jupiter«. Die Germanen setzten also den römischen Jupiter mit ihrem Gewittergott Donar gleich: Mit diesem hatte er gemeinsam, eine blitzeschleudernde Gottheit zu sein. Bei dieser Gleichsetzung bleibt es auch, so wenn die berühmte Donarseiche, die der Missionar Bonifatius 723 in Nordhessen gefällt haben soll, im lateinischen Original als rubor Iovis bezeichnet wird, und wenn der Indiculus, das *Verzeichnis abergläubischer und heidnischer Bräuche* (vgl. Kap. II), die Heiligtümer des Merkur (Wodan) und des Jupiter (Donar) anprangert. Ein spätes Zeugnis liefert Adam von Bremen, dem zufolge die heidnischen Schweden im Uppsala-Tempel u. a. Thor anbeten, der in der Luft herrsche, über Donner und Blitze gebiete, außerdem über Wind und Regen, den Sonnenschein und die Frucht. Durch sein Szepter gleiche er Jupiter. Über fast ein Jahrtausend kann an dieser Gleichsetzung folglich kein Zweifel bestehen. Aber Donar schien den Römern doch auch auffallende Ähnlichkeit mit ihrem beliebten Heros Herkules (griech. Herakles) zu zeigen, so jedenfalls bei Tacitus (*Germania* 9). In der Tat haben beide viel gemein: Wie der antike Held bekämpft der nordgermanische Thor Ungeheuer und sichert den Erhalt der Götter- und Menschenwelt. Herkules' Attribut ist die Keule, vergleichbar mit Thors Hammer. Auch Herkules wurden etliche römische Weihesteine errichtet, wobei allerdings ungewiss ist, ob dahinter Donar steckt. Am ehesten möchte man dies von Hercules Magusanus (»der mächtige Herkules«) annehmen, dessen Name sich im 2. und 3. Jahrhundert auf Weihesteinen, aber auch auf Schmuckstücken und Münzen findet. Gemeinsam mit Wodan taucht sein germanischer Name (althochdt. Donar, angels. Þunor, german. *þunraR, »Donner«) auf der Nordendorfer Runenfibel und in der *Sächsischen Abschwörungsformel* auf (vgl. oben). Diesen Donar darf man noch lange als präsent ansehen; im deutschsprachigen Raum halten vielleicht die Donnersberge die Erinnerung an ihn wach.

b) Der Thor des Nordens

Der populärste Gott des Nordens war Thor (Þórr), dem man Eigenschaften zuschrieb, die höchstwahrscheinlich bereits den südlichen Donar verehrungswürdig machten: Donner- und Himmelsgott, der für den Regen und damit für Fruchtbarkeit sorgte, was an seinem Hammer als Fruchtbarkeitssymbol einen Ausdruck fand; schließlich Bekämpfer der Riesen und der Midgardschlange und damit der weltbedrohenden Chaosmächte.

Thor (Bronzestatuette aus Island)

Die nordgermanische Mythologie beschreibt ihn in vielfältigen Farben, von keiner anderen Gottheit werden so viele Mythen erzählt: In fünf Götterliedern steht er im Mittelpunkt oder tritt doch zumindest als Retter auf. Snorri Sturluson war so von Thors Mythen angetan, dass man ihm unterstellt, er habe bei mancher Geschichte den Faden weitergesponnen und kräftig hinzufabuliert. Selbst die Skalden schenken jenseits ihres Lieblingsgottes Odin dem großen Abenteurer ihre Aufmerksamkeit, was etwa ein *Preisgedicht auf Thor* (Þórsdrápa) bezeugt, das noch gegen Ende des 10. Jahrhunderts am Hof des heidnischen norwegischen Jarls Hakon in Trondheim entstand. Aus all dem ergibt sich folgendes Bild des beliebten Gottes, den Odin mit Jörd (»Erde«) gezeugt haben soll (Gylf. 21): Seine Frau ist Sif, seine Kinder sind Magni (»der Starke«), Modi (Móði, »der Wütende«) und die Tochter Thrud (Þrúðr, »Kraft«, »Frau«); Balder ist sein Bruder. Snorri bezeichnet ihn als den neben Odin herausragendsten Asen, weshalb ihm der Name Asenthor (Ása-Þórr) zukommt. Der stärkste Gott herrscht in Asgard über den Hof Thrudwang (Þrúðvangr, »Kraftfeld«; Grim. 4), in dem seine Halle Bilskirnir (»der unerschütterlich Starke« oder »der Aufblitzende«) über sageundschreibe 540 Räume verfügt. Seine häufigen Reisen unternimmt Thor mit einem Wagen, weswegen ihm der Name Ökuthor (Öku-Þórr, wohl »Wagen-Thor«) zukommt. Gezogen wird das Gefährt von den beiden Ziegenböcken Tanngnjost (Tanngnjostr, »Zähneknirscher«) und Tanngrisnir (Tanngrísnir, »Zähnefletscher«). Außerdem besitzt er mehrere bemerkenswerte Gegenstände: Mit dem von Zwergen geschmiedeten Hammer Mjöllnir (»Blitzer«, »glänzende Blitzwaffe« oder »Zermalmer«) kämpft er gegen Riesen und Ungeheuer. Unter diesen ist die Waffe gefürchtet, denn Thor trifft damit immer, sogar wenn er den Hammer wirft. Außerdem kommt er in seine Hand zurückgeflogen, begleitet von Blitz und Donner. Aber mit dem »Superhammer« ist es noch nicht genug. Zusätzlich verleiht ihm ein Kraftgürtel »doppelte Asenstärke« und mit seinen Eisenhandschuhen vermag er den etwas kurz geratenen Schaft Mjöllnirs sicher zu fassen. Unverwechselbar ist das Äußere des Asengottes: groß und kräftig, mit rotem Bart und einem stechenden Blick, der allen Furcht einflößt, wenn ihn die Wut packt. All diese Eigenschaften und Gegenstände kommen Thor gut zustatten, wenn er zum Schutz Asgards gegen die dämonischen Mächte antritt. Davon handeln seine Mythenerzählungen, unter denen »Thors Fischzug« am bedeutendsten und berühmtesten ist (Gylf. 48, Hym. 21 ff.): Als er eines Tages mit dem Riesen Hymir hinaus aufs Meer rudert, ködert er die Midgardschlange mit dem Schädel eines

Thors Fischzug (Detail des Gosforth-Kreuzes, Nordengland)

Ochsen. Das Untier wehrt sich so ungestüm, dass Thors Fäuste gegen die Schiffswand schlagen. Aber mit seiner vielgerühmten Asenkraft stemmt er sich so sehr dagegen, dass seine Beine durch die Bootswand stoßen. Dann zieht er die Schlange herauf zum Schiffsrand. Beide starren sich mit durchbohrenden Blicken an, wobei das Ungeheuer sogar Gift bläst. Da packt den Riesen Hymir die Angst: Gerade als der Asengott Mjöllnir schwingt, schneidet er die Angelschnur durch.

Die Midgardschlange flüchtet und Thor bleibt nur, seinen Hammer nach ihr zu schleudern. Nach einer anderen Version schlägt er ihr den Hammer auf den Kopf, bevor sie versinkt (Hym. 23). Jedenfalls überlebt das Monster und erst bei den Ragnarök kommt es bekanntlich zum ultimativen Zusammentreffen, den Meerdrache wie Gott nicht überleben. Der Mythos wird in den Schriftquellen erst im 13. Jahrhundert überliefert, erfreute sich aber bereits Jahrhunderte zuvor unter den Wikingern großer Beliebtheit. Im 8. Jahrhundert taucht er nämlich auf einem gotländischen Bildstein auf (Ardre VIII), zwei Jahrhunderte später auf dem Sandsteinkreuz von Gosforth (Northumberland, England) und um 1050 auf dem Runenstein von Altuna (Uppland, Schweden). Ebenso schätzten die alten Skalden die in Skandinavien weithin bekannte Geschichte, so der Norweger Bragi Boddason (Sprache 4 mit weiteren skaldischen Zeugnissen). Nach dem *Hausgedicht* soll die berühmte Szene um 983 die Hallenwand des isländischen Häuptlings Olaf Pfau geschmückt haben.

c) Kämpfer gegen dämonische Mächte

Die üblichen Feinde des Gottes sind ansonsten die Riesen, in deren Welt nach Riesenheim Thor regelrechte Feldzüge unternimmt. Aber bereits beim Bau Asgards durch einen Riesenbaumeister greift der Hammergott ein, als sich dieser von den Göttern hintergangen fühlt: Er erschlägt ihn kurzerhand mit Mjöllnir. Dieses Ende kommt allen Riesen zu, wenn sie sich auf einen Kampf einlassen oder nicht schleunigst Reißaus nehmen (was sie üblicherweise nicht tun). Bedrohliche, aber nicht selten auch burleske und komische Abenteuer hat der Gott mit ihnen zu bestehen, die jedoch allesamt außerhalb der geschriebenen Zeugnisse keinen Niederschlag gefunden haben. Eine gefährliche Fahrt führt Thor zum Riesenhof Geirrödargard, wohin ihn ein Schwur Lokis bringt – und das ohne seinen Hammer Mjöllnir und andere Hilfsmittel (Sprache 18). Typisch übrigens, dass gerade Loki solche Situationen verschuldet. Auf dem Weg dorthin erfährt Thor ausnahmsweise Hilfe von der Riesin Grid, die ihn vor Geirröd (Geirröðr, »Speer-Schutz«) warnt. In der Tat erleben Thor und Loki eine Fülle teils skurriler Abenteuer mit dem Riesen und seinen Töchtern: Als sie einen Fluss überqueren, lässt die Riesin Gjalp das Wasser stark ansteigen, indem sie uriniert. Nur mit Mühe können sich die Asen retten. Im Riesenhof drücken beide Riesentöchter Thor mitsamt seines Stuhls gegen das Dach – mit Hilfe eines Wunderstabs hält er dagegen und bricht ihnen das Genick. Anschließend kommt es zwischen ihm und dem Riesen zu einem Wettkampf im Werfen glühender Eisenstücke. Ohne auf Details einzugehen: Thor siegt natürlich und Geirröd kommt zu Tode. Von der Reise zum Riesen Hymir hörten wir schon anlässlich von Thors Fischzug gegen die Midgardschlange. Eigentlich wollten er und ausnahmsweise der Gott Tyr nur einen großen Kessel zum Bierbrauen beschaffen. Daraus entwickelt sich mancher Streit, bis sich die beiden Asen mit dem Kessel auf den Rückweg machen. Als sie Hymir mit einer Riesenschar verfolgt, bringt Mjöllnir wie üblich allen den Tod (Hym., Gylf. 48). Eine regelrechte Travestiegeschichte voll Humor und Komik bietet das Abenteuer beim Riesen Thrym (Þrymr, »Lärm«, Thrym.); denn dieser raubte ihm den Hammer Mjöllnir und gefährdete damit alle Götter. Thor muss sich ungewöhnlicher Mittel bedienen, um wieder in den Besitz seiner Waffe zu gelangen: Als Thrym Mjöllnir nur im Tausch gegen Freyja zurückgeben will, wird der stärkste Asengott von den anderen regelrecht gezwungen, sich als Braut zu verkleiden und mit Loki als Magd zum Riesen zu reisen. Dort verschlingt die vermeintliche Freyja einen ganzen Ochsen und acht Lachse, dazu drei Fässer Met. Als Thrym

seine Braut unterm Brautschleier küssen will, schrecken ihn
deren brennende Augen. Thrym lässt den Hammer in den
Schoß seiner Braut legen, um sie zu weihen. Darauf hat Thor
nur gewartet: Er erschlägt Thrym und die ganze Riesensippe.
Ein ungewöhnliches Abenteuer erzählt Snorri von Thors Fahrt
zum Riesen Utgardloki (Gylf. 44 ff.). In dieser manchmal geradezu märchenhaften Geschichte hat der isländische Mythograph zweifelsohne kräftig Hand angelegt, um letztlich eine
Geschichte zu präsentieren, in der Thor sieglos bleibt. Er reist
nämlich mit Loki und den zwei Bauernkindern Thjalfi und
Röskwa ostwärts nach Riesenheim, wo er vom Riesen mächtig
gefoppt wird. Die Reiseschar übernachtet in seinem Hand-
schuh und der Asengott muss sich allerlei Frechheiten gefallen
lassen. Auf dem Hof Utgardlokis müssen die Gäste mehrere
Wetten überstehen, die sie alle verlieren. Zum Schluss erfährt
Thor, dass die graue Katze, die er kaum anheben konnte, die
Midgardschlange war. Jedem anderen wäre nicht einmal dies
möglich gewesen. Als er wütend seinen Hammer schwingt, ist
Utgardloki mitsamt seines Hofes verschwunden und Thor
kann nur nach Thrudwang zurückkehren. In einer anderen Erzählung muss er sich mit dem Riesen Hrungnir (altnord., »Lär-
mer«) messen, der großmäulig sein Pferd mit Sleipnir vergleicht
und die Götter in Asgard beleidigt. Beim Wettkampf scheinen
des Riesen Herz, Kopf und Schild, allesamt aus Stein, sowie ein
künstlicher Lehmriese gegen den Donnergott zu sprechen. Dieser stürmt in Asenwut mit Blitz und Donner heran und wirft in
bewährter Manier seinen Hammer. Mit Erfolg: Der Lehmriese
fällt ohne großen Widerstand, Mjöllnir zerschmettert Hrungnirs Steinschädel. Dieses Mal erhält allerdings Thor Blessuren,
fährt ihm doch ein Stück Wetzstein in den Kopf (Sprache 17,
Harb. 14 f., Spottr. 61 ff., Hym. 16). Die Geschichte, die sehr nach
einem alten Mythos um den Gewittergott und einen Bergriesen
klingt, war bereits den Skalden bekannt und unterstreicht
Thors Stellung. Derart ist Thor in der eddischen Dichtung allenthalben präsent, selbst wenn lediglich erwähnt wird, dass er
im Osten auf Riesen Jagd mache. Sein Spektrum reicht weit: Mit
einem Zwerg Alwiss liefert er sich einen Wissenswettstreit

Thors Hammer Mjöllnir als Amulett (Island)

(Alw.), wohingegen ihn sein Vater Odin unerkannt als dummen Bauerntölpel verspottet (Harb.). Dass sich hinter Mjöllnir mehr verbirgt als eine Wunderwaffe, belegt der Mythos von Balders Bestattung, dessen Scheiterhaufen Thor mit dem Hammer weiht.

Aber Thor war auch in Skandinavien keine bloße Mythengestalt – im Gegenteil: Unter der Bevölkerung genoss er mehr Verehrung als Odin. Dafür sprechen die so genannten Thorshämmer, die als Amulette getragen wurden. Sie finden sich auch südlicher und früher, erfreuten sich aber vor allem in den letzten Jahrzehnten des Heidentums im 10. Jahrhundert womöglich als Gegenbild zum christlichen Kreuz einer gewissen Popularität.

Damals errichtete dänische und schwedische Runensteine enthalten die Formel »Thor weihe diese Runen« oder zeigen eine Ritzung Mjöllnirs. Auch zahlreiche Ortsnamen am Oslofjord (Torshof), in Dänemark und Schweden (Torslunda, »Thors Hain«; Torsåker, »Thors Acker«) sowie auf Island und in von Skandinaviern besiedelten Gebieten Englands lassen seinen Kult in Tempeln und unter freiem Himmel vermuten, wo er um Fruchtbarkeit angerufen worden sein dürfte. Als Gewittergott entspricht er anderen indoeuropäischen Gottheiten, etwa dem römischen Jupiter, dem keltischen Taranis und dem indischen Indra. Seine Bedeutung für die Fruchtbarkeit steht außer Zweifel und macht ihn zum Gott der Bauern. War er aber auch eine Gottheit, die mit Stärke die Welt vor den Chaosmächten schirmte? Außerhalb der schriftlichen Quellen finden wir keine Hinweise auf Riesen, aber doch ein anderes mögliches Indiz dafür. Nach dem Zeugnis von Isländersagas zierte ein Bild des Gottes die Hochsitzsäulen, die in den nordgermanischen Hallen als Holzpfeiler des Ehrensitzes Bedeutung hatten (*Saga von den Leuten auf Eyrr*, Eyrbyggja saga). Ursprünglich verband man mit ihnen wahrscheinlich Ahnenkult und die Vorstellung der Weltsäule, die der Hauptpfosten des Hauses repräsentierte (vgl. Kap. IV). In diesem Umfeld könnte der alte Gewittergott eine bedeutende Rolle gespielt haben, die seine mythische Beliebtheit mitbegründete.

5. Balder, der lichte Gott

Balder (altnord. Baldr, altengl. Bealdor, althochdt. Balder; die Bedeutung hat vielleicht mit »weiß«, »Herr«, »tapfer« oder »Fruchtbarkeitskraft« zu tun) kann außerhalb Skandinaviens kaum nachgewiesen werden. Nur der *Zweite Merseburger Zauberspruch* scheint seinen Namen zu nennen, als Wodan sein Pferd heilte. Erst Snorri geht ausführlich auf ihn ein (Gylf. 22): Danach ist er Odins und Friggs Sohn, seine Frau ist Nanna, mit der er den Sohn Forseti (»Vorsitzender«) hat. In Asgard bewohnt er den Hof Breidablik (Breiðablik, »das weit Glänzende«, »an dem nichts unrein sein kann«). Dessen Name verwundert nicht, denn Balder gilt geradezu als die Verkörperung des Lichten und Guten. Snorri bezeichnet ihn als besten und rühmenswertesten Gott, von dessen schöner und heller Gestalt ein Leuchten ausgeht. Aber er war nicht nur schön anzusehen, sondern zeichnete sich auch durch Klugheit und Redegewandtheit aus. Zwei Mythen stellen ihn in den Mittelpunkt, die von seinem Tod und seiner Bestattung handeln. Im ersten (Gylf. 49) quälen ihn böse Träume, weswegen die Asen beschließen, sich von allen Lebewesen und Dingen Frieden und Schonung für den schönen Gott garantieren zu lassen. Balders Mutter Frigg selbst nimmt diese Eide entgegen. Daraufhin wiegt sich der Gott in Sicherheit und lädt alle ein, ihn zu beschießen oder zu schlagen – Schaden könne ihm ohnehin nichts. Dem missgünstigen Loki gefällt dies alles nicht: In Frauengestalt erfährt er von Frigg, dass sie dem jungen Mistelzweig als einzigem keinen Eid abgenommen habe. Sofort setzt Loki seinen Plan in die Tat um: Mit einem Mistelzweig geht er zum Asenthing und überredet den blinden Höd (Höđr, »Kämpfer«), Balder doch auch die Ehre zu erweisen, indem er den Zweig nach ihm werfe. Prompt wird der Gott tödlich getroffen, worüber Götter und Menschen zutiefst trauern. Den üblen Loki schützt vorerst der Thingfriede (Gylf. 49). Snorri fährt fort mit Balders Bestattung am Meer. Dorthin bringen die Asen sein Schiff Hringhorni (»Schiff mit einem Kreis«), auf dem sie den Leichnam verbrennen, zusammen mit dem Nannas, die aus Kummer gestorben ist. Thor vollzieht mit Mjöllnir die Weihe. Die Trauer der Anwesenden ist schier unendlich – selbst unter den Riesen. Die folgende Erzählung von Hermods Helritt knüpft daran an. Der Odinssohn macht sich auf Bitten Friggs auf den Weg zur Unterweltsherrin Hel, damit diese Balder gegen ein Lösegeld wieder heim nach Asgard lasse. Nach gefahrvollem Ritt auf Sleipnir gelangt Hermod in die Unterwelt und trifft dort seinen Bruder. Den will Hel jedoch nur ziehen lassen, wenn alle Lebewesen und Dinge um ihn trauern. Hier tritt nun wiederum Loki auf den Plan, der dies in Gestalt einer Riesin verweigert – mit der Konsequenz, dass Balder in der Hel bleiben muss und erst nach den Ragnarök in die neu erstandene Welt zurückkehrt (Weiss. 31–33, 62, Bald., Erwähnung in weiteren Götterliedern; Gylf. 22, 53, Sprache 5; auch das skaldische *Hausgedicht* erwähnt um 980 Balders Bestattung). Übrigens kannte man auch in Dänemark die Geschichten vom guten Gott Balder, obwohl sie der Gelehrte Saxo etwas anders erzählt. Danach streiten sich Balderus und Hötherus (Höd) um Nanna, die schließlich letzterer für sich gewinnt. Als Balderus zum dänischen König aufsteigt – Saxo sieht die heidnischen Götter bekanntlich als Menschen einer fernen Vergangenheit –, tötet ihn Hötherus mit einem einzigartigen Schwert. Odins Sohn Bous tötet Hötherus aus Rache. Ein ganz anderes Zeugnis des Baldermythos bietet ein Bildstein der Wikingerzeit aus dem südschwedischen Schonen (Hunnestad). Er ist eine exakte Illustration der Riesin Hyrrokkin (»die durch Feuer Geschrumpfte«; Gylf. 49), die als einzige Balders Schiff Hringhorni von der Stelle bewegen kann (sehr zum Ärger Thors): Sie kommt nämlich auf einem Wolf angeritten und Giftschlangen dienen ihr als Zügel. Noch ein letztes Zeugnis aus der Zeit um 600, das damit den ältesten Beleg für den Mythos von Balders Tod böte: Auf ihn verweisen wahrscheinlich die so genannten Drei-Götter-Brakteaten in knapper Form durch die Darstellung eines Zweigs, des Rings Draupnir und Balders Ankunft bei Hel.

Seit dem 19. Jahrhundert fragen sich die Mythenforscher, was man mit diesen seltsamen Geschichten anfangen soll. Manche brachten den Gedanken ins Spiel, im betrauerten und beweinten Gott mit seiner Wiederkunft nach den Ragnarök eine Christus-Imitation des späten Heidentums zu erblicken, die der Christ Snorri Sturluson noch weiter ausgestaltet habe. Aber mittlerweile scheint man sich insbesondere durch den Vergleich mit anderen Mythen sicher zu sein, in Balder einen ursprünglichen Vegetationsgott zu sehen. Sein Tod und die Wiederkehr nach den Ragnarök sind demzufolge mit den charakteristischen Motiven des Todes und der Wiedererweckung zu vergleichen – gewissermaßen analog zum Jahreslauf.

6. Loki, der Zwielichtige

Geht von dem freundlichen Balder das Licht geradezu aus, muss Loki als sein Gegenteil bezeichnet werden: Zwielichtig ist er, kaum zu fassen, ohne feste Konturen und Aufgaben, ein unberechenbarer Einzelgänger unter den Asen. Eigentlich wissen wir nicht, woran wir mit diesem ominösen Gott sind – von dem übrigens nur skandinavische Zeugnisse erzählen. Wenn wir bei Balders Tod anknüpfen, stoßen wir auf die Bestrafung des Übeltäters Loki: Nachdem er geflohen ist und die Asen in Lachsgestalt zu täuschen versucht, ergreifen ihn diese doch. Sie fesseln ihn auf drei scharfkantige Steine mit den Därmen seines Sohnes Narfi, den dessen in einen Wolf verwandelter Bruder Wali in Stücke gerissen hat. Aber noch mehr Pein soll Loki bereitet werden; denn die Fesseln werden zu Eisen und unablässig tropft ihm das Gift einer Schlange ins Gesicht. Ein wenig Linderung verschafft ihm nur seine Frau Sigyn, die einen Teil der Gifttropfen auffängt. Diese Folter währt bis zu den Ragnarök, wenn Loki aus den Fesseln freikommt, aber im Kampf mit Heimdall fällt (Gylf. 50).

Loki (die Bedeutung des Namens ist unklar; vielleicht hat er etwas mit Luft, Feuer oder »schließen« zu tun) wird von Snorri hübsches Aussehen, aber ein schlechter und unberechenbarer Charakter zugeschrieben (Gylf. 33). Als seine Eltern gelten der Riese Farbauti (»gefährlich Schlagender«) und Laufey (vielleicht »Laubinsel« oder »Laubreiche«, auch Nal, »Nadel«), von der man nicht einmal weiß, ob sie Riesin oder sonst etwas war. Jedenfalls haben sie außer Loki noch die Söhne Byleist (Byleistr, vielleicht »Sturmblitz«) und Helblindi (»Hel-Blinder«). Loki hat außer mit Sigyn auch noch mit der Riesin Angrboda (Angrboða, »die Kummermachende«) Kinder gezeugt, und die haben es in sich: Der Fenriswolf, die Midgardschlange und die Unterweltsgöttin Hel gelten als ausgemachte und nur schwer zu bändigende Ungeheuer, die bei den Ragnarök der Götterwelt ihr Ende bereiten. Wie ist Loki überhaupt zu den Asen gekommen, wo er doch »Urheber der Hinterlist« und »Schande aller Götter und Menschen« genannt wird (Sprache 16)? Leider erzählen die ed-

dischen Mythen nicht alle Geschichten, sodass man nur mutma-
ßen kann. Irgendwie scheint Loki aus der Urzeit eng mit Odin
verknüpft zu sein, immerhin wird ihre Blutsbrüderschaft er-
wähnt (Spottr. 9). Für die Asen gilt jedenfalls, dass man sich Verwandtschaft nicht aussuchen kann und Loki das Schwarze
Schaf der Familie ist. Ein sehr wandlungsfähiges Schaf, denn
Lokis Metamorphosen sind unerschöpflich und kennen keine
Grenzen: Als Stute lässt er sich beim Bau Asgards mit dem
Hengst Swadilfari eines Riesenbaumeisters ein und gebärt als
Resultat Odins Wunderpferd Sleipnir; als Fliege stört er die
Zwerge beim Schmieden von Thors Hammer Mjöllnir; als See-
hund kämpft er mit dem Asengott Heimdall und wie gehört verwandelt er sich auf der Flucht vor den Asen in einen Lachs; au-
ßerdem scheut er selbst die Verwandlung ins andere Geschlecht
nicht, sei es als Stute oder als Riesin. Als »unmännlicher Ase«
beschimpft man ihn mehrmals im Götterstreit (Spottr. 33 u. a.).

Aber diese Verwandlungskunst kommt auch den Göttern
zugute, denen Loki in zahlreichen Abenteuern zur Seite steht,
wobei er nicht selten die Gefahr selbst verschuldet. Beim Bau
Asgards rettet er die Asen vor den Forderungen des Riesenbaumeisters, der Freyja sowie Sonne und Mond von ihnen ver-
langt. Denn in besagter Stutengestalt lockt er dessen Hengst
Swadilfari vom Bauplatz weg, weswegen der Riese den Vertrag
nicht einhalten kann (Gylf. 42). Ebenso mischt der zwielichtige
Gott beim Schmieden der Götterkleinode mit, nämlich Sifs gol-
denem Haar, Odins Speer Gungnir und Freyrs Schiff Skidbladnir, außerdem Odins Ring Draupnir, dem goldborstigen Eber
Gullinborsti für Freyr und Thors Eisenhammer Mjöllnir. Mit
einem Zwerg lässt er sich auf eine Wette ein, die er verliert. Mit
Mühe kann Loki seinen Kopf retten, kann aber nicht verhin-
dern, dass ihm besagter Zwerg mit Nadel und Band den Mund
zunäht (vgl. unten). Nicht selten begleitet er Thor auf dessen
Fahrten ins Riesenland, sei es zu Geirröd, Thrym oder Utgardloki. Aber er bringt sämtliche Götter auch in eine prekäre Situation, als er dem Riesen Thjasi notgedrungen Iduns Äpfel der
Jugend verspricht – worauf die Asen rapide altern. Sie zwingen
Loki, in Freyjas Falkengewand zu Thjasis Hof zu fliegen, wo er

Idun in eine Nuss verwandelt und mit ihr samt den Äpfeln davonfliegt. Der ihn in Adlergestalt verfolgende Riese wird von den Asen erschlagen. Als seine Tochter Skadi von ihren Racheplänen abgebracht werden soll, beweist Loki seine burlesken Qualitäten. Er bringt sie nämlich zum Lachen, indem er das eine Ende eines Strickes um den Bart einer Ziege bindet, das andere um seine Hoden. Dabei ziehen beide abwechselnd und schreien (Sprache 1). Diesen humorvollen Episoden, in denen Loki eine eher positive Rolle spielt, steht seine dunkle Seite gegenüber: die Beschimpfung der Götter (Spottr.), der verursachte Tod Balders und sein Erscheinen mit den dämonischen Mächten bei den Ragnarök.

Bei diesen ambivalenten Eigenschaften Lokis liegt es auf der Hand, dass weder Ortsnamen noch irgendwelche andere Quellen auf seine Verehrung oder einen Kult schließen lassen. Denn schließlich kam ihm keine besondere Aufgabe zu, und wenn

Loki mit zugenähtem Mund (Stein von Snaptun, Dänemark)

ihn etwas auszeichnete, war es seine Unberechenbarkeit. Die Interpretation seiner Gestalt und Bedeutung ist darum umstritten und schlichtweg rätselhaft: »Er hat der Reihe nach alle Schulen, die sich an ihm versuchten, aus der Fassung gebracht, mattgesetzt, in die Irre geführt, und man hat zu tun, wenn man alle Aporien und Antinomien aufzählen will, die sich um diese Figur zusammenfanden« (Georges Dumézil). Die Forschung wollte in ihm abwechselnd einen Feuer- oder Wassergott sehen, die Personifikation der dunklen Seite Odins oder einen zwielichtigen Gott, der von christlichen Luzifer-Vorstellungen bestimmt wurde. Immerhin hat man mittlerweile in Jütland (Snaptun) einen Herdstein aus der Wikingerzeit gefunden, der einen Männerkopf mit zugenähten Lippen zeigt, also höchstwahrscheinlich Loki darstellt.

Hatte er demnach doch etwas mit Feuer und Lohe zu tun, wie es bereits Jacob Grimm unterstellte? Einig ist man sich am ehesten darüber, in ihm einen »Trickster« (engl., »Gauner«) zu erkennen, eine wandlungsfähige Gestalt archaischer Religionen. Hinter diesen vielgestaltigen Schelmen verbirgt sich oftmals ein Kulturheros, also ein Stifter und Erfinder von kulturellen Verhältnissen und Gegenständen. Und Loki soll während der Flucht vor den Asen das Fischnetz erfunden haben (Gylf. 50). Seine Bestrafung zeigt übrigens Ähnlichkeiten mit dem antiken Prometheus-Mythos und überhaupt ähnelt er dem Gott Syrdon der kaukasischen Osseten, worauf Georges Dumézil hingewiesen hat. Das könnte auf indoeuropäische Urverwandtschaft hinweisen oder auf spätere südöstliche Einflüsse in Nordeuropa. Gleichwohl entzieht sich der zwielichtige »Verwandte Odins« einer schlüssigen Gesamterklärung, was seine Gestalt umso reizvoller macht.

7. Heimdall, der Wächter

Verbindet Loki mit Balder seine Missgunst, so verbindet ihn mit Heimdall pure Feindschaft. Worin sie sich ähneln, ist die Rätselhaftigkeit der Überlieferung, die allerdings für Heimdall

(Heimdallr, »Beleuchter der Welt«) recht dürftig ist. Um das vorwegzunehmen: Außerhalb Skandinaviens hat sich nicht die geringste Spur gefunden, und im Norden selbst weisen weder Ortsnamen noch archäologische Funde auf ihn. Da ihn auch die Skalden kaum nennen, bleiben nur die beiden Eddas. Und doch unterstellt man ihm ursprünglich eine nicht geringe Bedeutung. Noch in der eddischen Mythologie kommt ihm eine überaus wichtige Aufgabe zu. Sein Hof Himinbjörg (»Himmelsburg«) erhebt sich nämlich in Asgard nahe der Brücke Bifröst, deren Wächter der Gott ist (Weiss. 46). Wenn die Bergriesen heranziehen, dann bläst er mit dem Gjallarhorn (»das laut tönende Horn«) Alarm, der in allen Welten zu hören ist. Seiner Aufmerksamkeit kommt zugute, dass er wenig Schlaf braucht und nachts wie am Tag meilenweit sieht. Außerdem hört er alles, sogar wie das Gras und die Wolle der Schafe wachsen (Gylf. 27). Sein Pferd heißt Gulltopp (Gulltoppr, »Goldmähne«), sein Schwert geheimnisvollerweise »Manneshaupt« oder »Heimdalls Haupt« (Sprache 8). Womöglich galt der Widder als sein heiliges Tier. Ansonsten erfahren wir noch von seinen goldenen Zähnen, nichts dagegen von einer Familie. Heimdall scheint seiner so wichtigen Wache alleinstehend nachgekommen zu sein. Auch seine Herkunft klingt rätselhaft, denn angeblich gebaren ihn neun Schwestern. Waren es Riesinnen oder die Töchter des Meerriesen Ägir und seiner Frau Ran, der Meergöttin, die mit den Meereswellen gleichgesetzt werden? Das spräche für eine elementare Herkunft aus Urzeiten. Zu denken gibt auch, dass Snorri den »weißen Asen« als mächtig und heilig bezeichnet. Und für die weise Völva ist er der Vater des Menschengeschlechts (Weiss. 1), was ein jüngeres Gedicht außerhalb der Edda bestätigt (Merk.): Ihm zufolge zeugt Heimdall unter dem Namen Rig (Rígr, aus irisch rí, »König«) die Ahnen der drei Gesellschaftsstände (Sklaven bzw. Knechte, Bauern und Adlige). Mit Loki scheint ihn eine tiefe Feindschaft verbunden zu haben; denn mit ihm kämpfte er um den sagenumwobenen Halsschmuck Brisingamen der Göttin Freyja, wobei beide die Gestalt von Seehunden angenommen hatten (Hausgedicht). Und sonst: Erde, Meerwasser und Schweineblut sollen ihm Stärke geschenkt haben (Hyndl. 38). Einmal wird er als Besucher Wagaskers und Singasteins (Singasteinn, vielleicht »alter Stein« oder »Zauberstein«) bezeichnet, zweier mysteriöser Orte oder Gegenstände. So muss Heimdall als eine der rätselhaftesten Göttergestalten bezeichnet werden, in dem man einen Ursprungs- oder Feuergott, aber auch einen Sonnengott sowie den Gott der Morgenröte vermutet hat. Mit Sicherheit ist er eine Gottheit der Wache, ein Schützer der Grenze, dem der grenzenlose Loki gegenübersteht. Außenseiter in Asgard sind sie beide.

8. Freyr und Gottheiten der Fruchtbarkeit

Im Gegensatz zu den Kontrahenten Loki und Heimdall haben sich die Wanengötter unter den skandinavischen Bauern großer Beliebtheit erfreut. Freyja lernten wir bereits kennen, ihr zur Seite stehen der Vater Njörd und der Bruder Freyr. Nach der *Weissagung der Seherin* tobte in grauer Vorzeit ein Krieg zwischen Wanen und Asen, der von Friede und Versöhnung beendet wurde (Str. 24). Den Wanen unterstellte man selbst in der Forschung eine gewisse Altertümlichkeit. Waren sie die Gottheiten alteingesessener Bevölkerung, die von den kriegerischen Asen indoeuropäischer Einwanderer dominiert wurden? Oder repräsentieren die beiden Götterfamilien verschiedene gesellschaftliche Schichten, nämlich Bauern (Wanen) und Adlige (Asen)? Dem Wanenvater Njörd (Njörðr, verwandt mit urgerman. *Nerþuz) kann man jedenfalls ein hohes Alter unterstellen, lässt sich doch sein Name mit dem der von Tacitus bezeugten Göttin Nerthus verbinden. Und die wurde bekanntlich als Erdmutter verehrt und um Fruchtbarkeit angerufen. Zu Njörds Charakterisierung nach der eddischen Überlieferung: Wer die Mutter seiner Kinder Freyr und Freyja war, erfahren wir nicht. Nach dem so genannten Wanenkrieg gelangte er als Geisel zu den Asen, bei denen er den Hof Noatun (Nóatún, »Schiffsplatz«) bewohnt. Dessen Name kommt nicht von ungefähr, denn er liegt am Meer, das Njörd über alles liebt. Deswegen bestimmt er auch dessen Geschehen und das Spiel der Winde, außerdem gilt er als Meister des Feuers. In Fragen der Seefahrt und des Fischfangs wendet man sich folgerichtig an ihn. Er ist so reich und von Erfolg gesegnet, dass ihn die Menschen auch darum anrufen (Gylf. 23, Waft. 38 f.). Verheiratet ist er übrigens mit der Riesentochter Skadi, die nicht zuletzt deshalb zur Asengöttin avanciert und mit Jagd und Skilauf aufs Engste verbunden ist. Sie durfte sich als Buße für ihren erschlagenen Vater Thjasi unter den Göttern einen Mann anhand seiner Füße aussuchen, wobei sie sich versehentlich für Njörd statt für Balder entschied. Das Dilemma des Paares: Sie möchte auf dem väterlichen Hof Thrymheim in den Bergen wohnen, aber Njörd lebt natürlich lieber am Meer. Darum verbringen sie abwechselnd jeweils neun Tage in Thrymheim und Noatun. »Tempel und Altäre hat er in großer Zahl« heißt es im *Wafthrudnirlied* (38) über Njörd, und dies scheint der historischen Realität entsprochen zu haben. Denn während der Gott in den schriftlichen Zeugnissen eine eher farblose Rolle spielt, genoss er unter der Bevölkerung nicht geringe Verehrung um Fruchtbarkeit und Schifffahrt. Das bezeugen zumindest etliche Ortsnamen an der west- und nordnorwegischen Fjordküste (z. B. Narvik) und in Mittelschweden etwa um den Mälarsee, die auf Kultplätze Njörds verweisen. Sein Sohn Freyr (»Herr«; althochdt. Fro; Frø bei Saxo) gilt nach Odin und Thor als der bedeutendste Gott, was vielleicht auch für die Südgermanen gilt. Wichtigster Zeuge außerhalb der Eddas ist Adam von Bremen, der um 1070 einen Gott Fricco erwähnt, der im Tempel von Uppsala gemeinsam mit Thor und Wodan verehrt wurde und dessen Darstellung sich durch einen »gewaltigen Phallus« auszeichnete. Prompt hat man im schwedischen Rällinge eine kleine Statuette derselben Darstellung gefunden, die auf Freyrs Funktion als Fruchtbarkeitsgott verweist. Das betont auch Snorri, demzufolge er über Regen und Sonnenschein bestimmt und folglich über die Fruchtbarkeit der Erde (Gylf. 24). Ihm gehört der von Zwergen geschmiedete goldene Eber Gullinborsti (»der mit den Goldborsten«), der seinen Wagen zieht und durch Luft und Wasser schneller als jedes Pferd läuft (Sprache 7); außerdem das Schiff Skidbladnir (Skíðblaðnir, »aus dünnem Holz zusammengesetzt«), »das beste aller Schiffe«, ein ebenfalls von Zwergen geschaffenes Wunderwerk, das man wie ein Tuch zusammenfalten und in seine Tasche stecken kann (Gylf. 43).

Als sein Hof gilt das prächtige Albenheim (Álfheimr), das er von den Göttern als Patengeschenk erhielt. In den Ragnarök ereilt Freyr gegen den Feuerriesen Surt der Tod, irgendwann zuvor soll er einen Riesen mit einem Hirschgeweih getötet haben. Unter den *Götterliedern der Älteren Edda* ist dem Gott mit dem *Skirnirlied* ein ganzes Gedicht gewidmet, dessen Geschichte auch Snorri erzählt (Gylf. 37): Von Odins Hochsitz Hlidskjalf erblickt Freyr im Norden auf einem Hof die schöne Riesentochter Gerd, in die er sich verliebt. Daraufhin entsendet er seinen Diener Skirnir (»Strahlender«) ins Riesenland, damit er für ihn um ihre Hand bitten und sie zu ihm bringen möge – ob ihr Vater wolle oder nicht. Skirnir erbittet für die gefahrvolle Werbungsfahrt Freyrs Schwert, das diesem dann bei den Ragnarök fehlt. Die Reise ist erfolgreich, nicht zuletzt durch Skirnirs Drohungen mit einem Zauberstab und zahlreichen Verwünschungen. Hinter dem sich vor Liebe verzehrenden Wanengott glaubt man einen alten Mythos zu erkennen, eine »Heilige Hochzeit« (griech. Hierós gámos) zwischen einem Himmelsgott und einer Erdmutter zur Erneuerung und Fruchtbarkeit der Natur. Überall wird Freyr mit diesen Aspekten verbunden, so auch in Snorris euhemeristischer Darstellung der *Saga von den Ynglingen*. Dort ist er der Ahnherr des schwedischen Geschlechts der Ynglinge. In Uppsala habe er mit seiner Frau Gerd und dem Sohn Fjölnir geherrscht. Drei Jahre verschwieg man seinen Tod und opferte ihm weiter, damit seine Zeit der Fruchtbarkeit und des Friedens erhalten blieb. Unter diesem Frodi-Friede (Fróða friðr) verstand man eine sagenhafte Friedenszeit unter dem mächtigen König Frodi, der vielleicht sogar mit Freyr identisch war. Den Fruchtbarkeitsaspekt bezeugen auch viele skandische Namen von Orten, an denen Freyr geopfert wurde, und nicht zuletzt der Eber als Kulttier des Gottes.

Statuette des Gottes Freyr (Rällinge, Schweden)

9. Wenig bekannte Gottheiten

Unter den übrigen Asengöttern muss vor allem Tyr (Týr, german. *Tīwaz, altengl. Tīw, althochdt. *Ziu, vielleicht »Gott«) hervorgehoben werden und das, obwohl er recht farblos scheint. Weder wird eine Ehefrau genannt noch sein Hof, und als Vater gilt einmal Odin (Sprache 9), dann wieder erstaunlicherweise der Riese Hymir (Hym. 5). Immerhin gilt er als allseits geachteteter Asengott, der sogar der Tapferste und Beherzteste sein soll. Er bestimmt den Sieg in der Schlacht, weshalb ihn mutige Männer anrufen. Wer besonders mutig und klug ist, wird als tyr-mutig und tyr-weise bezeichnet. Diese hohe Auszeichnung verdankt der Gott offensichtlich seinem mutigen Einsatz bei der Fesselung des Fenriswolfes: Dabei wollen die Asen das Untier bändigen und tarnen dies als Wettstreit um seine Kraft. Als sie ihm eine besonders starke Fessel anlegen wollen, misstraut er ihnen. Darum legt ihm Tyr seine rechte Hand als Pfand ins Maul. Als sich der Wolf in der Tat nicht mehr befreien kann, beißt er die Hand ab (Gylf. 25). Bei den Ragnarök kämpft der einhändige Ase mit dem furchtbaren Hund Garm, wobei beide den Tod finden. Das wäre es im Großen und Ganzen mit dem, was die beiden Eddas zu Tyr vermelden. Allerdings kam ihm viel früher unter den Germanen erheblich mehr Bedeutung zu, galt er doch schlichtweg als Himmels- und Kriegsgott, dem auch der Thingfriede anvertraut wurde. Die Germanen riefen ihn bereits in alten Zeiten auf den Versammlungen der freien, also waffentragenden Männer an, auf denen Gesetze und Urteile erlassen wurden. Dies scheint bereits im 3. Jahrhundert ein römischer Altar zu bezeugen, der einem »Mars Thingsus« geweiht ist. Dass der germanische Gott mit dem römischen Kriegsgott Mars gleichgesetzt wurde, belegt der Wochentagsname Dienstag: Aus dem lateinischen Dies Martis (französisch Mardi), »Tag des Mars« wurde der »Tag des *Tīwaz« – so die rekonstruierte ursprüngliche Namensform (englisch Tuesday, dänisch Tirsdag). Im Althochdeutschen hieß es zîostag (alemannisch Zisdig). Unser Dienstag geht wohl auf den Beinamen *Þingsaz, »Ding-Gott« zurück. Tyrs diverse Namen reichen letztendlich bis in die indoeuropäische Zeit, wo sie bei Griechen und Römern mit Zeus und Jupiter verwandt sind. Seine alte Bedeutung hat Tyr im Lauf der Zeit wahrscheinlich an Wodan/Odin verloren. In Skandinavien zeugt davon der Gebrauch seines Namens für »Gott« allgemein und seine Einhändigkeit, die man für sehr alt hält: Dieses Opfer des Himmelsgottes sicherte den Bestand der Welt.

Von Ull (Ullr) weiß man noch weniger: Laut Snorri war er ein Sohn der Göttin Sif und Thors Stiefsohn. Sein Hof in Asgard heißt Ydalir (Ýdalir, »Eibental«). Außerdem wird ihm Treffsicherheit mit dem Bogen nachgesagt und dass er ein guter Skiläufer sei, weshalb er auch als Ski-Ase bezeichnet wird. Schön soll er sein und tapfer; es lohnt sich also, ihn im Zweikampf anzurufen (Gylf. 31, Sprache 14, Grim. 5). Der dänische Gelehrte

Saxo bezeichnet ihn als Zauberer Ollerus, der auf einem Knochen übers Meer fährt – was wohl eine Anspielung auf den Schlittschuhlauf sein soll. Den Skalden war Ull offensichtlich gut bekannt, denn sie umschrieben den Schild mit »Ulls Schiff« und griffen damit auf einen alten verloren gegangenen Mythos zurück. Zudem haben sich in Schweden und Ostnorwegen zahlreiche Ortsnamen erhalten, die nach Ull benannt sind und auf Kultorte des Gottes hinweisen. Vielleicht stand er als eine Art Vegetationsgott den Wanen nahe und wurde um Fruchtbarkeit angerufen.

Die restlichen Asengötter spielen in manchen Mythengeschichten eine Rolle oder werden von Snorri eher beiläufig erwähnt. Nicht wenige dürften recht junger Natur sein und in der Götterverehrung keine große Rolle gespielt haben: Iduns Mann Bragi war für seine Klugheit und Wortgewandtheit berühmt; Hönir soll mit Odin die Menschen erschaffen haben; der blinde Höd wurde von Loki zur Tötung Balders verführt und anschließend von dessen Bruder Wali aus Rache getötet; Odins Söhne Wali (Vali, vielleicht »kleiner Wane« oder »Streitbarer«) und Widarr (altnord. Víđarr, »der weit Herrschende«) herrschen nach den Ragnarök mit Thors Söhnen Modi und Magni sowie Balder und Höd über die neue, aus dem Meer emporgestiegene Erde.

VI. Beliebt bis heute: Zwerge, Trolle und die niedere Mythologie

1. Riesen und Trolle

Die mythische Welt wird nicht nur von den Göttern bewohnt, sondern auch von anderen Gestalten, deren wichtigste Vertreter wir bereits mit den Zwergen und Riesen kennengelernt haben. Die ersten dienten den Asen als geschickte Schmiede, die zweiten stellten die dauerhaften Feinde Thors und Asgards dar. Was verbirgt sich hinter diesen bis heute populären Wesen der germanischen Mythen? Der üblichen Systematik folgend zählt man sie zur niederen Mythologie und kennzeichnet sie damit als überirdische Wesen minderer Stellung, die nicht den Göttern zugehörten und deswegen keine besondere Verehrung wie etwa Opfer erfuhren. Zwerge, Riesen bzw. Trolle, Alben und Landwichte, denen wir uns im Folgenden widmen wollen, haben wegen ihrer vermeintlichen Harmlosigkeit oftmals den Religionswechsel im skandinavischen Volksglauben überlebt. Und so kommt es, dass Trolle und das Huldrefolk (das Volk der Huldre) in Sagen und allerlei Vorstellungen bekannt geblieben sind (vgl. Kap. XI).

Die Trolle (»Unholde, Riesen«) bieten ein gutes Beispiel, wie sich Vorstellungen verändern können und schließlich zu Klischees werden. Während ihre Figuren heute massenhaft als kleine hässliche Naturwesen der norwegischen Fjordlandschaft den Touristen angeboten werden, zählten sie einstmals zu den Riesen. Bereits die isländische Literatur des Mittelalters sieht in ihnen gefährliche zauberkräftige Unholde, die Schaden und Krankheit über die Menschen bringen. Daraus entwickeln sie sich zu großen hässlichen und dummen Ungetümen, die in den Bergen hausen und von den Menschen gemieden werden. Das Große und Tölpelhafte haftet allerdings nicht nur den Trollen als Untergruppe, sondern allen Riesen an. Ähnliche Vorstellungen von übergroßen und starken Gestalten existieren weltweit – erinnert sei nur an die antiken Giganten, Zyklopen und Titanen, deren Atlas gar das Himmelsgewölbe stützt. Die weitverbreiteten Riesensagen im deutschsprachigen Raum greifen Erklärungen auf, denen zufolge derartige Giganten Berge und Gebirgszüge, aber auch auffallende Naturerscheinungen wie Findlinge zuwege brachten. Darauf weist auch die Bezeichnung der Hünengräber für Großsteingräber aus der Jungsteinzeit. Derartige vorwissenschaftliche Interpretationen natürlicher Phänomene sahen in den Riesen Naturgeister oder eine ausgestorbene Urbevölkerung, deren vergangene Existenz fossile Knochenfunde von Sauriern oder Mammuts zu bestätigen schienen (Riesenrippen).

Damit wären wir bei den germanischen Vertretern dieses mythischen Geschlechts, dessen Vorstellung insbesondere der eddischen Überlieferung zu verdanken ist. Man kannte sie unter verschiedenen Bezeichnungen: Die der Jöten (altnord. Sg. Jötunn, Pl. Jötnar, vielleicht »Fresser«; altengl. eoten) diente als allgemeine und wertfreie Benennung, während die Thursen (altnord. Sg. Þurs, Pl. Þursar, altengl. þyrs, althochdt. thuris, thurs) negativ gesehen wurden; denn immerhin trug ihren Namen »Thurs« eine äußerst schadensstiftende Rune. In der mythischen Welt des Nordens treten sie zuhauf auf, nicht nur in den eddischen Götterliedern, sondern auch in den Thulur (Merkversreihen mit Namens- und Synonymenlisten), die etliche Riesennamen nennen. Und sie bestätigen die üblichen Klischees gemäß solcher Bezeichnungen wie

- Alsvartr (»der ganz Schwarze«)
- Ámgerðr (»die dunkle Gerd«)
- Dumbr (»der Dumme«)
- Fála (»Trampel«)
- Galarr (»Schreier«)
- Hadda (»die Haarige«)
- Ljóta (»die Hässliche«).

120

Andere Namen verweisen auf das Lebensumfeld der Riesen, nämlich das Gebirge und den Winter:

- Björgólfr (»Berg-Wolf«)
- Gneip (zu »Fels«)
- Jökull (»Gletscher«)
- Örnir (»Felsbewohner«)
- Drífa (»Scheetreiben«)
- Gói (»Wintermonat«)
- Mjöll (»Pulverschnee«)
- Vindr (»Sturm«).

Die Riesen lebten demnach in den unwirtlichen Bergwelten, wie sie sich in der Tat in weiten Teilen Skandinaviens finden. In der mythischen Welt entsprachen dem Utgard und das Riesenheim (vgl. Kap. IV), das reißende Ströme und dunkle Wälder von Asgard und Midgard trennten. In diesen bedrohlichen Außenwelten lauern die monströsen Götterfeinde gleichsam auf das Signal zu den Ragnarök, wenn sie mit den dämonischen Untieren über die Götterwelt hereinbrechen: der Feuerriese Surt mit den Muspellssöhnen, der Riese Hrym, der das Totenschiff Naglfar steuert, zu guter Letzt sämtliche Reifriesen und die Helkerle (vgl. Kap. IV). Den Riesen eignet somit die bedrohliche Seite der Mächte der Finsternis; mit ihnen ist also nicht zu spaßen, sie gelten als kosmosgefährdende Kräfte per excellence. Wenn Thor jedoch mit dem Hammer Mjöllnir ins Riesenland zieht, zeigen sich zumindest in der Darstellung nicht selten schwankhafte und komische Züge der Thursen: Hrungnir tritt in Asgard als großmäuliger Prahler auf, hat dann aber vor dem Zweikampf mit dem Hammergott so viel Angst, dass er sich einen künstlichen Lehmriesen als Unterstützung schafft (Sprache 17). Und Hymir schneidet auf Thors Fischzug gegen die Midgardschlange vor lauter Feigheit die Angelschnur durch. Als Antwort erhält er bekanntlich einen solch gewaltigen Faustschlag, dass er über Bord fällt und man nur noch seine Fußsohlen sieht (Gylf. 48). Dann schließlich Thrym, der Mjöllnir stiehlt, um die schöne Freyja zu gewinnen. Statt ihrer sucht ihn Thor in Frauenkleidern auf, was zur urkomischen Täuschung des Riesen und zu seinem letztendlichen Tod führt

(Thrym.; vgl. Kap. V). An lächerlichen und ängstlichen Riesen-
gestalten mangelt es also in den Götterliedern und bei Snorri
nicht. Aber das alles ist nur die halbe Wahrheit über die Riesen,
und die mag bereits der späteren literarischen Verharmlosung
geschuldet sein, die sich zumindest teilweise über die starken
Bewohner Utgards lustig machte.

Diesem komischen Bild steht die Weisheit der visionären
Völva entgegen, die selbst riesischer Abkunft war (Weiss. 2;
vgl. Kap. IV). Bekanntlich war mit Ymir ein Riese das erste Lebewesen der Welt, von dem die Reifriesen (Sg. Hrímþurs, Pl.
Hrímþursar; ein Synonym für alle Riesen) abstammen. Mehr
noch: Mit Bestla entstammten die ersten Götter Odin, Wili und
We einer Riesenmutter. Zudem schufen sie aus dem Körper des
getöteten Ymir den Kosmos (Kap. IV). Somit müssen die stän-
dig gescholtenen und geschmähten Riesen als die Urwesen
schlechthin bezeichnet werden. In dieser Zeit wurzelt auch
ihre Weisheit, die in schroffem Gegensatz zu den üblichen
Vorstellungen steht. Als bestes Beispiel darf Wafthrudnir
(Vafþrúðnir, »der stark Verwickelnde«, der also verwickelte
Fragen stellt) gelten, den Odin durchaus mit Respekt zu einem
Wissenswettstreit aufsucht: »[G]roße Wissbegier hab ich, mich
in altem Wissen mit dem allweisen Riesen zu vergleichen.«
(Waft. 1). Dieser droht dem Asen mit dem Tod, wenn er sich
nicht als der Klügere erweist. Es geht folglich um beider Kopf,
und der Riese genießt den Ruf, von den Geheimnissen der Riesen und Götter alles zu kennen und in allen neun Welten bis hi-
nunter nach Niflhel gewesen zu sein. Die beiden bieten sich
folglich einen erbitterten Wettstreit um das Wissen von den Anfängen der Welt bis zu den Ragnarök und darüber hinaus. Bezeichnenderweise gelingt es Odin erst mithilfe eines Tricks,
den Sieg zu erringen: Er fragt nämlich danach, was Odin seinem toten Sohn Balder ins Ohr sagte. Da muss Wafthrudnir natürlich passen und im Übrigen erkennt er nun den Gott, der bis
dahin unter falschem Namen aufgetreten war. Ungewiss ist
weiterhin, ob der oben genannte weise Mimir nicht riesischer
Abkunft war (vgl. Kap. V). Hohes Alter und Weisheit zeichnen
folglich das Riesengeschlecht aus. Anderes kommt hinzu!

Denn entgegen der Vorstellungen von hässlichen Riesenweibern, die etliche überlieferte Namen auch bestätigen, müssen zumindest einzelne Riesinnen ungemein schön (und gar nicht so riesig) gewesen sein. Wie anders wäre die blitzartige Verliebtheit Freyrs zu erklären, als er des Riesen Gymirs Tochter Gerd erblickt (Gylf. 37; Skirn.; vgl. Kap. V). Auch sein Vater Njörd klagt nicht über die Hässlichkeit der Riesentochter Skadi (Skaði, vielleicht mit »Skandinavien« verwandt), die er als Wiedergutmachung für den Tod ihres Vaters heiraten muss (vgl. Kap. V). Sie wird problemlos in die Götterfamilie aufgenommen und sogar als Mutter von Freyja und Freyr gehandelt. Schließlich gibt Odin das beste Beispiel für die Attraktivität von Riesinnen. Denn insbesondere bei ihnen tritt er als Verführer und Liebhaber auf, so bei Suttungs Tochter Gunnlöd, die er verführt und dann um den Skaldenmet betrügt. Die *Sprüche des Hohen* erwähnen die allerdings erfolglosen Verführungsversuche des Asengottes gegenüber der namenlosen Tochter eines Billing (Str. 97). In diesem Fall weiß sich die Riesin seiner Avancen durch List und Gewalt zu erwehren. Gleichwohl sind Beziehungen zwischen Göttern und Riesinnen nicht ungewöhnlich. Das häufige Interesse männlicher Riesen an Göttinnen bleibt hingegen unerwidert und erfolglos, so Thjasis bei Idun, Thryms bei Freyja sowie Hrungnirs bei Sif und Freyja (eine Ausnahme stellt Gefjun dar, vgl. Kap. V). Eine durchgehend strenge Grenze zwischen Asgard und Utgard gab es demnach nicht. Dafür sprechen auch gemeinsame Festmahle, insbesondere mit dem Meerriesen Ägir (»Meer«, vielleicht »Wassermann«), der mit seiner Frau, der Meeresgöttin Ran, die Wellen als neun Töchter hat. Er tritt sogar mehrmals als Gastgeber der Götter auf, wobei er Gold auf den Fußboden schütten lässt, das die Halle wie Feuer erleuchtet (Hym., Spottr.; in Sprache 1 ist er Gast der Asen). Überhaupt haben die Riesen alles andere als in ihrer Wildnis »gehaust«. Wohin Thor auch zieht, mit wem er es auch zu tun bekommt, stets wohnen seine Gegner und Gastgeber in großzügigen Höfen, die den Vergleich mit Asgard offensichtlich nicht scheuen müssen. Welcher Ort könnte das besser zeigen als Thrymheim (Þrymheimr, »Lärmheim«), der Hof des von den Asen getöteten Riesen Thjasi, den später seine Tochter Skadi und deren Mann Njörd bewohnen. Und Hymir verfügt über eine ansehnliche Sammlung von Kesseln, deren größten Thor und Tyr zu Ägir bringen, um den Göttern das Bier für ein großes Festmahl zu brauen. Mit solchen und ähnlichen Beispielen entpuppen sich zumindest die nordgermanischen Riesen entsprechend der eddischen Überlieferung als überraschend vielgestaltig. Ihr Profil überragt jedenfalls das Bild des tumben Riesentrottels. Sie stehen am Anfang und Ende der mythischen Welt und bilden noch vor den Göttern das älteste Geschlecht. Manchmal treten sie wie deren Verwandte auf, die sie ja auch sind. Vorstellungen solcher irgendwie fremdartigen Urbewohner sind nicht nur im Norden gang und gäbe. Hierbei möchte man insbesondere für Norwegen unterstellen, sie könnten eine Reflexion der Samen (»Lappen«) darstellen, deren Kultur und Lebensweise sich von den Germanen unterschied, mit denen sie aber seit jeher enge Beziehungen pflegten. Anderes kommt hinzu, so der Glaube an Naturgeister und das Vergnügen an schwankhaften Märchengestalten. Neben altnordischen Reif-, Berg-, Feuer- und Wasserriesen sei schließlich noch ein Blick über Skandinavien hinaus geworfen, wo für das frühe Mittelalter die Überlieferung einheimischer Riesen kaum vorhanden ist. Aber immerhin erzählt das um 1000 niedergeschriebene altenglische Heldenepos *Beowulf* von einem Moorunhold Grendel (vielleicht zu »Grund, Tiefe« und »zermalmen«), der dem Reich der Riesen entstammen soll. Mit seiner Mutter haust er im unheimlichen Grendelsee inmitten einer öden Sumpflandschaft. Über viele Jahre überfällt er des Nachts die prächtige Halle Heorot des dänischen Königs Hrothgar und tötet dessen Krieger. Schließlich stellt sich der Gautenkrieger Beowulf dem »Schattengänger« und »Schädiger« entgegen. Die beiden ringen miteinander, bis der Krieger Grendel einen Arm ausreißt. Darum muss der Unhold ins Moor fliehen. Nach einem Überfall von dessen Mutter taucht Beowulf hinab zum Grund des Grendelsees, wo es in der Halle der Moormonstren zu einem erbitterten Kampf kommt. Erst mit Hilfe eines Riesenschwertes gelingt es ihm, die Unholdin zu töten. Die Riesen der eddi-

schen Überlieferung erscheinen demgegenüber erheblich zivi-
lisierter.

2. *Die Zwerge*

Wie die Riesen stellen auch die Zwerge ein weltweites Phänomen dar, das jedoch vor allem in europäischen Märchen und
Sagen einen beachtlichen Niederschlag gefunden hat. Als typi-
sches Charakteristikum des Zwergs (althochdt. zwerc, gitwerc;
altengl. dweorg; altnord. dvergr. Worterklärungen reichen von
»Schädiger« und »dämonischem Wesen« bis zum »Trugbild«)
gilt seine Menschengestalt – allerdings von minderer Körpergröße (Petzoldt 2003, 196:»nicht größer als die eines zwei- bis
vierjährigen Kindes«) – und Hässlichkeit. Demnach tragen
Zwerge Bärte sowie sie von runzligem Angesicht sind. Oftmals
schreibt man ihnen ein hohes Alter und nicht selten ein gewisses unheimliches Auftreten zu. In der deutschsprachigen Sa-
genwelt verbindet man sie mit dem Bergbau. Wenig verwunderlich, da man sie ohnehin in Erdreich, Steinen und Bergen
ansiedelt. Wenn sie sich gut behandelt fühlen, sind sie durchaus hilfsbereit; so etwa als fleißige Hausgeister, wozu sie als
meisterliche Handwerker geradezu prädestiniert sind. Allein
oder in großer Schar bevölkern sie als Wichtel, Erdmännchen,
Unterirdische, Heinzelmännchen, Kobolde und unter etlichen
anderen Bezeichnungen die Welt des Volksglaubens. In Skandinavien finden sich gerade die dienstfrigen Hauskobolde in
der Gestalt des schwedischen Tomte und des dänischen Nisse.
Der Letztere übernimmt sogar die Aufgaben des Weihnachts-
mannes und sorgt seit Alters für Glück und Gedeihen von
Haus und Hof. Die germanischen Heldensagen kennen die
Zwerge nicht nur als kunstfertige Schmiede, sondern auch als
Hüter von Schätzen. Nach den *Heldenliedern der Älteren Edda*
und *Snorris Edda* wird dem Zwerg Andwari von Loki der später so genannte Nibelungenschatz mit dem verfluchten Ring
abgepresst. Und Reginn verkörpert die bei Zwergen durchaus
anzutreffende Hinterlist, wenn er seinen Schmiedelehrling Si-

gurd (Siegfried) nicht nur überredet, seinen drachengestaltigen Bruder Fafnir zu töten und dessen Schatz zu gewinnen, sondern den Drachentöter selbst umbringen will. Im *Nibelungenlied* tritt der Zwerg Alberich als wehrhafter Hüter des Nibelungenhortes auf, wobei er sich einer unsichtbarmachenden Tarnkappe bedient. In der mittelhochdeutschen Heldenepik haben es insbesondere Dietrich von Bern und seine Recken häufig mit Zwergen zu tun, als deren berühmtester der Tiroler Zwergenkönig Laurin gelten darf.

Mit Blick auf die altnordische Überlieferung müssen wir dieses vorherrschende Zwergenbild etwas korrigieren. Das gilt vor allem für die charakteristische geringe Körpergröße sowie ihr hässliches Äußeres, die erst spät in den hochmittelalterlichen Sagas Erwähnung finden. Was sich allerdings bestätigt, ist, dass man sich Zwerge nur männlichen Geschlechts vorgestellt zu haben scheint (beiläufig wird einmal ein einziger weiblicher Name genannt). Wie bei den Riesen werden auch etliche Zwergennamen aufgezählt, u. a. an sehr prominenter Stelle, nämlich mitten in der *Weissagung der Seherin*. Sie führt sogar einen Modsognir (Móðsognir, vielleicht »Kraftloser«) als obersten aller Zwerge an, dem dann eine lange Namensreihe folgt (Str. 10 ff.). Was das im großen mythischen Eröffnungsgedicht der Götterlieder zu bedeuten hat, ist letztlich unklar. Sicherlich kam den Zwergen keine herausragende Bedeutung solchen Umfangs zu. Aber womöglich ist mit dem Schreiber der Edda-Handschrift schlichtweg der Sammeleifer durchgegangen und er hat an Namen alles zusammengetragen, was ihm in den Sinn kam. Einige Beispiele:

- Berlingr (»kurzer Balken«)
- Bömburr (»Dicker«)
- Dulinn (»Verborgener«)
- Eikinskjaldi (»der mit dem Eichenschild«)
- Fjölsviðr (»sehr Weiser«)
- Jari (»Streitsüchtiger«)
- Nóri (»Winzling«)
- Thorinn (»der Tapfere«)
- Thulinn (»Murmler«).

Immerhin mag man in einzelnen Namen bereits Hinweise auf die jüngeren Zwergenzüge finden, wie etwa den der Kleinwüchsigkeit. Besonders alt dürfte das meiste nicht sein und damit im Gegensatz zu dem stehen, was die kluge Völva sonst noch von den Zwergen zu erzählen weiß. Auch sie gehören demnach zu den ältesten Wesen und werden nach Riesen und Göttern an dritter Stelle genannt. Diese haben sie aus Ymirs Blut und Knochen geschaffen (Weiss. 9), gleichsam aus der Erde. Der bleiben sie auch treu, wie ihre Wohnorte Aurwangar (Aurvangar, »Schotterauen«) und Jöruwellir (Jöruvellir, »Sandebene«) belegen. Snorri gestaltete diese Herkunftsgeschichte anschaulich aus, indem er die Zwerge als ursprüngliche Maden im Fleisch Ymirs bezeichnete, denen die Götter Verstand und menschliche Gestalt verliehen (Gylf. 14). Hier erhalten sie zudem eine kosmische Bedeutung, indem vier Zwerge mit den Namen der Himmelsrichtungen den aus Ymirs Schädel geschaffenen Himmel stützen (Gylf. 8). Snorri hat sich weitergehende Gedanken über das mythische Geschlecht gemacht, um der ganzen Überlieferung eine gewisse Ordnung zu geben. Danach sind die Zwerge mit den Schwarzalben (Svartálfar) identisch und werden insofern zu den Alben gezählt (siehe unten). Folgerichtig führt er Schwarzalbenheim (Svartálfaheimr) als zwergischen Wohnort an. Ob erfunden oder nicht – der gelehrte isländische Mythograph übernimmt die Verortung der »Nachfahren Modsognirs« in Fels und Stein sowie weit unten in der Erde. Bereits in der ältesten norwegischen Skaldendichtung finden wir Hinweise auf diese Vorstellung, wie nämlich der sagenhafte Ynglingenkönig Sveigdir für immer verschwand, als er in den Stein eines Zwergs ging (Gedicht der Ynglinge). Sehr deutlich zudem die altnordische Bezeichnung dvergmáli (»Zwergenspruch«) für das »Echo«. Dass sie als alte chthonische (erdverbunde) Wesen lichtscheu waren, bezeugt das Geschick des Zwerges Alwiss, der vom Sonnenlicht überrascht wird und versteinert (Alw.). Damit erweist er sich entgegen seiner Namensbedeutung (»der Allwissende«) als unklug. Thor muss sich ihm jedenfalls in einem Frage-und-Antwort-Spiel stellen, so wie wir es von Odin und den Riesen kennen. Berühmter als durch derlei Wissenswettstreite wurden die Zwerge auch in den germanischen Mythen durch ihre Kunstfertigkeit als Schmiede. Wie bereits bei den Göttergeschichten im vorigen Kapitel dargelegt, betreiben sie die Herstellung der wertvollen und bedeutenden Gegenstände von Asen und Wanen. Eine ältere Vorstellung bietet vielleicht der erwähnte Mythos von der Gewinnung des Skaldenmets, in dem die Zwerge Fjalarr (vielleicht »Verberger«) und Galarr (»Schreier«) den klugen Kwasir erschlagen, um aus seinem Blut den zur Dichtkunst inspirierenden Met zu schaffen. Was uns zweierlei bezeugt: Zwergen war durchaus mit Misstrauen zu begegnen, und ihre Kenntnisse durften keinesfalls unterschätzt werden. Jedenfalls sah man in ihnen uralte Wesen, deren Geschichte bis in die mythische Urzeit zurückreichte. Viel ist über die Herkunft dieser Vorstellungen gemutmaßt worden, sogar eine Vorbevölkerung bzw. die Erbauer der jungsteinzeitlichen Megalithbauten wurden dafür in Anspruch genommen. Auf diese wären demnach die einwandernden Indoeuropäer gestoßen und hätten sie als Gestalten ihrer Mythen fortleben lassen. Nachvollziehbarer dürfte die Herkunft der Zwerge von Natur- und Totengeistern sein, deren Vorstellungen sich vielfältig vermischten. Im Übrigen haftet den etymologischen Namenserklärungen wie »Schädiger« (vgl. oben) etwas durchaus Problematisches, um nicht zu sagen Bedrohliches an. Bezeichnenderweise bedeutet das altenglische Wort für Zwerg, dweorg, auch Fieber, außerdem wurde ein Zauberspruch überliefert, der sich gegen einen Zwerg richtet (Wið Dweorh »Gegen einen Zwerg«). Vieles daran ist rätselhaft – etwa, ob Hilfe gegen einen Krampf geboten wird oder ob der erwähnte Spider wiht, »Spinnenwicht«, identisch mit dem Zwerg ist. Jedenfalls kannten die Angelsachsen Zwerge in einem übel beleumdeten Umfeld, was man der üblichen christlichen Dämonisierung zuschreiben kann. Ähnliches bezeugt aber auch ein Fund aus einem heidnischen Umfeld: Im dänischen Ribe ritzte jemand um das Jahr 750 Runen in einen Schädelknochen, die sich gegen einen Zwerg richteten. Odin und andere Gottheiten sollten beistehen und Hilfe leisten gegen einen Schmerz.

Viel spricht dafür, dass ein Zwerg als dessen Verursacher gesehen wurde.

3. Die Alben

Die Alben (altnord. álfr, Pl. álfar; altengl. ælf, ælfen; althochdt. alb; mittelhochdt. elbinne, »Elfe«. Ursprüngliche Bedeutung vielleicht »lichte Gestalt« oder »Künstler«. Im Dt. auch Alfen, Elben oder Elfen) sind zweifelsohne mythische Gestalten, von denen allerdings nur unzusammenhängende Nachrichten überliefert werden. Häufig finden sie in den *Götterliedern der Älteren Edda* Erwähnung, zumeist gemeinsam mit den göttlichen Asen, manchmal sogar in der Formel »æsir ok álfar« (Asen und Alben; Weiss. 48; Sprüche 159; Grim. 4 u. a.). Mit diesen verbringen sie die Zeit in den Götterwohnsitzen Asgards, zusammen hören sie sich Lokis Beschimpfungen an (Spottr.) und gehen in der Götterdämmerung mit Asgard und Midgard unter. Aber obwohl man sie zu den mythischen Geschlechtern wie Asen, Wanen, Riesen und Zwergen zählt, bleiben sie farblos. Nur einmal wird ein einzelner Albe namens Dainn (Dáinn, vielleicht »Gestorbener«) genannt, der laut den *Sprüchen des Hohen* Runen ritzte (Str. 143). Der einzige Albe, auf den die Eddalieder näher eingehen, dem sie sogar ein ganzes Gedicht widmen, ist der Schmied Wölund, den die deutsche Heldensage als Wieland kennt. Warum ausgerechnet er sogar als Albenfürst bezeichnet wird, ist ungewiss – vielleicht wegen seiner herausragenden Kunstfertigkeit. Aber womöglich gehört es mehr zum albischen Wesen, dass er Umgang mit Schwanenjungfrauen hatte und sich in die Lüfte zu erheben vermochte. Im *Wölundlied* (Völundarkviða) vergewaltigt der gefangene Schmied die trunken gemachte Königstochter Bödwild. In der norwegischen *Saga Thidreks von Bern* (um 1250) ist der Nibelungenheld Högni (Hagen) der Sohn eines unbekannten Alben, der seiner Mutter beiwohnte. Gehörte mehr oder weniger gewaltsame Verführungskunst zum Wesen der Alben? Ihr kaum zu greifendes Wesen machte bereits Snorri Sturluson zu schaffen. Er versuchte jedenfalls die Alben einer Systematisierung zu unterziehen und unterschied demgemäß Licht- (Ljósálfar), Dunkel- (Dökkálfar) und Schwarzalben (Svartálfar). Dabei orientierte er sich wahrscheinlich an christlichen Vorstellungen von Engeln und Teufeln, die er auf die vorchristliche Überlieferung übertrug: »Es gibt eine Stätte, die Albenheim genannt wird. Dort lebt das Volk der Lichtalben, die Dunkelalben dagegen wohnen unten in der Erde. Sie unterscheiden sich im Aussehen und noch mehr in ihren Erfahrungen. Die Lichtalben sind an Gestalt schöner als die Sonne, aber die Dunkelalben sind schwärzer als Pech.« (Gylf. 17). Die dritte Gruppe der Schwarzalben setzte er bekanntlich mit den Zwergen gleich. Dass Albenheim (Álfheimr) als Wohnsitz der Lichtalben zugleich die Wohnstätte des Gottes Freyr ist, stellt ein weiteres Rätsel dar, das vielleicht Snorri selbst verursachte, als er mehrere Vorstellungen vermischte. Dem Bild der lichten Alben entspricht jedenfalls die skaldische Umschreibung der Sonne als Albenglanz und Albenstrahl.

Kräftigere Konturen gewinnen die Albengestalten in der eddischen Überlieferung kaum. Werfen wir einen Blick auf die Wortgeschichte und -bedeutung. Dabei erweist sich allein die Bezeichnung als problematisch, stellt sie doch im Deutschen ein Konstrukt aus Alben und Elfen dar, wozu sich noch die Form »Alfen« gesellt. Im *Deutschen Wörterbuch* hat sich Jacob Grimm des Problems angenommen und eine Erklärung geboten, die im Großen und Ganzen noch immer akzeptiert wird. Ihmzufolge versteht man unter einem Alb einen Geist oder Dämon. Der Alp ist hingegen jener »feindliche Nachtgeist«, der dem Menschen den Alpdruck und folgend den Alptraum verursacht, indem er sich dem Schlafenden auf die Brust legt. Der Elb entspricht schließlich dem englischen Elfen (engl. elf, elves). Zur Gruppe dieser anscheinend verwandten Wörter gesellen sich noch die »Elbe« für einen weiblichen Wassergeist sowie als Name des gleichlautenden Flusses und das mittlerweile ausgestorbene »Elbisz« als Bezeichnung des Schwans. Dabei besteht für Grimm zwischen den letzten Dreien eine alte Verwandtschaft, die sich in der ursprünglichen Wortbedeutung zeigt: ein

germanisches *albi-, das mit lateinisch albus verwandt ist und
»weiß oder glänzend« bedeutete. Demzufolge dürften die Alben ursprünglich als »weiße, lichte oder glänzende Gestalten«
verstanden worden sein (eine andere Interpretation sieht sie als
»Künstler«). Übrigens finden sich bereits bei Tacitus Spuren des
Albennamens (*Germania* 8). Dort erwähnt er eine Seherin Albruna, die in den ersten Jahrzehnten nach Chr. großes Ansehen
genossen haben soll. Ihr Name bedeutet »die mit dem Wissen
der Alben versehene« oder »die vertraute Freundin der Alben«.
Diese sah man also offensichtlich als überirdische Wesen an,
deren Weisheit und Freundschaft erstrebenswert waren. Über
ein ganzes Jahrtausend wurden solche Personennamen unter
den germanischen Völkern verwendet. Einige Beispiele: Alboin
(»Albenfreund«), 568 der Begründer des oberitalienischen Lan-
gobardenreiches, bei den Angelsachsen als Ælfwine und bei
den Deutschsprachigen als Albwini bekannt. Gegen Ende des
9. Jahrhunderts trägt der englische König Alfred der Große einen Albennamen (altengl. Ælfrêd), nämlich eine Zusammensetzung aus »Albe« und »Rat«. Weitere Namen sind Ælfric (»reicher oder mächtiger Albe«, »reich an Alben«) und Ælfnoþ
(»kühner Albe«). Ebenso kennen die Isländer Namen mit dem
Bestandteil »álfr«. So bei einigen Zwergen mit den Namen Álfr
(Albe), Vindálfr (Windalbe) und schließlich Gandálfr (Zauber-
albe, zauberkundiger Albe). Die Ahnen des norwegischen
Reichseinigers Harald Schönhaar sollen eben solche Namen getragen haben, hießen sie doch Álfr, Álfgeirr (Albenspeer), Gandálfr sowie Álfhild (Albenkampf) und werden als schönste
Menschen ihrer Zeit bezeichnet. Ein letztes Beispiel aus dem
mittelhochdeutschen *Nibelungenlied* bietet der Zwerg Alberich
(»mächtiger Albe«). Aber die Alben finden sich nicht nur als Bestandteil von Personennamen. Verstärkt taucht ihr Name auch
im Altenglischen des 9. und 10. Jahrhunderts auf. Danach traf
man sie überall in der Natur an, werden doch Bergalben
(dunælfen, muntælfen) und Waldalben (wuduælfen) genannt,
außerdem Land-, Feld-, See- sowie Wasseralben (landælf, feld-
ælf, wæterælfen, sæælfen). Letztere stellte man sich vielleicht
als schöne Nixe vor, zu der die Bezeichnung ælfscýne, »alben-

schön«, passte. Dass mit Alben in der Tat verlockende Schönheit verbunden wurde, belegt auf Island die Formulierung fríð sem álfkona »schön wie eine Albenfrau«. Nach den altenglischen Wörtern sah man die Alben als äußerst widersprüchliche Naturen an, die nicht nur Schönheit auszeichnete und mit deren Namen man sich gern benannte, sondern die geradezu dämonische Züge trugen und dem Menschen gefährlich werden konnten. Dafür sprechen etliche Krankheiten, die nach ihnen benannt sind, etwa der Albschuss (altengl. ylfa gescot), den man später Hexen zuschrieb (»Hexenschuss«), oder der Albenzauber (Ælfsiden), worunter Fieber verstanden wurde. Und die Albenkrankheit (Ælfsogoða) bezeichnete womöglich sogar den Irrsinn. Folglich waren einem die Alben nicht wohlgesonnen, wogegen man sich zu wehren versuchte. Es war offensichtlich ein Christ, der auf einem in Schleswig gefundenen Bleitäfelchen gegen sie lateinische Beschwörungen schrieb: »Ich beschwöre euch Alben und Albinnen oder Dämonen« (eluos uel eluas aut demones). Als Gestalten der Niederen Mythologie unterscheiden sich die Alben allerdings von Riesen und Zwergen insofern, als ihnen im Norden offensichtlich Opfer dargebracht wurden, das so genannte Albenopfer (álfablót). Snorri erzählt in seiner *Saga von den Ynglingen* von einem schwedischen Herrscher namens Olaf, der nach seinem Tod den Beinamen »Albe von Geirstad« (Óláfr Geirstáðaálfr) erhielt und in seinem Grabhügel um gute Herrschaft und Fruchtbarkeit verehrt wurde. Der bereits christliche Skalde Sigvatr Þórþarson erlebte Albenopfer als unmittelbarer Zeitzeuge. In einem seiner Gedichte geht er darauf ein, wie er im Herbst des Jahres 1018 von Norwegen über das Gebirge nach Schweden reiste. Dort verweigerte man ihm auf mehreren abgelegenen Höfen den Zutritt und verstieß damit gegen das Gebot der Gastfreundschaft. Allerdings wurden just in dieser Zeit den Alben Opfer dargebracht, bei denen ein Fremder anscheinend nicht zugegen sein durfte. Schließlich erzählt die im 13. Jahrhundert niedergeschriebene Saga des Skalden Kormákr Ögmundarson von einer weiteren Art des Opfers, das sich angeblich im 10. Jahrhundert auf Island abgespielt haben soll. Dem Text zufolge empfiehlt die Wahrsagerin und Zauberin Thordis dem verletzten Thorvard folgendes Vorgehen, um zu gesunden: Er solle zu einem Hügel in der Nähe gehen, in dem Alben wohnen. Über den Hügel solle er das Blut eines Opferstiers schütten und aus dem Fleisch den Alben ein Mahl richten. Danach ging es besagtem Thorvard rasch besser. Im Übrigen hatten die Alben auch im Norden nicht nur einen guten Ruf. Beispielsweise zitiert die Saga vom starken Grettir *(Saga von Grettir Asmundarson)* das Gedicht eines Hallmundr, der seine Heldentaten gegen Riesen, Unholde, Halbtrolle, »der Alben Schar« und Geister besingt. Und in Deutschland behauptete der mittelhochdeutsche Dichter Albrecht von Halberstadt, ein Zeitgenosse Snorri Sturlusons, »elben und elbinnen« seien gestürzte Engel, die an der Erdoberfläche haften geblieben seien. Die Alben bieten gemäß diesen Beispielen ein durchaus diffuses schillerndes Bild. Ursprünglich dürften ihre Vorstellungen denen von als Schutzgeistern verehrten Vorfahren nahe gestanden haben, womöglich auch von Naturgeistern göttlichen Wesens, die man um Fruchtbarkeit anging. Im Übrigen haben sie mit den aus inselkeltischen Vorstellungen schöpfenden Darstellungen der Elfen nichts zu tun.

4. Naturgeister

Zu den Wesen der niederen Mythologie gehören diverse Naturgeister, von denen wir leider viel zu wenig wissen. Denn die zahlreichen Figuren des späteren Volks- bzw. Aberglaubens können nicht einfach auf die vorchristlichen Verhältnisse übertragen werden (vgl. Kap. XI). Was bleibt, sind isländische Schriftquellen, die unter christlichem Einfluss das eine oder andere zu erzählen wissen. Insbesondere finden bestimmte Wesen Erwähnung, die man als Landwichte bezeichnete, Landvättir (Pl. Landvættir, Sg. vættr, »Wesen, Wicht, Geist«), und in denen man offensichtlich Schutzgeister des Landes sah. Nach dem *Buch von der Landnahme* sollte man vor den Küsten Islands die Drachenhäupter von den Steven der Wikingerschiffe nehmen, um die Landwichte nicht zu erschrecken. Diese sah man folglich bereits in dem unbesiedelten menschenleeren Land als ursprüngliche Bewohner an. Und Island war offensichtlich voll davon, schildert Snorri Sturluson doch eine Szene, der zufolge vom Meer gesehen alle Felsen und Höhlen von großen wie kleinen Landwichten bewohnt wurden (Heimskringla, *Saga von Olaf Tryggvason*). Wenig verwunderlich also, dass man gemäß solcher Vorstellungen mit den alten Schutzgeistern des Landes möglichst respektvoll umging – was auf Island noch heute üblich ist. Demzufolge fühlten sich Siedler von den Landwesen abgeschreckt und mieden gewisse Gegenden. Andererseits erzählen Isländersagas von Bauern, die mit diesen Leuten aus den Bergen Abmachungen trafen, die ihnen letztlich zum Vorteil gereichten und ihnen Reichtum bescherten. Möglicherweise sah man die Schutzgeister auch in Norwegen walten. Zumindest erzählt uns Snorri in seiner Saga des Skalden Egill (*Saga von Egill Skallagrimsson)* eine bemerkenswerte Geschichte. Danach wollte der Isländer dem norwegischen Königspaar schaden, weswegen er auf einer Insel vor der Küste eine Neidstange (níðstöng) mit Fluchrunen und einem Pferdekopf aufstellte. Damit sollten die Schutzgeister des Landes derart verwirrt und heimatlos gemacht werden, bis sie das Königspaar vertrieben. An vielen Orten erfreuten sich die Landwichte, die üblicherweise in der Mehrzal genannt werden, einer gewissen Verehrung und bestimmter Opfer. Dafür sprechen immerhin nach der Christianisierung Gesetze, die ihre Verehrung in Wäldern, auf Hügeln und bei Wasserfällen unter Strafe stellen. Und Frauen sollten keine Nahrung zu Höhlen und Steinhaufen bringen, um sie den Landwichten zu weihen. Damals sah man sie offiziell bereits als bösartige dämonische Wesen an, was ihrer Beliebtheit unter der Bevölkerung offensichtlich keinen Abbruch tat.

VII. Schwerter, Schiffe, Menschen

Was die Germanen opferten

1. Opferarten

Das Opfer (altnord. blót, blóta, »opfern«; got. und altengl. blōtan, »die Gottheit stärken«) gehört anders als die bereits vorgestellten Mythen zum unmittelbaren religiösen Brauch. Denn es stellt eine Gabe an die überirdischen Mächte dar, was überwiegend für eine oder mehrere Gottheiten gilt. Das kann als Dank für Geschehenes oder als Bitte für göttlichen Beistand zu verstehen sein. Nach den schriftlichen und vor allem archäologischen Quellen lassen sich Opferarten u. a. danach unterscheiden, was man den Gottheiten darbrachte. Am Spektakulärsten war die Opferung von Menschen, von der sich etwa unter den benachbarten Kelten in Gallien deutliche Spuren erhalten haben. Die germanischen Stämme scheinen die rituelle Tötung von Menschen nicht so eifrig betrieben zu haben, Zeugnisse darüber gibt es aber genug. Recht früh schon bei römischen Autoren, die natürlich bezüglich der »Barbaren« übertrieben haben mögen. Aber immerhin: Wir haben bereits von den römischen Gefangenen gehört, die die Friesen ihrer Göttin Baduhenna dargebracht haben sollen. Mehr als eine Notiz, nämlich eine drastische epische Schilderung liefert der Geschichtsschreiber Strabon (63 vor Chr. bis etwa 19 nach Chr.) von den Zügen der aus Jütland um 110 vor Chr. heranziehenden Kimbern und Teutonen, die sogar Südfrankreich und Oberitalien unsicher machten – bis sie 102/01 vor Chr. endgültig besiegt wurden. Davor brachten sie den Römern und ihren Verbündeten mehrere verheerende Niederlagen bei, was in Rom lange Zeit die Furcht vor dem sprichwörtlich gewordenen »Furor Teutonicus« (Teutonische Wut) schürte. Die trieb Strabon mit der Schilderung von regelrechten Opferorgien auf die Spitze:

»Unter ihren Frauen, die an dem Heereszug teilnahmen, waren auch weissagende Priesterinnen mit ergrautem Haar, in weißen Gewändern, leinenen, mit Fibeln zusammengehaltenen Mänteln mit Bronzegürteln, barfüßig. Diese gingen im Heerlager mit gezückten Schwertern auf die Gefangenen zu, bekränzten sie und führten sie zu einem Bronzekessel, der etwa 20 Amphoren (über 500 Liter) fasste. Dort stand auch eine Leiter, die eine der Priesterinnen bestieg, um dann oberhalb des Gefäßes einem nach dem andern der Emporgereichten die Kehle durchzuschneiden. Mit dem in den Kessel fließenden Blut praktizierten sie eine Art Weissagung; andere schlitzten den Leib auf und prophezeiten aus den Eingeweiden, wobei sie ihren Leuten laut den bevorstehenden Sieg verkündeten. Während des Kampfes trommelten sie auf die Felle, die über die Wagenkörbe gespannt waren, sodass ein ungeheurer Lärm entstand.«

Des Weiteren belegen die römischen Berichte, dass anscheinend nichts an Beute erhalten bleiben und kein Gefangener überleben sollte: Die Panzer der Legionäre, der Brustschmuck der Pferde wurden zerhackt und in die Rhône geschleudert. Sogar mit kostbaren Gegenständen aus Gold und Silber verfuhr man so. Selbst die Pferde verschonte man nicht, sondern ertränkte sie. Diejenigen Römer, die dem Opfertod über dem Kessel entgingen, bekamen einen Strick um den Hals und wurden an Bäumen aufgehängt. Wer die Menschen regelrecht abschlachtenden Furien waren, ist ungewiss. Womöglich Weissagerinnen, wie sie später die eddischen Völven darstellen. Und wer waren die blutdürstigen Götter der Kimbern und Teutonen? Viel spricht für Wodan, von dem Tacitus behauptet, dem Merkur, der ja dem Germanengott entsprach, brächte man Menschenopfer dar (*Germania* 9). Ebendort erwähnt der Römer auch »eine schauderhafte Feier« der Semnonen, die als ältester Stamm des Suebenbundes galten (Kap. 39). Danach fanden sich die Gesandten vieler Stämme in einem heiligen Hain zusammen, der mutmaßlich im heutigen Brandenburg lag. Dort wurden Menschenopfer vollzogen und mit einem absonderlichen Brauch verbunden. Denn den heiligen Ort durfte man nur in Fesseln betreten, um sich auf diese Weise der Macht des Gottes zu unterwerfen. Stürzte jemand, durfte ihm nicht geholfen werden und er musste sich auf dem Boden hinauswälzen. Die Semnonen glaubten nämlich laut Tacitus, aus diesem Hain stamme ihr Volk und dort wohne die allmächtige Gottheit, der sich alles zu unterwerfen habe. Ein Jahrtausend später berichtet Adam von Bremen über das große schwedische Opferfest in Uppsala, dass Menschen an Bäumen aufgehängt wurden. Damals, am Ende der Wikingerzeit, wurden derartige Opfer mit ziemlicher Sicherheit Wodan bzw. Odin dargebracht; Hängen und mit dem Speer Durchbohren galten als die ihm gemäßen Opferarten, denen er durch sein Selbstopfer verbunden war. Darüber hinaus galt Wodan auch als Fesselgott, was seine Verehrung im frühgeschichtlichen Brandenburg wahrscheinlich macht. Bis ins 11. Jahrhundert werden also Menschenopfer bezeugt, die man anscheinend nur in Ausnahmefällen während großer Opferfeste, in Krisenzeiten oder als Sühne der Gottheit darbrachte. Dazu gehören zweifelsohne auch etliche unter den hunderten von Moorleichen, die insbesondere in Mooren Dänemarks und Norddeutschlands durch die Gerbsäure der Moore gut erhalten blieben. Zumeist stammen die mehrheitlich eines unnatürlichen Todes gestorbenen Männer (Frauen und Kinder sind selten) aus den Jahrhunderten um die Zeitenwende – spätestens bis ca. 100 nach Chr. Berühmtheit hat insbesondere der Tollund-Mann erlangt, der in einem jütländischen Moor gefunden wurde und seine letzte Ruhe im Museum der Stadt Silkeborg gefunden hat. Wie die meisten männlichen Moorleichen trug er keinen Bart und macht bis heute einen gepflegten Eindruck. Ein Strick um seinen Hals belegt, dass man ihn erdrosselte, bevor man die Leiche dem Moor übergab. Das geschah auch mit anderen Opfern: Männer wie Frauen wurden erhängt oder erdrosselt, manche erstochen oder erschlagen, anderen schlug man den Kopf ab. Der Inhalt von Magen und Darm der Toten enthält übrigens fast nie Fleischspuren, sondern Gerste und Leinsamen, Knöterich und Unkrautsamen – was für eine Art von Henkersmahlzeit spricht. Und weiter für einen rituellen Charakter der Versenkung von Menschen im Moor. Die Leichen wurden nicht selten an in den Moorgrund gerammten Pfählen befestigt, zusätzlich mit Steinen beschwert und mit Sträuchern bedeckt – unter allen Umständen sollten die Toten im Moor bleiben und nicht etwa zu Wiedergängern werden. Manche trug außerdem eine Augenbinde. Dem Kommentar des Tacitus zufolge versenkten die Germanen »Feiglinge, Kampfscheue und Unzüchtige« in Sumpf und Morast. Anschließend werde Flechtwerk darüber geworfen (*Germania* 12). Viele der Hingerichteten dürften also wegen der Verstöße gegen die Stammesgesetze getötet und ins Moor geworfen worden sein. Aber das aufwändige Ritual und die Tatsache, dass hin und wieder auch Kinder getötet wurden, weisen viele Moorleichen als Menschenopfer aus. Abschließend zu einer ganz anderen Art des Opfers, die im 9. Jahrhundert von einem norwegischen Skaldengedicht und später von Snorri Sturluson bezeugt ist. Demnach opferten die Schweden ihren König Domaldi aus dem Geschlecht der Ynglinge. Während einer Hungersnot gaben sie ihm nämlich die Schuld an den schlechten Ernten, weswegen sie ihn erschlugen und die Altäre mit seinem Blut bespritzten (*Gedicht der Ynglinge, Saga von den Ynglingen*). Dem lag offensichtlich ein alter Glaube zugrunde, wonach man dem Herrscher ein so genanntes Königsheil zuschrieb. Damit trug letztlich er die Verantwortung für reiche Ernten und inneren sowie äußeren Frieden. Verstorbenen Königen wurden darum auch Opfer dargebracht. Ließ beim herrschenden König dessen Heil nach, etwa wegen einer Krankheit oder wegen seines Alters, drohte ihm Absetzung und schlimmstenfalls der Tod.

Aber solche Königsopfer stellten wie Menschenopfer überhaupt eben doch nur die Ausnahme dar. Üblicher waren seit Alters die häufigen Tieropfer, bei denen die rituelle Schlachtung mit einem gemeinsamen Opfermahl verbunden wurde. Die Tiere hatten nicht selten einen besonderen Bezug zu bestimmten Göttern, in der Wikingerzeit etwa Ziegenböcke für Thor, Eber für Freyr, Stiere womöglich für Tyr und Widder für Heimdall. Das Pferd galt als Odins Tier – man denke nur an den achtbeinigen Sleipnir der Mythologie und an zahlreiche Darstellungen, die den Gott zu Pferde oder mit einem Pferd zei-

gen. Deswegen kam dem Verzehr von Pferdfleisch eine herausragende Bedeutung zu (vgl. unten Adam von Bremens Darstellung des Uppsala-Opfers). Noch verbreiteter als Tieropfer waren Votivgaben, nämlich Gegenstände, zu denen Haushaltsge-
räte und Schmuckstücke, aber auch zahlreiche unbrauchbar
gemachte Waffen gehören. Diese interpretiert man als Kriegsbeute, die der Gottheit (wohl Wodan bzw. Odin) als Dank für
den Sieg dargebracht wurden. Gerade in Dänemark stieß man
auf eine Viezahl derartiger Opferplätze, die man in die ersten
fünf Jahrhunderte nach Christi Geburt datiert – was für etliche
kriegerische Auseinandersetzungen unter den germanischen
Stämmen spricht. Manche Opferplätze waren erstaunlich lang
in Gebrauch, wozu Moore, Quellen, Steine und Bäume gehörten. Dort stellte man hölzerne Idole wie das erwähnte Figuren-
paar von Braak auf, dem wahrscheinlich bereits Jahrhunderte
vor der Zeitenwende Opfer dargebracht wurden. Noch im
3. Jahrhundert nach Chr. finden sich solche Holzidole im thüringischen Oberdorla. Dort markierten sie ein heiliges Areal an
einem später vermoorten See, dessen Ufer mit Flechtwerk sowie Pfählen eingezäunt wurde. An Opferresten fand man u. a.
Pferde, Schweine, Hunde und Wildtiere, ebenso Menschen.
Auch im benachbarten Possendorf lag eine Opferstätte, an der
Keramik und Schmuck niedergelegt wurden. Über diese heilige Stätte erhob sich wiederum eine ca. 90 cm hohe hölzerne
Kultfigur mit erhobenen Armen. Einen der berühmtesten Funde mache man im Moor von Thorsberg (Schleswig), dessen Opfer im 5. Jahrhundert nach Chr. nach 700 Jahren ziemlich ab-
rupt endeten. Grund dafür war die Auswanderung der Angeln
nach England, deren Hauptopferplatz Thorsberg war. Dort
führte zumindest eine Zeit lang ein über 10 m langer Steg in die
Seemitte, wo man die Votivgaben ins Wasser warf. Diese waren
im Laufe der Jahrhunderte gewissen Moden unterworfen: Ton-
gefäße gehörten dazu, Kleider, Waffen und Kriegerausrüstun-
gen (insbesondere im 2. bis 4. Jahrhundert), Schmuck (darunter
Goldringe, die absichtlich zerbrochen wurden), Pferdegeschirre und Wagenteile. Die herausragendsten Fundstücke sind
zwei Zierscheiben aus Kupfer und vergoldetem Silber, die ver-

mutlich germanische Handwerker nach römischem Vorbild schmiedeten. Welch wertvolle Kriegsbeute die Germanen ihren Göttern darbrachten, belegt eindrucksvoll der spektakuläre Opferfund von Nydam im dänischen Südjütland: Dort hatten um 350 nach Chr. die Krieger einer Siedlung offensichtlich einen feindlichen Überfall abgewehrt, um die 40 Angreifer getötet und reiche Beute an Waffen und einem Schiff gemacht. Obwohl dies alles für sie von großem materiellen Wert war, zogen sie die Verwendung als Dankopfer vor. Das 23 m lange Boot holten sie an Land, durchschlugen seine Planken und versenkten es in ihrem heiligen See. Sie verbogen die Schwerter, zerschlugen die Schilde, zerstörten alle Waffen und opferten sie ebenso. Die Reste des Nydambootes wurden später aus dem mittlerweile entstandenen Moor geborgen und machten den Fundort berühmt. Allerdings waren dort im Laufe der Zeit mehrere Boote geopfert worden, außerdem hunderte von Waffen wie Schwerter, Speere, Schilde und Äxte. Dies alles spricht für die immense Bedeutung, die man den Opfern für die Götter zusprach. Dazu gehörten u. a. auch Wagenräder (Rappendam auf der dänischen Insel Seeland), römische Münzen (Bad Pyrmont im Weserbergland) und später wohl nur zu diesem Zweck hergestellte winzige Goldblechfigürchen (Uppåkra im schwedischen Schonen).

2. Heilige Stätten

Bei zahlreichen Opferorten an Seen und Mooren konnten Zäune, Stege und hölzerne Götterfiguren nachgewiesen werden. Diese Anlagen mit Jahrhunderte alter Tradition genossen sicherlich die Aura eines sakralen Bezirks, in dem andere Regeln herrschten als in der profanen Umwelt. In Skandinavien bezeichnete man später solch ein Heiligtum generell als vé (altnord., german. *wīha), was ebenso für die mythischen Götterwohnungen in den Eddas wie für Thingplätze galt. Noch heute erinnern im Norden zahlreiche Ortsnamen daran, deren zweiter Bestandteil auf -vé zurückgeht, das mit einem Götternamen verbunden wurde (der bekannteste dürfte Odense sein; vgl. Kap. II). Aber als typisch germanisch gilt doch ein heiliger Hain, wie wir ihn im brandenburgischen Fesselhain der Semnonen bereits kennengelernt haben. Überhaupt ist Tacitus unser Kronzeuge dafür, dass die Germanen ihren Göttern Lichtungen und Haine weihten, weil sie es für unwürdig hielten, die Götter zwischen Wänden einzuschließen. Dort halten sie heilige Schimmel, die nur für sakrale Zwecke gehalten werden und heilige Wagen mit Priestern und Königen ziehen (*Germania* 9 und 10). Dies scheint die Bezeichnung des Tempels in den germanischen Sprachen zu bestätigen, die ursprünglich »Hain« oder »Wald« bedeutete (z. B. angels. ealh; gotisch alhs; althochdt. baro und altnord. hörgr). Und wiederum bezeugen dies skandinavische Ortsnamen wie Fröslunda, Nörlunda und Tislund in Schweden (altnord. lundr, »Hain«). Ein schauriges Bild solcher Haine zeichnet Tacitus von Orten nördlich des Teutoburger Waldes, in deren Nähe die Legionen des Varus von den Cheruskern und ihren Verbündeten im Jahr 9 nach Chr. besiegt worden waren: Inmitten von Waldgebirgen und Sümpfen stießen römische Legionäre auf einen Schlachtort, den die Germanen offensichtlich mit heiliger Scheu betrachteten:

> »Das erste Lager des Varus ließ an seinem großen Umfang und an der Absteckung des zentralen Platzes die Leistung von drei Legionen erkennen. Dann sah man an dem halb eingestürzten Wall und dem niedrigen Graben die Stelle, an der sich die schon zusammengeschmolzenen Reste festgesetzt hatten. Mitten auf dem Feld lagen bleichende Knochen, zerstreut oder haufenweise, je nachdem ob sie von Flüchtigen oder von einer noch Widerstand leistenden Truppe stammten. Daneben lagen zerbrochene Waffen und Pferdegerippe, an Baumstämmen waren Schädel befestigt. In benachbarten Hainen standen die Altäre der Barbaren, an denen sie die Tribunen und die Zenturionen ersten Ranges geschlachtet hatten.« (*Annalen*)

Gleichwohl hat man Tacitus nie so recht glauben wollen, dass die Germanen keine Tempelgebäude gekannt hätten – zumal er selbst andernorts durchaus solche erwähnt. Ebenso nennen spätere Autoren immer wieder dergleichen Gebäude, denen man aber zu gern die römische oder christliche Sicht unterstellte. So etwa dem angelsächsischen Gelehrten Beda Venerabilis, der für das 7. Jahrhundert eine königliche Residenz Yeavering im nordenglischen Northumbrien erwähnt. In der Tat ergaben archäologische Funde dort einen Herrschersitz, der planvoll in einem Tal angelegt worden war, auf den Hügeln darüber eine alte von Römern und keltischen Briten errichtete Befestigung. Womöglich wurde ein Gebäude als heidnischer Tempel genutzt, in dem man den Göttern Tieropfer darbrachte. Ein Jahrtausend nach Tacitus lieferte schließlich Adam von Bremen ein überragendes Zeugnis für einen Tempel im mittelschwedischen Uppsala (Gamla Uppsala, »Alt-Uppsala«). Einstmals lag dort der Königssitz der Svear, der zugleich das religiöse Zentrum des Landes war. Von seiner historischen Bedeutung zeugen noch heute drei große Grabhügel aus dem 6. Jahrhundert und eine natürlich erheblich jüngere Kirche. Adam geht in seiner *Geschichte der Hamburgischen Kirche* um 1070 ausführlich auf den Ort und das damit verbundene Geschehen ein, ein großes Opferfest nämlich, das alle neun Jahre stattfand: Der dortige Tempel sei besonders angesehen und ganz aus Gold gebaut. Dort verehre man die Bilder dreier Götter, nämlich Thors in der Mitte und Wodans und Frikkos rechts und links von ihm. Außerdem umziehe ihn eine goldene Kette, die vom Giebel herabhänge und den Ankommenden weit entgegenleuchte. Nahe dieses Tempels erhebe sich ein mächtiger Baum, der seine Äste weit ausbreite und immergrün sei. Und dort fände sich auch eine Quelle, wo die Heiden opferten und einen Menschen ertränkten. Jeder Gott habe seine Priester, die die Opfergaben des Volkes darbringen – bei Seuchen und Hunger dem Thor, bei bevorstehendem Krieg dem Wodan, bei einer Hochzeit dem Frikko: »Alle neun Jahre wird in Uppsala ein Fest aller schwedischen Stämme begangen, für das niemand von Leistungen befreit ist. Könige, Stämme und jeder Einzelne bringen ihre Opfergaben nach Uppsala.« Sogar diejenigen, welche bereits Christen seien, müssten sich zumindest von diesen Kultfeiern freikaufen:

»Man opfert von jeder Art männlicher Lebewesen neun Stück; mit ihrem Blut werden die Götter versöhnt. Ihre Leiber werden in einem Hain aufgehängt, der nahe des Tempels liegt. Dieser Hain gilt den Heiden als so heilig, dass sie glauben, jeder einzelne Baum habe durch Tod und Verwesung der Opfer göttliche Kraft gewonnen. Dort hängen Hunde, Pferde und Menschen; ein Christ hat mir erzählt, er habe 72 Leichen ungeordnet nebeneinander hängen sehen. Übrigens singt man bei diesen Opferriten vielerlei unanständige Lieder, die ich lieber verschweigen will.«

Natürlich entsprach diese farbige Schilderung nicht der historischen Realität. Adam ließ sich zweifelsohne von biblisch-christlichen Vorstellungen und reichlich Phantasie anregen – was insbesondere für das goldene Baumaterial von Tempel und Kette gilt. Aber die Existenz eines solchen Tempels ist doch, durch archäologische Funde belegt, zumindest wahrscheinlich – auch wenn es ein bescheidener Holzbau gewesen sein dürfte, der sich am ehesten mit späteren norwegischen Stabkirchen vergleichen lässt. Adams Angaben zum Ablauf der großen Opferfeste gelten hingegen insgesamt als glaubwürdig. Anscheinend fand hier »um die Tag- und Nachtgleiche im Frühjahr« ein großes Fruchtbarkeitsfest statt, das man den Göttern Thor, Odin (Wodan) und Freyr (Frikko) darbrachte. Spätere Quellen wie etwa Snorri machen es sowieso wahrscheinlich, dass die großen Opferfeste mit Speiseopfern verbunden waren. Dabei dürfte es üblich gewesen sein, einen Altar mit dem Blut des Opfertieres zu besprengen und dessen Fleisch gemeinsam zu verzehren. Besondere Fest- und Opferzeiten waren im Frühjahr die Bitte um Wachstum, im Spätsommer die um Fruchtbarkeit und gute Ernte, schließlich zu Mittwinter das Julfest (gemäß der *Saga von den Ynglingen*).

Lange zuvor entstanden während der Völkerwanderungszeit an zahlreichen Orten in Skandinavien regionale Herrschaftsmittelpunkte, die sich nach den archäologischen Funden durch ihren Reichtum auszeichnen und darum als Reichtumszentren bezeichnet werden. Diese materielle Wohlhabenheit verdankten sie vor allem dem Handel, darüber hinaus kam ihnen jedoch auch religiöse Bedeutung zu. Sie fanden sich in Dänemark (u. a. Gudme auf Fünen und Lejre auf Seeland), in Norwegen (Borg auf den Lofoten sowie Maere im Tröndelag) und in Schweden (Uppåkra in Schonen). Eines der bedeutendsten Zentren lag in Gudme auf Fünen, nur wenige Kilometer von der Küste des Großen Belt entfernt. Dort lebten mehrere 100 Menschen in einer Siedlung, die mit etwa 50 Höfen recht groß war. Inmitten der Häuser erhob sich ein fast 50 m langes Gebäude, in dem ein Häuptling mit seinen Gefolgsleuten und Kriegern residierte. Diese »Königshalle« stand über mehrere Generationen, während gewöhnliche Häuser kurzlebig waren und immer wieder neu errichtet wurden. Der Herrscher verdankte seine Macht vor allem der Kontrolle über den Handel, der über eine kleine Siedlung an der nahen Küste abgewickelt wurde. Gudme, dessen Name »Götterheim« bedeutet, galt jedoch auch Pilgern als Ziel, die den Göttern opfern wollten. Bis heute verweisen Ortsnamen in der Umgebung auf seine Heiligkeit: Gudbjerg (vielleicht »Berg des Heiligtums«) und Galdbjerg (»Opferberg«). Diese Pilger zogen auf einem Prozessionsweg zu den Heiligtümern und Opferplätzen, wo besonders Gold den Göttern dargebracht wurde – insbesondere in Form von Goldblechfigürchen und kreisrunden Brakteaten-Scheiben. Dafür sprechen jedenfalls archäologische Funde des Edelmetalls in einem Gesamtgewicht von 10 Kilogramm. Einem definitiven Tempelgebäude glauben die Archäologen mittlerweile im südschwedischen Reichtumszentrum von Uppåkra auf die Spur gekommen zu sein. In der Nähe der heutigen Stadt Lund erstreckte sich dort über ein ganzes Jahrtausend eine große Siedlung. Und mittendrin, in der Nähe von stattlichen Langhäusern, ein kleines Gebäude, dessen Länge etwas mehr als 13 m betrug bei einer Breite von 6 m. Es handelte sich um ein hohes Holzhaus, dessen Wände aus Stäben bestanden, wie sie von den norwegischen Stabkirchen bekannt sind. Vier Paar Pfosten stützten den Bau, in dessen Mitte man eine Feuerstelle angelegt hatte. Über immerhin drei Eingänge gelangte man in das Gebäude – einer nordwärts und zwei südwärts. Bemerkenswert ist die Lebensdauer des Stabhauses, die die gewöhnlicher Be-

hausungen bei weitem übertraf: 700 Jahre, vom 3. bis ins
10. Jahrhundert, wurde das Gebäude genutzt, und behielt bei
allen notwendigen Um- und Neubauten seine Form bei. Funde
in Menge machte man im Haus und in seiner unmittelbaren
Nachbarschaft: Fibeln, Glasperlen, Keramikscherben aus unterschiedlichen Zeiten; dazu über 100 Goldblechfiguren, die
Männer, Frauen und Paare darstellen. Schließlich Waffenfunde
wie Speerspitzen, Schildbuckel und Schildgriffe, außerdem eine Kriegerausrüstung. Unter den Knochenfunden auch Men-
schenknochen. Fazit: Ohne dass uns die Archäologie jedes Detail sinnvoll erklären könnte, scheint es sich um so etwas wie
ein »Kulthaus« oder »Zeremonienhaus« gehandelt zu haben,
das dem Begriff eines Tempels doch sehr nahe kommt. In der
so genannten späten Eisenzeit finden sich überhaupt immer
mehr Gebäude, die offensichtlich nur eine kultische Funktion
hatten und somit der religiösen Sphäre angehörten. In Borg im
schwedischen Östergötland existierte solch ein Tempel mit einem gepflasterten Innenhof, in dem man auf Tierknochen und
einen Schatz von fast 100 Amulettringen stieß. Im norwegischen Borg auf einer fernen Lofoteninsel entstand ein großes
Langhaus, das im Laufe der Jahrhunderte immer weiter ausge-
baut wurde und in der Wikingerzeit schließlich eine Länge von
mehr als 80 m erreichte. Diese monumentale Herrenhalle diente einem reichen und mächtigen Häuptling als Statussymbol
und wurde offensichtlich für Empfänge und zur Hofhaltung
genutzt. Und womöglich hielt man dort auch religiöse Opferfeiern ab. Die heiligen Stätten der Germanen einschließlich der
Tempelbauten, die es eben doch gab, zeigen sich insofern in vielerlei Gestalt. Ihr Zweck und Sinn blieb aber stets in erster Li-
nie das Opfer für die Gottheit.

3. Priester und Priesterinnen

Ebenso wie die Tempel blieb auch die Existenz von Priestern
lange umstritten. Immerhin bestreitet bereits Caesar, dass es
diesen Stand unter den Germanen überhaupt gab *(Bellum Galli-*

cum). Tacitus geht dann doch kurz auf sie ein. Ihm zufolge sei
es nur Priestern erlaubt, jemanden hinzurichten, zu fesseln
und zu schlagen. Dabei handelten sie gleichsam auf Geheiß der
entsprechenden Gottheit. Außerdem käme ihnen für den Krieg
die Aufgabe zu, aus den heiligen Hainen Bilder und Zeichen
mit in die Schlacht zu nehmen. Des weiteren vollziehen sie das
öffentliche Orakel, sorgen auf den Thingversammlungen für
Ruhe und begleiten unter den Stämmen an der Ostseeküste
den heiligen Wagenumzug der Göttin Nerthus (vgl. Kap. V;
Germania 7, 10, 11). Aus späteren Zeiten blieben sogar Bezeichnungen germanischer Priester erhalten. Von den Angelsachsen
wurden sie als æweweard (althochdt. êwart) bezeichnet, was
soviel wie »Gesetzwart« bedeutet. Demzufolge nahmen sie
mehr als ein halbes Jahrtausend nach Tacitus immer noch Aufgaben auf den Volksversammlungen wahr. Dass Priesteramt
und politischer Einfluss eine Verbindung eingingen, bezeugen
die skandinavischen Goden, deren Bezeichnung erstmals auf
einem Runenstein des 5. Jahrhunderts belegt ist (gudija, Nord-
huglen, Norwegen). An Macht gewannen sie vor allem auf Island, in dessen Bauernrepublik sie die wichtigsten Häuptlinge
stellten. Rund drei Dutzend Goden (altnord. goðar, Sg. goði)
hatten auf der Insel im Nordatlantik das Sagen. In den Isländersagas schimmert ab und an ihre ursprüngliche priesterliche
Aufgabe durch, die sie etwa zu Opferzeremonien auf ihren Höfen verpflichtete. Von heidnischen Priestern der Angelsachsen
berichtet Beda Venerabilis aus Nordengland. Im Zusammenhang mit der Taufe König Edwins von Northumbrien um das
Jahr 630 erwähnt er eingehende Beratungen des Herrschers mit
seinen Witan, worunter weise Ratgeber verstanden wurden.
Laut Beda tendierte eine Mehrheit zum Christentum. Und man
folgte ihr; denn sogar der oberste heidnische Priester Coifi erklärte die Kraftlosigkeit der bisherigen Religion. Er schlug deshalb vor, Tempel und Altäre zu verbrennen. Er selbst wollte mit
dem Zerstörungswerk beginnen. Dafür ließ er sich Waffen und
einen Hengst geben, bestieg diesen und brach auf, die Idole zu
vernichten. Damit brach er ein Tabu der vorchristlichen Religion, wonach Oberpriester keine Waffen tragen und nur auf einer

Stute reiten durften. Zudem berichtet bekanntlich bereits Tacitus von der besonderen religiösen Rolle von Pferden. Nun aber umgürtete sich der heidnische Priester selbst mit einem Schwert und nahm die Lanze in die Hand. Dann ritt er zum Heiligtum und entweihte es durch einen Lanzenstoß. Anschließend befahl er, alles zu zerstören und zu verbrennen. Laut Beda soll sich dies in einem Ort Godmunddingaham in der Nähe von York so zugetragen haben. Ob Wiedergabe eines realen Ereignisses oder Wunschfiktion eines christlichen Gelehrten: So ganz aus der Luft gegriffen wird dies alles nicht gewesen sein. Selbst die nach Britannien ausgewanderten Angeln und Sachsen kannten also noch über 200 Jahre angesehene Priester, welche die Rituale vollzogen. Aber im Großen und Ganzen sollte man mit Blick auf sämtliche Germanenstämme den Einfluss der noch zu behandelnden Seherinnen (Kap. IX) nicht zu gering ansehen. Sie dürften in vielen Fällen auch priesterliche Aufgaben übernommen haben und damit die weibliche Bedeutung in der germanischen Religion unterstreichen.

VIII. Von Grabhügeln und Walhall

1. Grabformen und Bestattungsbräuche

Tacitus geht auch auf die Totenbestattung ein: Er unterstellt den Germanen Bescheidenheit bei den zugehörigen Feierlichkeiten, verweist aber darauf, dass berühmte Männer mit bestimmten Holzarten verbrannt würden. Letzteres muss so stehenbleiben, dürfte aber etwas mit der besonderen germanischen Affinität zu Baum und Holz zu tun haben. Natürlich dürfte um 100 nach Chr. das Holz der erst viel später im Norden bezeugten Esche Yggdrasill keine Rolle gespielt haben; aber immerhin belegt dieses Motiv, warum bestimmten Baumarten unter mythischen Gesichtspunkten ein Vorzug gegeben worden sein könnte. Eindeutig herrscht nach Tacitus unter den Germanen die Sitte, die Toten zu verbrennen: Jeden begleiten seine Waffen auf den Scheiterhaufen; »einigen wird auch das Pferd ins Feuer mitgegeben. Über dem Grabe erhebt sich ein Rasenhügel«. Die Ehre hoher und kunstvoller Denkmäler (wie sie die Römer kannten) lehne man ab, weil man sie als Last für die Toten ansehe. »Jammer und Tränen währen nur kurz, doch Schmerz und Trauer lange. Den Frauen ziemt Klage, den Männern stilles Gedenken.« (*Germania* 27) Nun dürfte der römische Geschichtsschreiber für seine Zeit wie so oft nicht unrecht haben. Aber in der Wirklichkeit erweist sich ein Blick auf mehr als 1500 Jahre germanischer Religions- und Bestattungsgeschichte als erheblich komplexer. Schon in der vorgermanischen Zeit ist nach archäologischen Befunden ein Hin und Her im Umgang mit den Toten zu beobachten – eine Wechselhaftigkeit übrigens, die man auch hier nicht Einwanderungen und Bevölkerungsveränderungen zuschreiben muss, sondern Änderungen im Toten- und Jenseitsbild und in den gesellschaftlichen Verhältnissen. Jedenfalls bestatteten die mutmaßlichen Vorfahren der Germanen ihre Toten unverbrannt in den Sippengräbern ihrer Megalithbauten (Hünengräber). Mit der Bronzezeit setzte sich die Brand-

bestattung durch, wobei man die Asche der Toten in Urnen beisetzte, manchmal mit verbrannten oder unverbrannten Beigaben. Schließlich setzt sich um die Zeitenwende vermutlich unter römischem Einfluss die Körperbestattung stärker durch,
was Tacitus Lügen strafen könnte. Allerdings waren die regio-
nalen Unterschiede recht groß und gerade für das 1. Jahrtausend nach Chr. können beide Bestattungsarten in diversen Varianten festgestellt werden. Bis zur Christianisierung waren
Grabbeigaben üblich, am reichsten in der Wikingerzeit. Ab und
an gab man noblen Toten Tiere und Menschenopfer mit ins
Grab bzw. auf den Scheiterhaufen. Ansonsten herrschte unter
den germanischen Stämmen eine geradezu verwirrende Vielfalt, was allein der Blick auf die norwegischen Funde belegt. Sie
bezeugen Brand- und Körperbestattung in Urnen, Kisten und
Booten, in hausähnlichen Gebilden, Hügeln und Flachgrä-
bern … und das alles sogar gleichzeitig (»einen fast unbegrenz-
ten Formenreichtum« stellt Simek 2014, 191 f. fest). Als besonders originell und typisch skandinavisch dürfen die Schiffsset-
zungen gelten, die im Laufe des 1. Jahrtausends in Schweden
und Dänemark üblich waren. Dabei wurden aufrecht stehende
Steine auf einem schiffsförmigen Grundriss angeordnet, womit
man zumeist Gräber markierte. Weit über 1000 dieser prägnanten Gebilde blieben erhalten, davon viele in Lindholm Høje
(Nord-Jütland), Dänemarks größtem Gräberfeld.

Wie in anderen Kulturen auch blieb letztlich von der Masse
der Toten nichts erhalten und ebenso wenig erinnerte an sie.
Ganz anders hingegen bei den Noblen und Wohlhabenden, bei
mächtigen Stammeshäuptlingen oder gar Königen. Ihnen dienten Hügelgräber als bevorzugte Grabform und das bereits seit
der Bronzezeit, nach der insbesondere in der frühkeltischen
Hallstattzeit monumentale Grabhügel für reiche und einfluss-
reiche Keltenfürsten Süddeutschlands errichtet wurden. Derartige aufwendige Baumaßnahmen machten nur in einer wohlhabenden Gesellschaft Sinn – also nicht unter den Frühgerma-
nen der oben erwähnten Jastorf-Kultur. Doch dann gelangte
auch der germanische Adel zu mehr Wohlstand, und eine Zeit
der Grabhügel begann. Damit entstanden monumentale Land-

marken, die später immer wieder die Phantasie der Menschen anregten: Die hochmittelalterlichen isländischen Sagas wissen von Untoten in den Grabhügeln zu erzählen, die als Wiedergänger das umliegende Land terrorisieren. Insbesondere scheint der Volksglaube vom Grabhügel die Vorstellungen entrückter Toter im Berg übernommen zu haben, wie er sich noch in zahlreichen jüngeren Sagen findet (Friedrich Barbarossa im Kyffhäuser; vgl. Kap. XI). Dem Kontakt mit dem Imperium Romanum war es geschuldet, dass eine aristokratische Oberschicht und zudem so mancher Krieger recht wohlhabend wurden. Denn es waren römische Waren und Münzen, die zuhauf nach Germanien strömten – und zwar bis ins ferne Südskandinavien: als Beute, Kriegslohn, Tribut, diplomatische Geschenke, Handelsware und vieles mehr. Dieser materielle Überfluss scheint zum neuartigen Bestattungstyp des Fürstengrabs geführt zu haben. Denn von nun an schütteten auch die Germanen für besondere Tote einen Grabhügel auf und griffen damit auf diese uralte Bestattungsform zurück. Ein Paradebeispiel dafür bietet das Fürstengrab von Gommern in Sachsen-Anhalt aus dem frühen 4. Jahrhundert. Im Innern des Erdhügels setzte man den Toten in einer holzverkleideten Grabkammer bei. Dazu wertvolle Beigaben: Ringe und Fibeln aus Gold, Sporen, ein silberverzierter Gürtel; des weiteren römische Gläser aus Köln und Silberbecher. Unter den beigegebenen Waffen ragt ein Prunkschild heraus, der ihn offenbar als berühmten Krieger auszeichnete. Wer der Fürst von Gommern war, wissen wir nicht – ganz im Gegensatz zu jenem Toten, für den im heutigen Tournai in Belgien eine gigantische Anlage errichtet wurde; in einem über Jahrhunderte romanisierten Gebiet also, in dem sich die rechtsrheinischen Franken angesiedelt hatten. Als deren König, der Merowinger Childerich I., 481/82 verstarb, schüttete man einen gewaltigen Erdhügel auf, dessen Umfang 20, vielleicht sogar 40 m betrug. Darunter befand sich die Grabkammer, in der man neben dem Frankenherrscher wahrscheinlich auch eine Frau und ein Pferd beigesetzt hatte. Weiterhin stattete man den Verstorbenen mit reichen Beigaben aus, darunter seine Waffen (Lanze, Wurfaxt Francisca, Kurz- und Langschwert) und die persönliche Ausrüstung, das Zaumzeug des Pferdes sowie insgesamt 300 Silber- und Goldmünzen. Ein goldener Armreif diente als Insignium seiner königlichen Abkunft, daneben fand sich ein goldener Siegelring mit dem lateinisch geschriebenen Namen des Herrschers. Im Umkreis der zweifelsohne imposanten Erderhöhung befanden sich drei Gruben mit insgesamt 21 geopferten Pferden. Deren besondere Verehrung übernahmen die Franken von den Ostgermanen des Donaugebiets, wobei die Thüringer als Vermittler auftraten. Sie dürfte steppennomadischen Einflüssen der Hunnen geschuldet sein, die sich mit der bereits von Tacitus bezeugten Sonderstellung des Pferdes verbanden. Bei der Anlage des Childerichhügels mischten sich also einheimische und fremde Einflüsse, was sich auch am Toten selbst zeigt; denn er wurde als germanischer König und als römischer Würdenträger beigesetzt. Sein Grab dürfte der letzte Grabhügel dieser Art bei den Franken gewesen sein: Sein Sohn und Nachfolger Chlodwig ließ sich 15 Jahre später in Reims katholisch taufen und trug damit entscheidend zur Verbreitung des Christentums bei. Als der Gründer des Frankenreiches 511 starb, wurde er in der neu gegründeten Grabkirche der Merowinger in Paris beigesetzt, der späteren Kirche Sainte-Geneviève. Ein prachtvolles Hügelgrab wie das des Childerich kam für ihn nicht mehr in Frage.

Aber unter anderen Germanenstämmen nahm diese Sitte sogar noch zu. Die Alamannen in Südwestdeutschland dürften sich das Childerichgrab zum Vorbild gewählt haben, als auch sie große Holzkammern unter Grabhügeln für ihre verstorbenen Adligen errichteten. Dabei griffen sie manchmal auf alte keltische Hügelgräber zurück, die sie aufs neue belegten. Ähnlich auch die Sachsen in Nordwestdeutschland, die sich an jungsteinzeitlichen Großsteingräbern und an Grabhügeln der Bronzezeit orientierten und diese ihren Ahnen zuschrieben. Obwohl sie bis zur Unterwerfung und Zwangschristianisierung durch Karl den Großen um 800 eine Fülle unterschiedlicher Bestattungsformen anwendeten und reiche Grabbeigaben nicht selten waren, errichtete man anscheinend keine Grabhügel. Anders hingegen im mittelschwedischen Reich der Svear, deren Hauptort das erwähnte Alt-Uppsala war. Dort lag die Residenz des Geschlechts der Ynglinge, der mächtigen schwedischen Herrscher, die später auch über Norwegen herrschten. Noch immer künden drei große Grabhügel, die sich aus der Ebene Upplands erheben, vom Ruhm dieser Dynastie (bis zu 11 m hoch, mit einem Durchmesser von bis zu 70 m). In ihnen wurden im 6. Jahrhundert drei Könige namens Aun, Egil und Adils bestattet, nachdem man ihre Leichname mit reichen Beigaben verbrannt hatte. Dazu gehörten Helme, Schilde, Trinkhörner und edle Schmuckstücke aus Rom und dem Fränkischen Reich. Uppland blieb in den folgenden Jahrhunderten ein Mittelpunkt von Macht und Reichtum. Davon zeugen die prächtigen Häuptlingsgräber von Vendel und Valsgärde, deren Tote man nicht mehr verbrannte, sondern in Schiffen bestattete. Einen Leichnam hatte man in einem 8 m langen Boot auf Federkissen gebettet und ihn mit Beigaben ausgestattet: Helm, Schild und Schwerter, Werkzeug und Ess-Utensilien nebst einem Bronzekessel sowie Gläsern, aber auch zwei Pferde, ein Rind und ein Hund. Offenkundig spiegeln Gräber dieser Art den Lebensstil einer wohlhabenden Adelsschicht wider. Dafür spricht auch ein Grab, das um 850 südlich des Handelsortes Haithabu bei Schleswig angelegt wurde. Dort bestattete man einen dänischen Kleinkönig gemeinsam mit zwei Gefolgsmännern in einer holzverkleideten Grabkammer. Daneben lagen die Pferde der drei Männer. Darüber wurde ein 20 m langes Schiff gesetzt, das Ganze zu einem Hügel aufgeschüttet. Den Toten gab man wertvolle Beigaben überwiegend fränkischer Herkunft mit: prächtig verzierte Schwerter und andere Waffen, Schilde, Pferdegeschirr, einen Eimer für Bier, fränkisches Glas und anderes mehr. Der tote Fürst hatte anscheinend zu jenen Wikingern gehört, die des Öfteren am fränkischen Hof zu Gast weilten und reich beschenkt in ihre Heimat zurückkehrten. Bevor wir uns den berühmten germanischen Bootsgräbern widmen, noch ein Blick auf eine ebenso legendäre Grabhügelanlage, die wie keine andere den religiösen Wechsel verdeutlicht: Der dänische Königssitz Jelling auf der Halbinsel Jütland bildete im 10. Jahrhundert das bedeutendste Herrschaftszentrum des Landes. Seine noch heute erkennbare monumentale Anlage zeichnete sich durch zwei aufgeschüttete Hügel mit einem Durchmesser von bis zu 77 und einer Höhe von bis zu 11 m aus, außerdem zwei Runensteinen und einer Holzkirche. König Gorm der Alte ließ den kleineren Runenstein für seine verstorbene Gemahlin Thyra setzen. Er selbst wurde nach seinem Tod um 950 in einer Grabkammer des nördlichen Hügels beigesetzt. Als sein Sohn und Nachfolger Harald Blauzahn wenige Jahre später das Christentum annahm, veränderte er Jelling in dessen Sinn: Der südliche Hügel wurde nicht mehr als Bestattungsort genutzt; er ließ zwischen beiden Hügeln eine Holzkirche errichten, den Leichnam seines Vaters in diese überführen und dort bestatten. Außerdem ließ er einen 2,40 m hohen Runenstein mit dem ersten monumentalen Bild des gekreuzigten Christus in Skandinavien setzen. Die Inschrift verherrlicht König Harald als Eroberer Norwegens und denjenigen, der die Dänen zu Christen gemacht habe.

Die Bootsbestattung dürfte als spektakulärste Bestattungsart der Germanen gelten, obwohl sie sich erst im frühen Mittelalter bei den Nordgermanen und Angelsachsen findet und in Skandinavien bis zum Ende der Wikingerzeit im 11. Jahrhundert üblich war. Dabei vertraute man ein Schiff mit dem Toten brennend den Wellen des Meeres an, wovon bereits der byzantinische Geschichtsschreiber Prokop im 6. Jahrhundert berichtet. Diese Bestattungsart hat einen Niederschlag im Mythos von der Bestattung des Gottes Balder gefunden (Gylf. 49; vgl. Kap. V). Eine andere Art der Bootsbestattung sah vor, das Schiff samt dem Toten und Beigaben sowie manchmal einem menschlichen Opfer zu verbrennen und die Asche in einem Hügel beizusetzen. Dies bezeugen Saxo Grammaticus und der arabische Reisende Ibn Fadlan (vgl. unten). Als dritte Art kannte man schließlich die Körperbestattung in einem Schiff, worüber ein Grabhügel aufgeschüttet wurde. Sie ist durch sensationelle Funde bezeugt. Dazu gehört zweifelsohne jener von Sutton Hoo im südostenglischen Suffolk, den man im Jahre 1939 machte. Mit diesem imposanten Schiffsgrab ehrten die Angelsachsen einen herausragenden Toten, dessen Name genauso wenig überliefert

Großer Runenstein von Jelling (Jütland, Dänemark)

ist wie seine sterblichen Überreste erhalten blieben – wenn sie überhaupt im Grab beigesetzt wurden. Allerdings glaubt man das Grab dem ostanglischen König Raedwald zuweisen zu können, der um 624 gestorben ist. Im Grabhügel von Sutton Hoo fand sich ein 27 m langes Ruderboot ohne Mast, das 40

Männern mühelos Platz geboten hätte. Zu den überaus reichen Beigaben gehörten u. a. ein Schwert, eine Rüstung mit einem prächtigen Helm mit Gesichtsmaske, Wangenklappen und Nackenschutz. Außerdem eine goldene Spange, Silberschalen sowie eine goldverzierte Börse mit Münzen. Einige Gegenstände zeigen große Ähnlichkeit mit Schilderungen des altenglischen *Beowulf*-Epos, das mutmaßlich 100 Jahre später entstand und in einer Pergamenthandschrift aus der Zeit um das Jahr 1000 überliefert wurde: eine Standarte, die den im Epos beschriebenen Königsstandarten ähnelt; ein 9 cm hoher Bronzehirsch auf einem Ring, der ursprünglich ein Szepter schmückte; eine ca. 70 cm hohe hölzerne Harfe, wie sie vielleicht die Sänger des *Beowulf* benutzten. Bei aller Pracht der Beigaben und der aufwändigen Inszenierung eines Boots im Grabhügel scheint der Fund von Sutton Hoo nicht frei von christlichen Einflüssen zu sein. Darin könnte sich übrigens die Erklärung für den fehlenden Toten finden: Raedwald hing vielleicht bereits dem Christentum an, sollte aber nach alter Sitte geehrt werden. Seine letzte Ruhe sollte er jedoch nicht mehr in einem Heidenhügel finden. Noch einmal zum Heldenepos *Beowulf*: Sein Dichter schildert anschaulich die Bestattung des Helden, wie sie auch am Grab von Sutton Hoo abgelaufen sein könnte: Danach hieß der todwunde Beowulf seine Männer, einen Scheiterhaufen aufzutürmen und einen Grabhügel zu seiner Erinnerung zu errichten. Die Krieger zogen zu dem auf dem Totenbett liegenden König, wo der junge Wiglaf sprach: Den Schatz solle man sich anschauen, Holz solle man für den Scheiterhaufen zusammentragen. Er wurde mit Helmen, Brünnen und Schilden behängt, in die Mitte legten sie Beowulf. Während des Feuers sang ein altes Klageweib ein Klagelied. Dann errichteten sie in zehn Tagen den Grabhügel, die Brandreste umgaben sie mit einem Wall. In den Hügel kamen Ringgold, Kleinodien und Schmuck. Schließlich ritten zwölf Krieger um den Grabhügel, ein Klagelied anstimmend und den Toten preisend.

Auch die Nordgermanen, insbesondere der Wikingerzeit im 9. und 10. Jahrhundert, pflegten für mächtige Verstorbene die Sitte von Bootsgräbern. Dass sie nicht nur für Männer, sondern auch für Frauen galt, verdeutlicht das reichste Schiffsgrab Nordeuropas, das um 850 in Oseberg am norwegischen Oslofjord wahrscheinlich für die Königin Asa aus dem Ynglinge-Geschlecht errichtet wurde. Dafür hob man eine Vertiefung aus, in die man das mit prächtigen Holzschnitzereien verzierte Schiff zog. Dieses berühmteste Wikingerschiff – knapp 22 m lang und 5 m breit – hatte zuvor wohl als königliche Yacht in den küstennahen Gewässern Verwendung gefunden. Am Mast errichtete man eine Holzkammer, in die zwei Frauenleichen gebettet wurden – neben der Fürstin wohl eine Dienerin, die getötet wurde, um ihre Herrin ins Jenseits zu begleiten. Außerdem gab man der Toten an die 15 getöteten Pferde mit ins Grab, dazu Hunde und Ochsen. Die zahlreichen Grabbeigaben, zumeist aus Holz, zeichneten sich durch exquisite Qualität aus, darunter wahre Meisterwerke der Holzschnitzkunst. Dazu gehörten ein vierrädriger Wagen und vier Schlitten, Möbelstücke wie Betten, ein Stuhl, Truhen und Kisten, aufwändige Textilien wie ein Wandteppich, mehrere Webstühle, Küchengerät, Essgeschirr sowie Handwerkszeug. Das Ensemble wurde mit einer Lehmpackung versehen und mit Steinen von 70 Tonnen Gewicht beschwert. Dann schüttete man mit Erde den Grabhügel auf, bis er einen Durchmesser von 44 und eine Höhe von 6 m erreichte. Dass solche aufwändigen Grabanlagen damals in Norwegen nicht unüblich waren, belegt das Schiffsgrab von Gokstad (Vestfold), das etwa 50 Jahre später ganz in der Nähe wiederum mit einem Grabhügel errichtet wurde. Dort bestattete man einen Mann in einem Wikingerschiff von mehr als 23 m Länge. Als Beigaben fanden sich Waffen, filigrane Metallarbeiten, aber auch Boote, Betten und Schlitten.

Bei aller sensationellen Pracht bieten uns dergleichen archäologische Funde kaum Informationen über das historische Geschehen der Grablegung, über Rituale, Totengesänge und vieles mehr. Die oben erwähnte Schilderung im *Beowulf* stellt dabei eine Ausnahme dar und hat mit ihrer dichterischen Ausschmückung natürlich die Qualität eines poetischen Textes. Aber eine nüchterne Zeugenaussage über ein Wikingerbegräbnis nebst allem drum und dran? Ist das überhaupt möglich?

Man möchte es zumindest einem Zeitzeugen unterstellen, dessen detailierter und glaubwürdiger Bericht erhalten geblieben ist. Dieser Mann ist der aus Bagdad stammende Ibn Fadlan, der im diplomatischen Dienst des Kalifen den fernen Norden bereiste. Er kam nicht nach Skandinavien, aber 922 an die Wolga. Und dort traf er auf Waräger, schwedische Wikinger, die in dieser Region zumeist als Händler unterwegs waren. Nun muss man zugestehen, dass der zivilisierte Araber von deren barbarischem Treiben teilweise schockiert war, was seinen Blick getrübt haben mag. Dazu kommt, dass an der Wolga neben nordgermanischen auch slawische und steppennomadische Einflüsse möglich waren. Was bleibt, ist jedenfalls eine faszinierende Zeitreise zu den Bestattungsfeiern eines Häuptlings der Rus – wie die östlichen Wikinger auch genannt wurden: Wenn ein bedeutender Mann sterbe, so Ibn Fadlan, gebe es zuerst ein derart gewaltiges Gelage, dass sich mancher dort schon totgetrunken habe. Dann werde unter den Sklaven des Verstorbenen gefragt, wer sich für seinen Herrn selbst opfern wolle – meistens sei dies eine Sklavin. Demzufolge sollte auch auf dieser Bestattung eine junge Frau ihrem Herrn in den Tod folgen. Sie wurde bewacht und auf das Ereignis vorbereitet. U. a. habe man sie besonders gepflegt und ihr ein Rauschgetränk gegeben, wodurch sie fröhlich gestimmt war. Am Tag der Verbrennung habe man das Schiff des Verstorbenen an Land gezogen und auf einen großen Holzstapel gesetzt. Dann sei eine Ruhebank gebracht worden, die mit edlen Decken und Kissen bedeckt wurde. Eine alte Frau, angeblich »Todesengel« genannt, habe wie eine Priesterin das Bestattungsritual geleitet. Eine Hünin sei sie gewesen – so Ibn Fadlan –, dick und von grimmigem Aussehen. Der Tote sei prächtig bekleidet in ein Zelt gebracht worden, das man auf dem Schiff errichtet habe. Dort sei er sorgsam aufgebahrt worden. Man habe ihm Rauschgetränk, Früchte und Blumen, außerdem Brot, Fleisch und Zwiebeln gebracht. Dann sei ein Hund in zwei Hälften geschnitten und auf das Schiff gelegt worden. Sämtliche Waffen des Toten seien ihm zur Seite gelegt worden. Zwei Pferde seien getötet, in Stücke gehackt und auch auf das Schiff gebracht worden. Ebenso sei es zwei Kühen ergangen, denen ein Hahn und ein Huhn folgten. Schließlich haben Männer die Sklavin, die getötet werden sollte, gebracht. Die offensichtlich berauschte und willenlose junge Frau sei in die Zelte der einzelnen Gefolgsleute des Toten eingetreten und jeder habe mit ihr verkehrt. Und jedes Mal sollte sie ihrem Herrn mitteilen, der Zeltherr habe dies aus Liebe zu ihm getan. Später haben sie die Sklavin zu einem Aufbau gebracht, auf den man sie hinaufgehoben habe. Dort habe sie einige Worte gesprochen, dann sei sie wieder heruntergelassen worden. Dies habe sich mehrmals wiederholt. Dann soll sie gesprochen haben, dass sie ihre Eltern, ihre Verwandten und schließlich ihren Herrn sehe, der in einem schönen und grünen Paradies sitze, umgeben von Männern und Dienern. Er rufe sie zu sich. Dann habe man sie zum Schiff geführt, wo man ihr die Armbänder und Fußringe abgenommen habe. Sie sei auf das Schiff gehoben worden, und Männer haben ihr erneut einen Becher mit einem berauschenden Getränk gereicht, worauf sie gesungen und ihn geleert habe. Nach einem weiteren Becher sei sie zusehends berauscht gewesen, während die alte Frau sie ins Zelt mit dem Verstorbenen geführt habe. Dann haben die Männer begonnen, Stäbe auf die Schilde zu schlagen – nach Ibn Fadlan mit der Absicht, die Todesschreie des Mädchens zu übertönen. Sechs Männer seien in das Zelt getreten, um erneut mit der Sklavin zu verkehren, dann legten sie sie an der Seite des Toten nieder. Zwei Männer fassten sie an den Händen, zwei an den Füßen. Die alte Frau habe der Todgeweihten einen Strick um den Hals gelegt und dessen Enden den beiden übrigen Männern gereicht. Diese erwürgten das Mädchen, während ihr die Alte mehrmals mit einem Dolch zwischen die Rippen gestochen habe. Nach der Vollstreckung dieses Rituals verließen die Männer mit der Alten das Schiff, woraufhin der nächste Verwandte des Toten sich nackt mit einem brennenden Holzscheit rückwärts dem Scheiterhaufen genähert und ihn in Brand gesteckt habe. Und schon bald seien die Flammen hoch emporgelodert. Über der Asche wurde schließlich ein runder Hügel errichtet. Zum Vergleich eine Schilderung aus dem Island des 10. Jahrhunderts (allerdings erst 300 Jahre später niedergeschrieben): Die *Saga von Egill Skallagrimsson* schildert, wie dieser recht unspektakulär seinen in der Schlacht gefallenen Bruder Thorolf bestattet: Wie es der Brauch forderte, wusch er den Leichnam und legte ihn in das große Grab mit allen Waffen und Kleidern. Dann steckte er dem Toten auf jeden Arm einen Goldring. Abschließend wurde das Grab geschlossen, Steine darüber angehäuft und diese mit Erde bedeckt. Seitdem kündete der Grabhügel von Ruhm und Ehre des gefallenen Isländers. Egill soll im Übrigen auch den Grabhügel seines Vaters Skallagrim geöffnet und seinen Sohn Bödvarr dort mit bestattet haben.

Abschließend zu einigen Besonderheiten des Grabbrauchs, die sich vor allem in Skandinavien nachweisen lassen: Dort bestand bereits seit den ersten Jahrhunderten nach der Zeitenwende die Sitte, zum Gedenken an einen Toten auf dessen Grabhügel oder in dessen Nähe und an Wegen einen sogenannten Bautastein (altnord. bautasteinn, vielleicht »in die Erde gestoßener Stein«) aufzustellen. Diese Monolithe konnten bis zu 6 m Höhe erreichen und wurden ab und an auch mit Runenritzungen versehen. Sie erinnerten an den Verstorbenen, nannten den Runenritzer, baten Thor um seine Weihung und drohten in einer Fluchformel demjenigen Unheil an, der den Grabfrieden störe. Dies alles findet sich zumindest in der mit 210 Zeichen längsten dänischen Runeninschrift von Glavendrup (Fünen, um 900), deren Stein Teil einer Schiffssetzung ist. Es ging aber auch geheimnisvoller: Der im westnorwegischen Eggja (Eggjum) gefundene Runenstein von ca. 700 diente ursprünglich als Grabplatte – mit der langen Runeninschrift nach unten. Ihre Bedeutung blieb bis heute ungeklärt. Jedenfalls dürfte es um komplizierte Rituale gehen, die das Grab schützen sollten. Dazu gehörte womöglich auch ein Symbol, das sich auf vielen Runensteinen und gotländischen Bildsteinen findet. Dabei werden drei Dreiecke miteinander verflochten – »Hrungnirs Herz« (hrungnis hjarta) nennt sie Snorri Sturluson, der sie dem Riesen Hrungnir zuschreibt (Sprache 17).

2. Jenseitsvorstellungen

Soviel zu den teils spektakulären Bestattungssitten der Germanen. Welches Bild machten sie sich jedoch vom Jenseits? Wohin verschlug es die Toten und in was für einer Welt lebten sie dort? Die archäologischen Funde liefern darüber nur indirekte Angaben, die auf verschiedene Vorstellungen schließen lassen. Dazu gehörte zweifelsohne der Grabhügel als Wohnstätte, weshalb man noblen Verstorbenen eine reiche, geradezu luxuriöse Ausstattung mit ins Grab gab. Vor allem die Wikinger dürften von einer Jenseitsreise der Toten auf dem beigegebenen Schiff ausgegangen sein; vielleicht in jenes grüne Paradies Ibn Fadlans, in dem der Verstorbene seine Verwandten und die Gefolgschaft traf.

Genauere Nachrichten bieten uns schließlich die *Götterlieder der Älteren Edda* sowie die *Edda des Snorri Sturluson*. Späte Zeugnisse also, die nur Informationen über die Vorstellungen der Nordgermanen liefern und bei denen mit christlichen Einflüssen zu rechnen ist. Als eigentliches Totenreich der nordgermanischen Mythologie gilt Hel (gotisch halja, altengl. hel, althochdt. hella, »Hölle«, »verbergen«), das nach seiner Herrin, der Unterweltsgöttin Hel, benannt ist. Diese entstammte bekanntlich der Beziehung Lokis mit einer Riesin und wurde von Odin nach Niflheim verbannt, um dort über die neun unteren Welten zu herrschen. Dort hat sie einen großen Hof mit hohen Zäunen und großen Gittertüren. Eljudnir heißt die Halle; Hunger ihre Schüssel, Hungersnot ihr Messer, Ganglati der Knecht, die Magd Ganglöt, die Türschwelle heißt Sturzgefahr, das Bett Krankenlager, dessen Vorhang funkelnder Schaden. Hel ist je zur Hälfte schwarz und fleischfarben, ihr Blick düster und grimmig (Gylf. 34). Dieses düstere Bild ist zweifelsohne Snorris Vorstellungen geschuldet, die zum großen Teil auf christlichen Höllenschilderungen beruhen. Aber dieses Jenseits, in das die an Krankheit oder Altersschwäche Gestorbenen kamen (sie »gingen zur Hel«, fara til Heljar), diente nicht als höllischer Strafort im christlichen Sinn. Wahrscheinlich dachte man sich Hel im Norden und als unterirdisches Reich – ein eher trister

Ort der Schatten, wo Balder seine Zeit bis zu den Ragnarök verbringen muss. Die Helreisenden Hermod und Odin müssen
den Unterweltfluss Gjöll auf der Gjallarbru (»Gjöllbrücke«)
überqueren, die von der Magd Modgud bewacht wird. Überhaupt werden die Jenseitsflüsse als schaurige Ströme voller
Waffen beschrieben. Dann folgt das Helgitter (altnord. Hel-
grind, auch Nágrind, »Totengitter« und Valgrind, »Gitter der
Gefallenen« genannt), womit die ganze Totenwelt umzäunt ist.
Die Passierung des Tores ist nur Toten vorbehalten und verheißt keine Wiederkehr ins Diesseits. Deshalb überspringt Hermod mit Sleipnir das Totengitter, als er versucht, seinen Bruder
Balder auszulösen. Wie authentisch diese Jenseitsvorstellung
insbesondere von Snorri wiedergegeben wird, muss letztlich
ungeklärt bleiben. Außer Zweifel griff er auf typische christliche Höllenvorstellungen seiner Zeit zurück, die beispielsweise
auch Jenseitsbrücken und Todesströme kannten. Für eigenstän-
dige nordgermanische Vorstellungen gilt am ehesten, dass in
der Hel weniger Schrecken und mehr Tristesse als in der christlichen Hölle herrschte. Passend zur Wikingerzeit mit ihren kür-
zeren und weiteren Schiffspassagen existierte die Vorstellung
einer Meeresgöttin Ran (altnord. Rán, vielleicht »Räuberin«), in
deren unterseeisches Reich alle Ertrunkenen kommen. Sie galt
als Frau des Meerriesen Ägir, mit dem sie die neun Ägirstöch-
ter hat, die Personifikationen der Wellen. Und sie besitzt laut
Snorri ein Netz, mit dem sie alle im Meer umgekommenen
Menschen einfängt (Sprache 25). Darüber hinaus scheint es
noch weitere Vorstellungen der jenseitigen Welt gegeben zu haben. Etwa die von Glasisvellir (»die glänzenden Gefilde«; vielleicht zu german. gleza, »Harz, Bernstein«), einem regelrecht
paradiesischen Jenseitsreich, wo ein König Guđmundr herrschte. Davon erzählen zumindest einige spätere Vorzeitsagas (Fornaldarsögur, u. a. in der *Saga von Herwör und König Heidrek*).
Ähnliche oder sogar identische Jenseitsorte finden sich im *Ersten Lied von Helgi dem Hundingstöter* (Glasislundr), in *Snorris Edda* (Glasir) und im altenglischen *Beowulf*. Immerhin erwähnt bereits der römische Gelehrte Plinius Bernsteininseln namens
Glesiae. Mit diesem Namen verknüpfte man später christliche

Paradiesvorstellungen. Und im späteren Volksglauben siedelte man Tote in einem Glasberg an. Außerdem taucht in den spätmittelalterlichen Fornaldarsögur ein paradiesartiger Ort namens Odainsak (altnord. Ódáinsakr, »Feld der Lebenden«) auf, den aber bereits Saxo Grammaticus um 1200 als Undersakre kennt. Die altenglische Überlieferung greift schließlich auf ein rätselhaftes Wort zur Bezeichnung des Paradieses zurück: Neorxnawang, dessen ursprüngliche Bedeutung etwas mit »Wiese« zu tun haben dürfte.

Die bekannteste und bis heute populärste Vorstellung eines Jenseitsortes führt uns wiederum nur in den Norden und zwar in die Wikingerzeit. Damals kam offensichtlich die Idee eines regelrechten Kriegerparadieses auf, was der Wertschätzung kriegerischer Tugenden geschuldet sein mochte: »Walhall« lautet das Zauberwort, dessen falsche neuzeitliche Übertragung »Walhalla« noch immer kursiert. Die Bedeutung des originalen altnordischen »Valhöll« spricht für sich, nämlich »Halle der Gefallenen« (eine Zusammensetzung aus valr, »Schlachttote« und höll, »Halle«). Sie findet sich ungewöhnlicherweise inmitten der Götterwelt Asgard, wo der Kriegergott Odin bekanntlich alle seit Weltenanfang im Kampf gefallenen Krieger empfängt und bis zu den Ragnarök bewirtet. Unmengen an Volk nimmt Walhall also auf und wird folgerichtig als riesige prächtige Halle beschrieben, die sageundschreibe 540 Tore hat, durch deren jedes 800 Männer schreiten. Das Haus ist mit Speerschäften gedeckt, die Halle mit Schilden, wobei auf den Bänken die Brünnen der Kämpfer liegen. Wolf und Adler hängen am Tor. Die als Einherjer (altnord. Einherjar, »die allein Kämpfenden«) bezeichneten Krieger werden von den Walküren bewirtet, sie bringen die Getränke und bewahren Tischzeug sowie Metbecher auf. Trotz der Riesenmenge an Männern geht das Fleisch des Ebers Sährimnir (altnord. Sæhrímnir, vielleicht »rußiges Seetier«) niemals aus. Er wird jeden Abend gekocht und erneuert sich doch immer wieder. Andhrimnir (»der dem Ruß Ausgesetzte«) heißt der Koch, Eldhrimnir (»der Feuerberußte«) der Kessel. Auf Walhalls Dach steht die Ziege Heidrun mit dem Hirsch Eikthyrnir und frisst die Blätter des Baumes Lärad, der wahrscheinlich mit der Esche Yggdrasill identisch ist. Aus ihrem Euter fließt nie versiegender Met, sodass alle Einherjer genug zu trinken haben. Aber tagsüber ziehen sie hinaus, kämpfen zur Kurzweil miteinander und schlagen sich nieder. Abends sind alle wieder unversehrt und genießen das Gelage in der Halle. Auf diese Weise bereiten sich die Einherjer auf die Ragnarök vor, wenn sie mit ihrem Herrn Odin und den anderen Göttern gegen die dämonischen Mächte antreten. Odin thront in Walhall inmitten seiner Kriegerscharen, trinkt aber nur Wein. Mit dem Fleisch des Ebers füttert er seine Wölfe Geri und Freki (Grim. 8–10, 18–20, Waft. 41, Gylf. 38–41). Die ältesten Zeugnisse für dieses farbenprächtige und detailreiche Walhallbild, das wir den beiden Eddas zu verdanken haben, stellen Bildsteine der Insel Gotland dar (Ardre III und Tjängvide), die bereits um 800 anscheinend Odin auf seinem achtbeinigen Pferd Sleipnir zeigen, Walküren mit Metbechern, gefallene Krieger und ein Gebäude, das Walhall entspricht.

Dann folgen um die Mitte des 10. Jahrhunderts zwei skaldische Preisgedichte als älteste sprachliche Quellen: Das *Eiriklied* (Eiríksmál) besingt den norwegischen König Eirik Blutaxt, der um 954 in England im Kampf fiel. Es schildert seinen Einzug in Walhall, wo er von den Helden Sigmund und Sinfjötli empfangen wird. Ausdrücklich wird er als willkommene Verstärkung der Einherjer begrüßt. Ganz anders hingegen das *Hakonlied* (Hákonarmál) auf Eiriks Halbbruder Hakon den Guten, der nach ihm König Norwegens wurde und ebenfalls in der Schlacht fiel. Das Gedicht schildert anschaulich, wie der blutverschmierte König samt seinem Heer von Walküren nach Walhall geholt wird, wo ihn die Götter Hermod und Bragi empfangen. Hier aber lässt der Skalde den toten König Zweifel und Furcht gegenüber Odin äußern – was als Hinweis darauf verstanden wird, dass Hakon getaufter Christ war, der Norwegen erfolglos zu missionieren versuchte. Aber gleichwohl rühmen ihn die Götter und heißen ihn willkommen. Der Erklärungsversuche Walhalls gibt es viele, aber die meisten sehen doch ganz unterschiedliche Motive älteren und jüngeren Alters am Werk. Sie reichen zurück zu den Walküren als ursprünglichen

Walhall-Szene (Bildstein von Tjängvide, Gotland)

Totendämoninnen, die die blutverschmierten Gefallenen vom Schlachtfeld holen. Als deren Behausung dürfte von Alters her der Grabhügel oder ein Berg angesehen worden sein. Eine These sieht in Walhalls 540 Toren eine Reminiszenz an das römische Kolosseum, das Nordgermanen persönlich kennengelernt hätten. Was übrigens genauso wenig zu beweisen ist wie ein Bezug zu Tacitus. Der berichtet nämlich von dem seltsamen Stamm der Harier (lat. Harii, »Krieger«; gotisch Harjis, »Heer«), die um 100 nach Chr. im Odergebiet siedelten:

> »Im Übrigen sind die Harier den anderen Stämmen an Kräften überlegen. Ohnehin sehen sie schon schrecklich aus, verstärken aber ihre angeborene Wildheit durch Kunstfertigkeit und die Wahl der günstigen Zeit. Ihre Schilde sind schwarz, ebenso sind ihre Körper gefärbt. Die dunklen Nächte wählen sie zum Angriff aus; dabei ruft bereits das Grauenhafte und Schattenhafte ihres Totenheeres Schrecken hervor. Kein Feind hält dem ungewohnten und geradezu höllischen Anblick stand.« (*Germania* 43)

Vermutlich handelte es sich dabei um einen verschworenen Kriegerbund, der Wodan bzw. Odin als seinen Schutzgott verehrte. Von ihnen könnte ein langer Weg bis zum geselligen Kriegerparadies der Wikinger geführt haben.

Von anschaulichen Kriegerszenen im umtriebigen Walhall oder dem düsteren Totenheer mag einen nichts zu der Frage leiten, ob die Germanen an eine unsterbliche Seele glaubten. Aber immerhin galt Wodans römisches Gegenstück Merkur als Seelenführer ins Jenseits, was auch zum alten nordischen Totengott passen würde. Wären dann die Walküren auch Seelenführerinnen? Jedenfalls überliefern nur die altnordischen Texte Indizien für den Glaube einer vom Körper unterschiedenen Seele. Einer solchen kommt wohl die Vorstellung der Fylgjen (altnord. fylgjur, Sg. fylgja, wohl »Folgegeist«) nahe, die in Frau- oder Tiergestalt und im Traum wahrgenommen werden konnten. Allerdings waren sie eng mit dem Schicksal des Menschen verbunden und konnten nach dessen Tod nicht weiterleben. Anders hingegen die Hamingjen (Hamingja, »Glück, Erfolg«, Pl. Hamingjur; ursprünglich wohl »Gestaltwechsler«), die als Schutzgeist dem Menschen Glück verhießen und nach dessen Tod auf einen anderen übergehen konnten.

IX. WIE MAN WÜRMER AUSTREIBT UND SEINEN FEINDEN SCHADET

DIE MAGISCHE WELT DER GERMANEN

1. Arten von Magie

Magische Vorstellungen gehören nicht unbedingt zur religiösen Sphäre, siedelt man sie doch gern zwischen Religion und Wissenschaft an. Denn hierbei geht es nicht darum, sich bittend, betend und opfernd an eine Gottheit zu wenden. Im Gegenteil: Der Mensch sucht übernatürliche Kräfte zu zwingen, versucht sie sich dienstbar zu machen. Das ähnelt durchaus einem modernen gleichsam mechanistischen Denkschema von Ursache und Wirkung, womit man die »Umwelt in einem bestimmten Sinne zu beeinflussen« (Petzoldt 2011, 10) sucht. Dabei gilt es, verschiedene Faktoren zu berücksichtigen – nämlich Arten der Magie, Personen, die magische Handlungen kompetent vollziehen können, und schließlich diese Handlungen selbst. Grundsätzlich unterscheidet man zwischen weißer Magie, die dem Menschen nutzt, ohne einem anderen zu schaden, und schwarzer Magie, deren Anwendung einem anderen Schaden bringt. Nach Snorris *Saga von den Ynglingen* beherrschte Odin als großer Zauberer und Meister der Magie beide Arten: Mit Magie (altnord. seiđr) sah er das Schicksal der Menschen und die Zukunft voraus, wusste aber auch Einzelnen Tod, Unglück und Krankheit zu bringen. Dazu gehörte auch, dem einen Kraft und Verstand zu nehmen und diese einem anderen zu geben. Zur weißen Magie zählten die Vorhersage der Zukunft, Fruchtbarkeits- und Wetterzauber sowie Schutz und Erlangung der Gesundheit. Liebeszauber dürfte hingegen zur schwarzen Magie gehört haben und wurde verurteilt. Das Ritzen so genannter Siegrunen (mehrere Tyr-Runen) verschaffte einem den Sieg, schadete jedoch dem Feind. Die schwarze Magie (altnord. gandr und seiđr)

kennt das Ritzen von Runen in Holzstücke, womit Schadenszauber bewirkt wird.

Seit wann diverse magische Praktiken unter den Germanen
in Gebrauch waren, belegt bereits Tacitus. Dabei betont er insbesondere die Bedeutung von Vorzeichen und Losorakel. Für
Letzteres verwendeten sie einen Baumzweig, der in kleine Stücke geschnitten wurde. Diese kennzeichneten sie (vielleicht mit
Runen) und streuten sie auf ein weißes Laken. Je nach Anlass
hob ein Stammespriester oder der Hausvater drei Stücke auf
und deutete sie nach den eingeritzten Zeichen. Wie die Römer
interpretierte man den Vogelflug in Bezug auf zukünftiges Geschehen nach Gunst und Ungunst. Als germanische Besonderheit galt die bereits angesprochene Haltung heiliger Pferde, deren Wiehern und Schnauben die Priester genau zur Kenntnis
nahmen. Daraus ergaben sich Schlüsse für die Zukunft. Eine
weitere Losart soll darin bestanden haben, einen eigenen Krieger gegen einen Feind zum Zweikampf antreten zu lassen – je
nach Ausgang schloss man auf zu erwartenden Sieg oder Niederlage gegen den feindlichen Stamm (*Germania* 10). Das Werfen so genannter Opferzweige bzw. von Losstäben (altnord.
teinn, altengl. tan) kennen übrigens noch literarische Zeugnisse Islands. Ihre weitverbreitete Nutzung findet eine Bestätigung in archäologischen Funden, die vor allem in Nordwestdeutschland gemacht wurden. Von der Römerzeit bis ins frühe
Mittelalter fanden sich hier Orakelstäbchen mit einer Länge
von bis zu knapp 6 cm, die aus Knochen, aber auch aus Bronze
und Silber gefertigt waren. Markierungszeichen dienten offensichtlich der persönlichen Zuordnung. Das Orakelwesen darf
generell als ebenso harmlos gelten wie das seit frühester Zeit
übliche Tragen eines Amuletts, also eines magischen Gegen-
stands, der seinem Träger Kraft verleiht oder ihn vor Unheil bewahrt. Darauf verweisen archäologische Funde, deren Funktion uns auf den ersten Blick verschlossen bleibt. Also etwa Bern-
steinstücke, Glasperlen, Tierzähne, Haare oder Kräuter. Später
kommen Metallanhänger wie die scheibenförmigen Brakteaten
auf, darunter die prächtigen Goldbrakteaten der Völkerwanderungszeit, die Darstellungen magischer Vorbildhandlungen

Odins zeigten. Außerdem ritzte man mit Runen regelrechte Zauberwörter ein (vgl. unten), die Glück sichern und Schaden abwehren sollten. Bis ins Mittelalter waren Amulette aus Blei und Kupfer üblich, die ebenfalls mit Runen versehen waren. Als typisch für die Wikingerzeit dürfen hammerförmige Anhänger aus Silber, Bronze, Bernstein oder Eisen gelten, die vom 8. bis ins 11. Jahrhundert in Gebrauch waren; und zwar nicht nur unter Skandinaviern, sondern auch unter Sachsen in Nordwestdeutschland. Sie beziehen sich allesamt auf den aus den Mythen bekannten Wunderhammer Mjöllnir des populären Donnergottes Thor, der auch als sakrales Gerät für göttliche Weihungen angesehen wurde. Darüberhinaus mag er gegenüber dem vordringenden Kreuz der Christen als Zeichen des angestammten Glaubens getragen worden sein. Und eben auch als Amulett mit positiven und schützenden Auswirkungen auf Trägerin und Träger. Übrigens bietet der fränkische Bischof und Geschichtsschreiber Gregor von Tours im 6. Jahrhundert eine umfassende Auflistung magischer Gegenstände, deren Anwendung er verurteilt. Dazu zählt er Muscheln, Steine, Perlen, Wurzeln, Kräuter, Metalle, Gerätschaften, Glas, Silber, Gold, Maulwurfzähne und Fellstücke. Umso schärfer war die kirchliche Verurteilung von Schadenszauber, der schlimmstenfalls mit dem Tod bestraft wurde. Im Norden gehörte dazu etwa das »Draußensitzen« (altnord. útiseta), das man des Nachts an einem Kreuzweg ausübte, um Kontakt zu Toten aufzunehmen und u. a. Wahrsagerei zu betreiben. Die norwegische Gesetzessammlung Gulathingslög bezeichnet diese Handlung eindrücklich als útiseta, at vekja troll upp (»draußensitzen, um einen Troll zu wecken«). Dass Kreuzwege auch weiter südlich im Rheinland unter Christen magische Brennpunkte waren, belegt Bischof Burchard von Worms um 1000 in einem Bußkatalog (Poenitentiale): »… hast du am Kreuzweg auf einer Stierhaut gesessen, um so dort deine Zukunft zu erfragen«. Auf Island galt das Níð (vgl. Neid) als arger Schmäh- und Schadenszauber. Wer jemandem ganz offensichtlich Übles wollte, errichtete eine Neidstange (altnord. níðstöng) mit spottenden und verfluchenden Runenzeichen.

2. Zauberer und Zauberinnen

Üblicherweise bedurfte es ausgewählter Männer und Frauen, die zur Ausübung und Anwendung magischer Rituale in der Lage waren, also von Magie und Zauber, die wir hier als Synonyme verstehen wollen. Solche Zauberer bzw. Zauberinnen wurden auf Island als seiðmaðr und seiðkona bezeichnet und genossen nicht den besten Ruf. Für einen Mann galt die Bezeichnung als Beleidigung, da diese Form von Zauberei den Frauen zugeschrieben wurde und darum als unmännlich verschrien war. Hohes Ansehen genossen hingegen Seherinnen, die auch Einzug in die mythische Welt der Eddas hielten. Dort ist eine Völva (»Seherin, Wahrsagerin«, eigentlich »Stabträgerin«) vor allem als Gesprächspartnerin Odins bekannt. In der *Weissagung der Seherin* stammt sie von den Riesen ab und weiß Kunde von der Urzeit zu erzählen, von der Welt und ihrem Untergang. Eine andere Seherin bringt Odin in ihrem Grabhügel bei Hel durch Totenzauber zum Reden, warum Balder unter bösen Träumen leide. Sie weissagt ihm daraufhin von Balders Tod (Bald.). Ein sehr anschauliches Bild aus dem Alltag überliefert hingegen die hochmittelalterliche *Saga von Erik dem Roten* (Eiríks saga rauða, 13. Jahrhundert). Als unter den Wikingern auf Grönland einmal eine große Hungersnot herrschte, suchte man Rat bei einer Seherin namen Thorbjörg litilvölva (Þorbjörg lítilvölva, Thorbjörg, »die kleine Seherin«). Diese Zauberin hatte angeblich neun Schwestern gehabt, die ebenfalls Seherinnen gewesen waren. In der Winterzeit war es üblich, Thorbjörg zu großen Feiern einzuladen, auf denen sie den Leuten die Zukunft deuten, ihnen von ihrem Schicksal und den Erträgen weissagen sollte. Deshalb lud sie auch der angesehene Bauer Thorbjörn zu sich ein, um etwas über die Zukunft aller Nordleute auf Grönland zu erfahren. Und er bot ihr einen festlichen Empfang, wie es ihr gebührte. Zur Vorbereitung richtete man einen Hochsitz (seiðhjallr, »Zauberstuhl«) für sie her mit einem Polster, das mit Hühnerfedern gefüllt war. Als sie am Abend eintraf, trug sie einen blauen Mantel mit Spangen, der bis zum Saum mit kostbaren Steinen besetzt war, und eine Kette aus

Glasperlen. Auf dem Kopf hatte sie eine Haube aus schwarzem Lammfell, das innen mit weißem Katzenfell gefüttert war. In der Hand hielt Thorbjörg einen Stab mit einem Knauf. Der war in Steine gefasst, während der restliche Stab mit Kupfer eingelegt war. Um den Leib trug sie einen Gürtel mit Zündschwamm, an dem ein großer Lederbeutel hing. Darin bewahrte sie ihre Zaubermittel, die sie für die Weissagung benötigte. An den Füßen trug sie zottige Kalbfellschuhe und die Hände steckten in Handschuhen aus Katzenfell. Nachdem sie eingetreten war, nahm sie der Bauer an der Hand und geleitete sie zum Hochsitz. Dann bat er sie, ihre Augen über Herden und Häuser schweifen zu lassen. Die Seherin sprach so gut wie nichts. Am Abend setzte man ihr als Speise Grütze aus Geißmilch und die Herzen aller Tiere vor, die dort gehalten wurden. Danach fragte sie der Bauer um Rat, doch Thorbjörg wollte eine Nacht darüber schlafen. Erst am nächsten Abend konnte sie den Zauber ausführen. Die Frauen schlugen einen Ring um den Zauberstuhl, auf dem Thorbjörg saß. Eine sang ein Zauberlied (Varðlokkur, vielleicht »Seelenlocker«), sodass die Seherin sprach: »Manche Geister kamen hierher und dachten, wie schön dieses Lied doch zu hören gewesen wäre – solche, die sich früher von mir abgewandt hatten und mir nicht mehr gehorchen wollten. Jetzt sehe ich viele Dinge deutlich vor mir, die bislang mir wie allen anderen verborgen waren.« Darum war sie nun in der Lage, den Anwesenden Auskunft zu geben – über das Ende des Hungerjahres, glückliche Heiraten und vieles mehr, was jeder von ihr wissen wollte. Von ihren Weissagungen soll das meiste eingetroffen sein. Dann sandte man nach ihr von einem anderen Hof und sie ging dorthin. Natürlich ist hier mit phantasievollen Ausschmückungen des Sagaerzählers zu rechnen. Aber gleichwohl sprechen Zauberstuhl, Stab und Zaubergesang für einen nicht unbedeutenden Grad von Glaubwürdigkeit, den die zahlreichen Details unterstützen. Ein Beispiel: Verweisen Thorbjörgs Handschuhe aus Katzenfell auf die Wanengöttin Freyja, als deren Tiere Katzen galten und der besondere magische Fähigkeiten zugesprochen wurden? Jedenfalls gewährt dies alles einen Blick in die magische Welt im fernen Norden, deren Einzelheiten uns in ihrer Bedeutung allerdings verschlossen bleiben.

Vom 13. Jahrhundert reichen die Zeugnisse über germanische Seherinnen weit mehr als ein Jahrtausend zurück bis zu römischen Autoren. Dies bietet uns einen überdeutlichen Hinweis, wie weit die wahrsagenden Frauen verbreitet waren und welchen Respekt sie offensichtlich unter den germanischen Stämmen genossen. Als »alte Frauen« beschreibt sie der griechische Geograph Strabon um die Zeitenwende, die mit den Kriegern zogen und aus dem Blut der Gefangenen die Zukunft zu deuten verstanden. 200 Jahre später erzählt Cassius Dio die schaurige Geschichte, wie eine geheimnisvolle Seherin 9 vor Chr. inmitten der germanischen Wildnis vor dem römischen Feldherrn Drusus auftauchte und ihm seinen Tod prophezeite. Selbst wenn diese Episode nicht der historischen Wahrheit entspricht, bezeugt sie doch das Bild, das man sich in Rom von den weisen Frauen im Norden machte. Derselbe Historiker erwähnt sogar eine semnonische Seherin namens Ganna (der Name ist mit dem altnordischen Wort gandr, »Zauberstab« verwandt), die mit ihrem Stammesherrscher nach Rom reiste, wo sie von Kaiser Domitian empfangen wurde. Auch archäologische Funde belegen die Präsenz solcher Prophetinnen in der Mittelmeerwelt: Der Name einer Waluburg (german., vielleicht »Zauberstabträgerin«, german. *walus, »Stab«) wird immerhin auf einer Soldliste des 2. Jahrhunderts auf der ägyptischen Nilinsel Elephantinae genannt. Dort in der Ferne stand sie demnach in römischen Diensten, ob als Sklavin oder als Deportierte ist unbekannt. Um diese frühen Hinweise zu komplettieren, sei noch die in der *Germania* erwähnte Albruna (»die mit dem Wissen der Alben versehene« oder »die vertraute Freundin der Alben«) genannt. Und im 8. Jahrhundert kennt Paulus Diaconus in seiner *Langobardengeschichte* eine Gambara (langobardisch, »Stabträgerin«), die bei der Göttin Frea (Frigg) den Sieg der Langobarden über die Vandalen erwirkt haben soll. Vermutlich steckt dahinter die Erinnerung an eine authentische Seherin dieses Volkes (noch 400 Jahre später taucht ihr Name in der Form »Gambaruc« beim dänischen Geschichtsschreiber Saxo auf).

Dass die erwähnte Ganna mit einer Delegation ihres Semnonenstammes nach Rom reiste, scheint auf die politische Bedeutung der Seherinnen zu verweisen. Dies bestätigt einmal mehr Tacitus mit einem ausführlichen Bericht über eine Veleda (vielleicht verwandt mit kelt. filid, »Dichter«), die im 1. Jahrhundert nach Chr. bei den Brukterern zwischen Lippe und Ems fast göttliche Verehrung genossen haben soll. Gemäß seiner *Historien* besaß sie durchaus Einfluss, weil eben die Germanen nach altem Brauch viele Frauen für Seherinnen und sogar für Göttinnen hielten: »Sie wohnte in einem hohen Turm, und ein von ihr dafür bestimmter Verwandter überbrachte Fragen und Antworten wie der Mittelsmann einer Gottheit.« Eine besondere Rolle spielte sie während des Bataveraufstands, der 69 nach Chr. im Rheinland ausbrach. Er ging von Germanen in römischen Militärdiensten aus und erfasste auch rechtsrheinische Stämme wie die Brukterer. Veledas Einfluss auf den Anführer Julius Civilis scheint beträchtlich gewesen zu sein; denn man brachte ihr ein erbeutetes römisches Schiff der Rheinflotte als Geschenk, die germanisch-ubischen Bewohner Kölns wandten sich mit der Bitte um Hilfe an sie und römische Offiziere wechselten Geheimbotschaften mit ihr aus. Nach der Niederschlagung des Aufstands geriet sie in römische Gefangenschaft und wurde nach Italien gebracht, wo sie in Latium als Tempeldienerin genannt wird.

Angeblich zeichneten sich sämtliche Seherinnen durch Jungfräulichkeit und einen Stab als Attribut aus. Letzteres bezeugen immer wieder ihre Namen, die sie bis hin zu den altnordischen Völven als »Stabträgerinnen« kennzeichnen. Solch ein Zauberstab (altnord. gandr, auch »Zauber«, ursprünglich wohl »Hilfsgeist«; altnord. völr) findet mehrmals in der nordgermanischen Überlieferung Erwähnung, so bekanntlich auch bei der grönländischen Thorbjörg litilvölva. Mit einem Gambanteinn (»Zauberzweig«) bedroht Skirnir die Riesentochter Gerd, als sie sich dem Werben seines Herrn Freyr widersetzt (Skírn. 26). Odin will solch einen Zauberstab vom Riesen Hlebard erhalten haben (Hárb. 20). Wie solche Zauberstäbe letztlich aussahen, ist leider nicht mit Sicherheit zu sagen. Aber wohl nicht so prächtig und eindrucksvoll wie derjenige des Zauberers Gandalf in Tolkiens Fantasy-Trilogie *Der Herr der Ringe*. Dessen Name hat er übrigens der altnordischen Überlieferung entnommen, in der er als Zwerg- und Königsname erwähnt wird (so in der Weiss. 12). Gandálfr bedeutet eigentlich »Zauber-Albe« und verweist damit auch auf den Zauberstab. In Skandinavien fanden sich einige seltsame Stäbe als Grabbeigaben verstorbener Frauen, so in einem norwegischen Hügelgrab der Wikingerzeit. Ihr Äußeres wirkt eher enttäuschend: schmale Eisenstäbe von etwa 90 cm Länge mit einer verbogenen Spitze. Sah so der »Völr« einer legendären Völva aus, der unschädlich gemacht worden war? Oder handelt es sich um profanes Küchengerät in Form eines Spießes?

3. Zaubersprüche und Zauberrunen

Auf welche Weise die Seherinnen ihre Visionen kundtaten, ist nicht genau überliefert. Ganz anders hingegen bei magischen Zaubersprüchen, mit denen Zustände und Geschehnisse beeinflusst werden sollten. Eine glückliche Fügung hat ausgerechnet im deutschsprachigen Gebiet dazu geführt, solch seltene Texte aufzuzeichnen und damit der Nachwelt zu erhalten: Die so genannten *Merseburger Zaubersprüche* sind zwei althochdeutsche Sprüche ostfränkischer Herkunft, die in der ersten Hälfte des 10. Jahrhunderts wahrscheinlich in Fulda von einem Kleriker niedergeschrieben wurden. Sie dürften allerdings erheblich älter sein und weckten deswegen das Interesse des Geistlichen. Jedenfalls hat er die wenigen Zeilen in einer älteren Handschrift mit einem Sakramentar, einer Sammlung christlicher Gebete also, dort nachgetragen, wo er noch Platz dafür fand.

Mit diesem Codex gelangten die Zaubersprüche in germanischen Langzeilen in die Domstiftsbibliothek von Merseburg an der Saale (Sachsen-Anhalt). Der erste Spruch enthält einen Lösezauber, der Gefangene von ihren Fesseln befreien soll. Dabei schildert er zuerst eine mythische Vorbildhandlung, der zufol-

Merseburger Zaubersprüche (Codex 136, Domstiftsbibliothek Merseburg)

ge Idisen (vgl. Kap. V) einstmals die Feinde hemmten und die Gefangenen befreiten: »Eiris sazun Idisi, sazun hera duoder. Suma hapt heptidun, suma heri lezidun, suma clubodun umbi cuoniouuidi.« (»Einst saßen die Idisen, saßen hier und dort. Einige fesselten, einige hemmten das Heer, einige lösten die Fesseln.«). Dem folgt der eigentliche magische Befehl der Nachvollziehung dieses mythischen Vorbilds: »insprinc haptbandun, inuar uigandum.« (»Entspringe den Fesseln, entfliehe den Feinden.«). Der *Zweite Merseburger Zauberspruch* bietet einen so genannten Pferdesegen, der die Beinverrenkung eines Pferdes durch einen Heilzauber behebt. Wiederum nimmt der Text Bezug auf eine mythische Vorbildhandlung, der der magische Befehl zu entnehmen ist:

> »Phol ende Uuodan uuorun zi holza. du uuart demo Balderes uolon sin uuoz birenkit. thu biguol en Sinthgunt, Sunna era suister; thu biguol en Friia, Uolla era suister; thu biguol en Uuodan, so he uuola conda: sose benrenki, sose bluotrenki, sose lidirenki: ben zi bena, bluot zi bluoda, lid zi geliden, sose gelimida sin.« (»Phol und Wodan ritten in den Wald. Da wurde Balders Fohlen sein Fuß verrenkt. Da besprach ihn

175

Sinthgunt, und Sunna, ihre Schwester; da besprach ihn Frîja,
und Volla, ihre Schwester; Da besprach ihn Wodan, so gut er
es konnte: so Beinverrenkung, so Blutverrenkung, so Glied-
verrenkung: Bein zu Bein, Blut zu Blut, Glied zu Glied, als ob
sie geleimt wären.«).

Der Spruch bietet demzufolge nicht nur ein bemerkenswertes
Zeugnis germanischer Magie-Vorstellungen, sondern belegt
auch die Verbreitung mythischer Personennamen unter den
Südgermanen. Unter ihnen sind der Gott Wodan und seine Gemahlin Frîja (altnord. Frigg) ganz offensichtlich. Der Name ihres lichten Sohnes Balder wird außerhalb Skandinaviens nur
hier überliefert (was umstritten ist, wenn man das Wort lediglich als »Herr« versteht). Die anderen Namen finden sich allein
in diesem Text, wobei Phol und Volla vielleicht ein Geschwis-
terpaar darstellen. Aber bei allen Unklarheiten entpuppt sich
die Heilung eines verrenkten Pferdefußes durch Wodan als altes und verbreitetes Motiv, das magisches Wirken mit mythischen Vorbildern verband; denn passende Darstellungen finden sich bereits auf Brakteaten des 5. und 6. Jahrhunderts. Auch
der rätselhafte *Neunkräutersegen* (The Nine Herbs Charm) bezieht sich auf Wodan. Dieser altenglische Zauberspruch wurde
wohl um 1000 aufgezeichnet, dürfte aber bis zu 200 Jahre älter
sein. Er besteht aus einer Beschwörung von Kräutern wie Bei-
fuß, Wegerich und Kamille, dem eigentlichen Spruch gegen
Gifte, Krankheiten und böse Geister sowie dem Rezept für eine Kräutersalbe. Unter den Sprüchen stößt man wie bei den althochdeutschen auf eine mythische Handlung, die offensichtlich als Vorbild diente: Als eine Schlange einen Mann tötet, hilft
Woden (Wodan), indem er neun Zweige bzw. Stöcke ergreift
und die Schlange damit in neun Stücke schlägt. Was derartige
magische Details betrifft, kann die nordgermanische Überlieferung ausnahmsweise nicht mithalten. Denn in den *Götterliedern der Älteren Edda* werden Zaubersprüche nur genannt, aber
nicht mit Inhalt zitiert. Dazu gehören insbesondere jene im letzten Teil der *Sprüche des Hohen* (Str. 146 ff.), die Odin in den Mund
gelegt werden: »Sprüche kenn ich, die kennt nicht des Königs
Frau und keines Sohn; Hilfe heißt einer, denn der kann dir hel-

fen bei Streitsachen und Sorgen und allem Kummer ... Einen
zweiten kenn ich, den der Menschen Söhne brauchen, die Ärz-
te sein wollen.« Und so geht es weiter. Mit Odins Zaubersprüchen kann man Feinde fesseln und ihre Waffen stumpf machen; aber man kann sich damit auch selbst aus Fesseln befrei-
en (vgl. den *Ersten Merseburger Zauberspruch*) und den feindlichen Pfeil hemmen. Sie helfen gegen Wunden und Feuer,
schlichten den Hass, beruhigen das stürmische Meer und ver-
wirren Hexen. Mit Heil helfen sie einem in die Schlacht zu ziehen, mit Zauber und Runen einen Gehängten zum Sprechen zu
bringen; sie machen einen Mann unverletzlich, lehren einen alle Alben und Asen kennen und bewirken schließlich sogar, die
Liebe einer Frau zu gewinnen. In einem anderen Teil der *Sprüche des Hohen* finden sich Sprüche mit magischen und heilenden
Ratschlägen, deren Sinn kaum mehr erschlossen werden kann:

> »Wo du Bier trinkst, ruf die Kraft der Erde an! Denn die Erde
> nimmt Bier auf, aber das Feuer Krankheit, die Eiche Verstop-
> fung, die Ähre Zauberei, die Halle das Roggenkorn – bei Tob-
> sucht soll man den Mond anrufen –, Weide die Viehkrank-
> heit, aber Runen den Fluch; die Erde soll die Flut aufnehmen.«
> (Str. 137).

In der Praxis konnten derartige Sprüche aufgesagt, regelrecht
gesungen oder auch mit Runen geritzt werden. Gemäß der
oben wiedergegebenen Schilderung aus der *Saga Eriks des Roten*
vom Ritual der Seherin Thorbjörg litilvölva auf Grönland wurden dort Zauberlieder gesungen. Unter einem solchen »Seelen-
hocker« (Varðlokkur) verstand man anscheinend einen Ge-
sang, der auf Sitzungen mit Seherinnen angestimmt wurde
und wohl die Geister herbeirufen sollte. In dem allerdings recht
jungen Götterlied vom *Zauberlied der Groa* (Grógaldr) holt sich
der Protagonist Swipdag bei seiner toten Mutter an deren Grabhügel Rat, wie er um die von ihm begehrte Menglöd werben
könne. Groa singt ihm daraufhin neun Zaubersprüche, deren
genauer Inhalt jedoch nicht wiedergegeben wird. Sie sollen jedenfalls Swipdag vor jeglichem Unheil bewahren. Magische
Sprüche waren folglich allenthalben bekannt und machten un-

ter den Eingeweihten die Runde. Kein Wunder also, dass auch der Indiculus, also das *Verzeichnis abergläubischer und heidnischer Bräuche*, eine Rubrik *Von den Zaubersprüchen* (De incantationibus) anführt. Mehr erfahren wir aber auch hier nicht. Bemerkenswerterweise blieb so manche magische Vorstellung auch im christlichen Gewand erhalten – nur dass nun anstelle der heidnischen Gottheiten Christus und Heilige auftraten. Dabei stoßen wir wieder auf das Schema des *Zweiten Merseburger Zauberspruchs*: Christus und der heilige Stephan kommen nach Jerusalem, wo des Heiligen Pferd erkrankt und von Christus geheilt wird. Und genauso soll jetzt das eigene verletzte Pferd geheilt werden – mit »Vater unser«, Christi Gnade und Amen *(Trierer Pferdesegen)*. Christus und der heilige Martin werden zudem angerufen, um Hütehunde vor Schaden zu bewahren und sie vor den Wölfen zu schützen *(Wiener Hundesegen)*. Schließlich sollen Christus und Maria einen entflogenen Bienenschwarm zurückbringen: »Sitz ganz still, führe Gottes Willen aus.« *(Lorscher Bienensegen)*. Dabei kommt es unter den südgermanischen und späteren deutschen Germanenstämmen wie bei den Angelsachsen im Laufe des frühen Mittelalters offensichtlich zu Vermischungen christlicher, germanischer und antiker Magie. Die Herkunft der einzelnen Details muss zumeist ungeklärt bleiben. Das gilt insbesondere für den süddeutschen *Wurmsegen* aus dem 10. Jahrhundert, der sich »Gegen Würmer« und damit gegen den Befall mit Körperwürmern (wahrscheinlich bei Pferden) richtet. Hier wird der Wurm (nesso) beschworen, hinauszugehen vom Mark in die Adern, von dort ins Fleisch und schließlich ins Fell, wo er mit einer Pfeilspitze aufgenommen und unschädlich gemacht wird.

Widmen wir uns abschließend den Runen, die bekanntlich auch mit sakraler und magischer Bedeutung Verwendung fanden (vgl. Kap. II). Oben wurde bereits das bemerkenswerte Zeugnis aus der isländischen *Saga von Egill Skallagrimsson* angeführt, dem zufolge der Skalde mit Zauberrunen gegen die Landgeister Norwegens vorgeht, um so König Eirik Blutaxt zu schaden. Dieser Schadenszauber ist in ein regelrechtes Ritual eingebettet. Egill nahm nämlich eine Haselstange und bestieg eine Felsnase, die landeinwärts wies. Dann steckte er einen Pferdeschädel auf die Stange und sprach: »Hier stelle ich eine Schmähstange auf gegen König Eirik und Königin Gunnhild« – dann drehte er den Pferdekopf gegen das Land – »ich richte diese Verwünschung gegen die Landgeister, die in diesem Lande wohnen, dass sie alle wirre Wege gehen sollen, weder Haus noch Heimstatt finden, bis sie König Eirik und Gunnhild aus dem Land vertrieben haben.« Dann stieß er die Stange in eine Felsspalte und ließ sie dort stehen. Er richtete das Pferdehaupt gegen das Land und ritzte Runen in die Stange ein, die seinen Schmähspruch festhielten. Welche Runen das waren, ist nicht überliefert. Womöglich die dreimalige Thurs-Rune, die nicht zufällig nach den bedrohlichen Riesen der Thursen benannt wurde. Ansonsten dienten die Schriftzeichen auch der weißen Magie, so die dreimalige Tyr-Rune mit der Bitte um Sieg und die dreimalige Fehu(Besitz)-Rune, die Reichtum und Glück verschaffen sollte. Das eddische Heldenlied von Sigrdrifa (Sigrdrífumál, auch *Die Erweckung der Walküre*) schildert eines der Abenteuer des jugendlichen Helden Sigurd, der die von einem Schlafdorn Odins gestochene Walküre Sigrdrifa (Brynhild) erweckt und sie bittet, ihm Weisheiten zu verraten. Das tut sie denn auch mit einer Fülle von Zauberrunen, etwa Schlafrunen, Heilungsrunen, Liebesrunen, Siegrunen, Bierrunen, Geburtsrunen, Brandungsrunen, Astrunen, Rederunen, Weisheitsrunen, Buchenrunen, Machtrunen und nicht zuletzt Schadens- und Falschheitsrunen. Ob sie alle in der magischen Praxis Verwendung fanden, ist ungewiss. Vielleicht dienten sie lediglich als literarische Motive, die ein altertümliches Ambiente vermitteln sollten. Aber grundsätzlich falsch war das nicht; denn in der Tat finden sich in viel älteren Zeugnissen Runenformeln mit entsprechenden Wörtern. Das gilt vor allem für die magische Formel alu (»Abwehr, Schutz, Tabu«), die vom 3. bis ins 8. Jahrhundert auf Brakteaten, Steine sowie Amulette geritzt wurde. Ihre wahrscheinliche Aufgabe: Wiedergänger und andere schädliche Wesen zu bannen. Die Ritzung laukar (»Lauch, Lebenskraut«) sollte hingegen heilende und glückbringende Wirkung hervorrufen. Zwei Beispiele mögen die magische Anwendung von Runenzeichen deutlich machen: In der bereits erwähnten Inschrift auf einem menschlichen Schädelfragment aus Ribe wurden mythische Wesen bzw. Gottheiten um Hilfe gegen Kopfschmerzen angerufen. Leider kann sich bislang die Forschung nicht über den genauen Inhalt einigen – eine magische Aufgabe wird der Ritzung auf jeden Fall zugeschrieben. Aufwändiger kommt der ebenso bereits erwähnte Runenstein von Glavendrup daher, den man um 900 auf der dänischen Insel Fünen errichtete. Seine Runen schließen mit Hinweisen auf den sakralen und magischen Bereich: Einmal die Formel, derzufolge Thor die Runen weihen möge (þur uiki þasi runaʀ, »Thor weihe die Runen«). Ganz zum Schluss eine Fluchformel, die demjenigen mit Unheil droht, der sich am Stein zu schaffen macht (»Zu einem ›Übeltäter‹ werde, wer diesen Stein zerstört oder fortschleppt«). Von diesem speziellen Fall abgesehen, konnten sich derartige Fluchformeln auch gegen den Toten selbst richten. Weitverbreitet herrschte nämlich durchaus Furcht vor solchen Wiedergängern, die man auf Island als »draugar« bezeichnete. Andere Runensteine dieses Zeitraums machen das mit einer klaren Anrede des Toten deutlich: »Nutze Deinen Hügel wohl.« (Gørlev/Seeland und Nørre Næra/Fünen).

Zauber und Magie waren gleichsam als Nebenzweig der germanischen Religion ein fester Bestandteil des alltäglichen Lebens. »Von der Wiege bis zur Bahre« blieben sie im Leben des Einzelnen präsent – mit der Hoffnung auf Heil und Hilfe sowie in der Furcht vor Schaden und Unheil. Magische Vorstellungen dieser Art konnten selbst vom siegreichen Christentum nicht ausgerottet werden und wurden schließlich Teil des Aber- bzw. Volksglaubens (vgl. Kap. XI).

X. Von Odin zu Kristr:
Der Übergang zum Christentum

1. Die Christianisierung der germanischen Stämme

Muss man in einem Buch über »Götter und Mythen der Germanen« ein ganzes Kapitel deren Christianisierung und damit dem Ende des Heidentums widmen? Eine Rechtfertigung erfährt dies allemal durch den Umstand, dass die germanische Religion keinen Einflüssen so dauerhaft ausgesetzt war wie denen des Christentums, das sie letztendlich verdrängte bzw. ablöste. Dem endgültigen Durchbruch der neuen Religion im 11./12. Jahrhundert ging immerhin eine um die 800 Jahre währende Phase christlicher Einflüsse voraus. Von einem völlig unbeeinflussten germanischen Heidentum kann man insofern nur bedingt sprechen, was wiederum abhängig ist von Volk, Stamm oder geographischer Region.

Die Christen kämpften im Imperium Romanum noch um ihre Existenz, als unter den Goten des ausgehenden 3. Jahrhunderts bereits die Spuren ihres Glaubens greifbar sind. Gefangene Christen waren es, die in Südosteuropa die Ostgermanen damit vertraut machten. Darunter befand sich auch die Mutter Wulfilas (ca. 311–381), der 341 unter den Westgoten an der unteren Donau zum Bischof geweiht wurde. Obwohl seinen Missionierungsversuchen dauerhaft noch kein großer Erfolg beschieden war, gelang ihm doch mit der Übertragung der Evangelien ins Gotische erstmals eine Bibelübersetzung (Wulfila-Bibel) in eine germanische Sprache und damit zugleich eine erste Verschriftlichung des Germanischen jenseits der kurzen Runenritzungen. Ein Beispiel: »Atta unsar, þu in himinam, weihnai namo þein.« »Vater unser, du im Himmel, geweiht werde dein Name.« (Matthäus VI.,9 f.). Dafür schuf er sogar ein eigenes gotisches Alphabet, dessen Buchstaben er der griechischen Schrift und germanischen Runenzeichen entnahm. Die prächtigste der erhalten gebliebenen Handschriften ist der *Codex Ar-*

genteus (»Silberne Handschrift«). Er besteht aus purpurgefärb-
ten Pergamentblättern, auf die mit Gold- und Silberschrift die
vier Evangelien niedergeschrieben wurden (nur ein Teil davon
existiert noch). Die Handschrift entstand um 500 wahrscheinlich am Hofe des Ostgotenkönigs Theoderich in Ravenna. 1000
Jahre später entdeckte man sie im Kloster von Werden an der
Ruhr. In den Wirren des Dreißigjährigen Krieges brachten sie
1648 schwedische Truppen in ihre Heimat, wo sie heute in der
Universitätsbibliothek von Uppsala aufbewahrt wird. Bis ins
5. Jahrhundert nahmen die Ostgermanen das Christentum an,
so die Ostgoten, die Vandalen, Burgunden und Gepiden. Allerdings setzte sich bei ihnen die von der katholischen Kirche als
Häresie bezeichnete Lehre des Arianismus durch, die Christus
mit Gottvater nur wesensähnlich, nicht wesensgleich ansah.
Der Heiland als menschlicher Held – eine Vorstellung, die die
Germanen verstanden und viele vom Heidentum erst einmal
zum arianischen Christentum führte. Erst im Laufe der beiden
folgenden Jahrhunderte folgte dann der Wechsel zur katholischen Lehre. Diese hatte sich bereits bei den Franken durchgesetzt, die durch ihre Eroberungen im Rheinland und in Nord-
frankreich intensiveren Kontakt mit dem römischen Christentum hatten.

Die katholische Taufe des Merowingerkönigs Chlodwig
markiert insofern ein entscheidendes Ereignis. Dem Chronis-
ten Gregor von Tours verdanken wir nähere Angaben. Demzufolge widersetzte sich der Frankenherrscher lange dem Drän-
gen seiner Frau Chrodechilde, die aus der burgundischen Kö-
nigsfamilie stammte und Katholikin war, sich taufen zu lassen
und sein Volk zum Christentum zu führen. Er bediente sich dabei eines Arguments, das auch von anderen Germanen über
Jahrhunderte hinweg angeführt wurde: Chlodwig, der sich
selbst von göttlicher Abkunft sah, vermochte nicht die Macht
eines Gottes zu erkennen, noch dazu von Jesus Christus, der
vermeintlich schwach und schändlich am Kreuz sein Ende gefunden hatte. Ein Gott musste wie Wodan als machtvoller Herr
auftreten, als kämpferischer Krieger, als stolzer Führer seiner
Gefolgschaft. All dies konnte der Christengott nicht vorweisen.

Erst die Schlacht mit den feindlichen Alamannen 496 bei Tolpiacum (Zülpich) brachte die Entscheidung. Denn in einer aussichtslosen Situation soll Chlodwig Christus in höchster Not angerufen haben: Gewähre er ihm den Sieg über die Alamannen, so wolle er an ihn glauben und sich taufen lassen. Denn seine alten Götter habe er umsonst angerufen, sie seien ohnmächtig. Nun trugen die Franken den Sieg davon, und Chlodwig ließ sich in Reims von Bischof Remigius taufen (498 oder 508). Anschließend salbte ihn der Bischof mit heiligem Öl unter dem Zeichen des Kreuzes Christi, und mehr als 3000 fränkische Krieger empfingen ebenfalls die Taufe. Für die Geschichte Europas war es von entscheidender Bedeutung, dass sich Chlodwig als erster Germanenherrscher für den Übertritt zum Katholizismus entschied. Denn damit trennte ihr offizieller Glaube die Franken nicht mehr vom gallo-römischen Bevölkerungsteil. Integration und Akkulturation zwischen Romanen und Germanen wurden auf diese Weise möglich. Die religiöse Praxis gestaltete sich allerdings noch recht unterschiedlich, was sich insbesondere an den Zeugnissen der Totenbestattung zeigt. Ursprünglich hatten die Franken die Verstorbenen verbrannt. Während des langen Kontaktes mit der römischen Zivilisation übernahmen sie die Sitte, Tote in einem Sarkophag bzw. einem Holzsarg zu bestatten einschließlich mehr oder weniger reicher Grabbeigaben. Die katholische Kirche verbot die Beigabensitte, denn vor ihrem Gott hatte der Tote solche Dinge nicht nötig. Trotzdem dauerte es nach Chlodwigs Taufe noch mehr als 200 Jahre, bis den Toten nichts mehr mit ins Grab gelegt wurde. In dieser Zeit verschwand auch allmählich die merowingische Sitte, die Gräber in langen Reihen anzulegen. An ihre Stelle trat die bis heute an vielen Orten übliche Bestattung neben der Kirche. Christentum und heidnische Relikte mischten sich im Laufe der Zeit, und nur allmählich konnte sich der neue Glaube durchsetzen. Beispielsweise begegnet man allenthalben dem Kreuzsymbol, das aber nicht selten als magisches Amulett mit Zauberkraft galt.

Im Frankenreich und ausgehend von diesem erfolgte eine intensive Missionierung durch irische und angelsächsische Missionare. Gerade in den englischen Königreichen der Angelsachsen hatte sich das Christentum seit dem Ende des 6. Jahrhunderts rasch durchgesetzt: Neben Kent, dessen König sich als erster taufen ließ, wurde insbesondere das nordenglische Northumbrien mit York ein Stützpunkt der neuen Religion. Diese zeichnete sich gerade hier durch eine bemerkenswerte Anpassung aus, die ihre Glaubensinhalte mit überkommenen vorchristlichen Formen verband. Exemplarisch zeigt sich diese Missionsstrategie in einer berühmten Anweisung Papst Gregors des Großen an den Missionar Mellitus (im Jahre 601). Darin fordert das Kirchenoberhaupt, »dass die Heiligtümer der Götzen bei jenem Volk möglichst nicht zu zerstören sind, sondern die darin befindlichen Götzenstatuen zerstört werden sollen, die Heiligtümer selbst aber mit geweihtem Wasser besprengt, Altäre errichtet und Reliquien niedergelegt werden sollen« (nach Simek 2014, 235 f.). Die Angelsachsen sollten an den ihnen vertrauten Orten den wahren Gott erkennen und verehren. Und was man früher den »Götzen« als Tieropfer dargebracht hatte, sollte nun als gemeinsames Mahl dienen etwa anlässlich des Kirchweihfestes oder am Geburtstag eines Märtyrers. Gregor folgte offensichtlich einer bereits vorher gepflegten Politik der katholischen Kirche, die häufig zu einer Kontinuität von Kultstätten über den Glaubenswechsel hinaus führte. Der Beispiele gibt es viele, so etwa die Errichtung des Bonner Münsters über einem alten Heiligtum der ubischen Matronen (Matrones Aufaniae). Oder die Verehrung des Erzengels Michael in Nachfolge eines Wodankultes (was natürlich spekulativ bleiben muss), worauf etwa die Gründung eines Michaelsklosters auf dem Heiligenberg bei Heidelberg deuten könnte – dort also, wo Weihesteine eines Kimbrischen Merkur (Wodan) errichtet worden waren. Auch der Michelsberg nahe Bad Münstereifel lässt auf eine mögliche Kontinuität schließen; denn der Name des Dorfes Mahlberg am Fuß des Berges verweist auf eine alte fränkische Funktion als Gerichtsstätte (fränkisch Malberg). In Skandinavien belegen das dänische Jelling und das schwedische Uppsala eine regelrechte Umwidmung vorchristlicher Stätten (vgl. Kap. VIII). Und im erwähnten lang genutzten religiösen Zentrum des südschwedischen Uppåkra finden sich nicht nur seit dem 5. Jahrhundert christlich inspirierte Funde. Die ganze Region blieb religiös bedeutsam und fand schließlich einen Nachfolger im nahen Bischofssitz Lund. Zurück auf den Kontinent, wo bis ins 8. Jahrhundert die Alamannen und die Baiern das Christentum annahmen: Seit 721 missionierte der Angelsachse Bonifatius in Hessen und bei den Thüringern. Der Gründer des Klosters Fulda und später »Apostel der Deutschen« genannte Missionar mag beispielhaft für die Vielzahl der Glaubensboten stehen, die von den Britischen Inseln kamen. Bei den Friesen und Sachsen erwies sich die Missionsarbeit als schwieriger, was der Totschlag des Bonifatius durch Friesen deutlich macht (754). Die Sachsen wurden schließlich in drei Jahrzehnte während kriegerischen Auseinandersetzungen mit den Franken unter Karl dem Großen bis 804 niedergerungen. Ihre mit der politisch-militärischen Eroberung einhergehende, teilweise brutale Bekehrung bietet das offensichtlichste Beispiel einer Schwertmission. Bis dahin folgten die Sachsen im heutigen Nordwestdeutschland aus der Sicht des Karlsbiographen Einhard völlig ihren alten Traditionen. Hierzu gehörten Stammesversammlungen und als einigendes Band die heidnische Religion, in der u. a. Wodan und Donar verehrt wurden. Ihnen brachten die gläubigen Sachsen Opfer dar, wozu auch Menschenopfer gezählt haben sollen. Und im Süden des Sachsengebietes, wahrscheinlich im heutigen Hochsauerland, ragte bekanntlich die Irminsul in den Himmel, die Karl der Große vernichten ließ. Damit unterstrich er die kompromisslose Härte, mit der er das heidnische Germanenvolk niederrang. Nach der militärischen Eroberung setzte er diese Politik fort: Per Gesetz drohte er den unbotmäßigen Heiden mit drakonischen Strafen. Mit dem Tode bestraft wurde schon, wer aus Missachtung des christlichen Glaubens die heilige Fastenzeit mit ihren Geboten nicht beachtete und Fleisch aß. Ebenso musste derjenige den Tod erleiden, der einen Toten nach heidnischem Brauch verbrannte. Auf Gnade durfte selbst der nicht hoffen, der noch ungetauft war und sich weigerte, die christliche Taufe anzunehmen. Gleiches widerfuhr demjenigen, der dem Frankenkönig keine Treue entgegenbrachte. So waren die Sachsen gezwungen, dem Franken in Treue zu dienen und den alten Göttern abzuschwören. Im Gefolge der fränkischen Krieger und der Adligen, die immer mehr Stützpunkte des Sachsenlandes besetzten, fanden sich mehr und mehr Priester, die in den Dörfern und Weilern die neue Religion predigten und die Heiden tauften. Verwendung in der Sachsenmission dürfte ein Text in altsächsischer Sprache gefunden haben, der in einer Mainzer oder Fuldaer Handschrift des frühen 9. Jahrhunderts niedergeschrieben wurde. Dieses *Sächsische Taufgelöbnis* folgt der üblichen lateinischen Taufliturgie und besteht aus zwei Teilen, nämlich der Abschwörung (Abrenuntiatio) und dem Glaubensbekenntnis (Professio). Der Täufling hatte dem Priester dabei bejahend auf die Fragen zu antworten, ob er dem Teufel, dem Teufelsopfer und allen Werken des Teufels abschwöre und ob er an Gottvater, Gottes Sohn und den Heiligen Geist glaube. Hier wird zusätzlich den drei Göttern Donar, Wodan und Saxnot abgeschworen: »end ec forsacho allum dioboles uuercum and uuordum, Thunaer ende Uuoden ende Saxnote ende allum them unholdum, the hira genotas sint.« (»und ich schwöre ab allen Werken und Worten des Teufels, Donar und Wodan und Saxnot und allen Unholden, die ihre Gefährten sind.«). Eine durchsetzungsstarke heidnische Reaktion bleibt trotz mancher Härten der Missionierung letztlich aus und im Laufe des 9. Jahrhunderts müssen Sachsen wie Friesen letztlich als christianisiert gelten. Seit 919 stellen die Sachsenherzöge schließlich sogar die ostfränkischen bzw. deutschen Könige und Kaiser als Herrscher eines zutiefst christlich geprägten Reiches.

Am längsten hielt sich die einheimische Religion unter den Nordgermanen Skandinaviens. Dort hatte der Missionar Willibrord bereits zu Beginn des 8. Jahrhunderts einen erfolglosen Bekehrungsversuch der Dänen unternommen. Aber erst um 820 führte der engere diplomatisch-politische Kontakt zwischen dem Frankenherrscher und dänischen Adligen, die untereinander in Bürgerkriege verstrickt waren, zu zahlreichen Taufen, die allerdings zumeist als bloße Formalien wenig über eine christliche Bekehrung aussagen. Insofern blieben während

Gussform für Thorshammer und Kreuz (Trendgården, Dänemark)

des 9. Jahrhunderts Missionierungsversuche begrenzt. Das verdeutlichen die Reisen des Franken Ansgar (um 801–865), der um 830 und 20 Jahre später im schwedischen Birka und unter den Dänen die Heiden zu bekehren versuchte. Aber seit damals existierte offensichtlich zumindest eine tolerierte christliche Minderheit in Birka. Die seit der 2. Hälfte des 9. Jahrhunderts von Dänen betriebene Eroberung und Besiedlung Ostenglands führte dort genauso wenig wie in anderen Teilen der Britischen Inseln während der Wikingerzeit zu einer dauerhaften heidnischen Reaktion. Letztlich obsiegte das Christentum der Angelsachsen, selbst wenn sie militärisch sieglos blieben. Erst seit der Mitte des 10. Jahrhunderts setzte sich das Christentum unter den Nordgermanen dauerhaft durch: Um 965 ließ sich der Dänenkönig Harald Blauzahn taufen, danach wurde die neue Religion nicht mehr grundsätzlich in Frage gestellt. Einen prägnanten Ausdruck hat der Religionswechsel bekanntlich in der großen Grabanlage von Jelling gefunden (vgl. Kap. VIII).

Der sächsische Geschichtsschreiber Thietmar von Merseburg schrieb dies einige Jahrzehnte später dem Verdienst eines mutigen Missionars zu. Jener Priester Poppo wollte das Christentum unter den Dänen erneuern. Er tadelte den König und sein Volk für ihren Abfall vom Gottesdienst und dass sie sich erneut Göttern und Dämonen hingegeben hätten. Auf die Frage des Königs, ob er seine Worte durch das glühende Eisen bekräftigen wolle, erklärte er sich dazu bereit. Tags darauf trug er ein schweres geweihtes Eisen vor den König. Dann hob der Furchtlose seine Hände unverletzt empor. Tief beeindruckt unterwarf sich Harald mit den Seinen dem Joch Christi und gehorchte den Geboten Gottes. Der historischen Realität dürfte es natürlich mehr entsprochen haben, dass er die Vorteile eines Bündnisses mit der Kirche erkannte. Mit Hilfe ihrer Priester war seine Herrschaft gewissermaßen vom Christengott gesegnet und damit legitimiert. Wenn erst einmal die hierarchische Kirchenordnung mit ihren Bischöfen und Priestern landesweit galt, war sie Haralds Machtstreben eine wichtige Hilfe. Obwohl sich seine ehrgeizigen Reichspläne nach 30-jähriger Herrschaft zerschlugen und er von seinem eigenen Sohn Sven Gabelbart vertrieben wurde, konnte die Macht des Christentums in Dänemark nicht mehr gebrochen werden.

Anders dagegen in Norwegen: Dort starb um 930 der erste Reichseiniger Harald Schönhaar und mit seinem Tod zerfiel das Land wieder in diverse Stammesgebiete. Seine zahlreichen Söhne erhoben untereinander Ansprüche auf den Thron und führten verschiedene Fraktionen in den Kampf. Dabei erhob der älteste Sohn Erik Blutaxt legitime Ansprüche – aber wegen seines despotischen Wesens lehnte man ihn allerorten ab. Gegen ihn kam ein ungewöhnliches Bündnis von Christen und heidnischen Traditionalisten zustande, das seinen jüngsten Bruder Hakon favorisierte. Dieser hatte seine Jugend am Hofe des englischen Königs Athelstan verbracht und als dessen Ziehsohn eine christliche Erziehung genossen. Damals wurde er zum überzeugten und gläubigen Christen. Darum unterstützte der englische Herrscher Hakons Ansprüche auf den Thron und ließ ihn nach Norwegen bringen. Der junge König fand einen Partner im Jarl von Lade beim heutigen Trondheim, dem mächtigsten Landesfürsten Norwegens, dessen Vater bereits Harald Schönhaar zur Macht verholfen hatte. Dieser Ladejarl galt allerdings als Traditionalist, der weder ein starkes noch ein christliches Königtum wünschte. Nach Snorris *Heimskringla* gelang es, Erik zu vertreiben. Nach seinem Tod 954 übernahmen seine Witwe Gunnhild und ihre Söhne die Thronansprüche und kehrten nach Norwegen zurück, wobei sie von ihrem Onkel Harald Blauzahn von Dänemark unterstützt wurden. Damit brachen unter den Verwandten erbitterte Kämpfe aus. Obwohl also König Hakon der Hilfe der Stämme und ihrer Führer bedurfte, ließ er nichts unversucht, sie zum Christentum zu bekehren. Dabei musste er jedoch moderat vorgehen und Überzeugungsarbeit leisten. Immerhin ließen sich viele aus Freundschaft taufen und gaben das heidnische Opfern auf. Daraufhin ließ Hakon sogar Priester aus England kommen und weihte einige Kirchen. Die heidnischen Riten seiner Verbündeten suchte er zu umgehen. Nach Snorri (auf dessen späte Erzählungen wir uns hierbei verlassen müssen) leitete Jarl Sigurd von Lade alle Opferfeste in Trondheim anstelle des Königs. Üblicherweise kamen zum so genannten Blutopfer alle Bauern zum Tempel und brachten Lebensmittel und Bier mit. Dort schlachtete man vielerlei Tiere, vor allem aber Pferde. Ihr Blut fing man in Opferschalen auf, woraus die Götteraltäre und die Tempelwände ebenso wie die Teilnehmer bespritzt wurden. In der Tempelmitte entfachten die Männer Feuer, über denen große Kessel hingen. In ihnen wurde das Fleisch der Opfertiere gesotten, um anschließend in einem großen Essen verzehrt zu werden. Dazu ließ man die Bierbecher kreisen. Dem Veranstalter dieses Opferfestes oblag es, über Bier und Speisen einen heidnischen Segen zu geben. Zuerst trank man den Odinsbecher für den Sieg und die Herrschaft des Königs; ihm folgten die Becher des Njörd und des Freyr für ein fruchtbares Jahr und für Frieden. Manche Männer tranken zusätzlich den Bragibecher, und darüber hinaus galt der so genannte Gedächtnisbecher verstorbenen Verwandten. Die Norweger hielten derartige Opferfeiern für unabdingbare Voraussetzungen, um ein friedliches Jahr mit reichen Ernten zu erlangen. Ein Häuptling, der sich dabei als großzügig erwies, genoss von den Göttern das Heil, das ihn in den Augen der Krieger und Bauern legitimierte. Darum forderte sie König Hakon geradezu heraus, als er nun doch auf Thingversammlungen versuchte, alle vom Übertritt zum Christentum zu überzeugen. Anlässlich eines großen Opferfestes im Herbst murrte man darüber, dass der König nicht unter ihnen auf seinem Hochsitz sitze und die erforderlichen Rituale ausführe. Als dieser stattdessen zum heidnischen Opfer das christliche Kreuzzeichen machte, griff der Jarl ein. Gemäß der Saga interpretierte er des Königs Geste schlichtweg als Zeichen des Thorshammers, der bekanntlich gegen Ende des 10. Jahrhunderts unter den Wikingern als Symbol ihres alten Götterglaubens galt. Selbst wenn man diese Geschichte als spätere Anekdote werten muss, belegt sie doch sinnfällig den Zwiespalt der Norweger zwischen beiden Religionen. Aber nicht immer vermochte sich der König den heidnischen Traditionen zu entziehen: Einmal besuchte er ein Festmahl zur Julfeier, dem Mittwinterfest und Vorläufer von Weihnachten. Dort forderten die Männer ultimativ von ihm die Vollziehung der heidnischen Opferrituale und drohten ihm andernfalls mit Gewalt. Daraufhin musste er einige Bissen Pferdeleber essen und alle Gedächtnisbecher trinken, ohne das Kreuzzeichen darüber zu machen. Allein die bedrohlichen Kriegszüge seiner Neffen hielten Hakon davon ab, mit Gewalt gegen die Trondheimer Bauern vorzugehen. Nach dem Tod des Königs in der Schlacht (962) übernahmen die Söhne Erik Blutaxts die Herrschaft und betrieben eine erheblich rigorosere Missionierungspolitik, wobei sie heidnische Tempel niederbrannten und die Opferfeste störten. Was folgte, war ein letztes Aufbäumen der heidnischen Tradition, als deren Haupt Jarl Hakon von Lade galt. Er widerrief seine erzwungene Taufe und vertrieb die christlichen Priester. Snorri Sturluson weiß übrigens zu erzählen, dass dem Jarl während einer Opferfeier zwei krächzende Raben als Boten Odins erschienen sein sollen – was wiederum zumindest ein sinnfälliges Bild ist. Daheim in Trondheim pflegte Jarl Hakon die traditionellen Opferfeiern und umgab sich mit einer Schar der besten Skalden, die ihn und die Götter besangen. Doch dies war wahrlich eine »Götterdämmerung«. Denn nach dem Tod des letzten einflussreichen Traditionalisten traten zwei Männer auf den Plan, die dem Christentum in Norwegen zum endgültigen Sieg verhalfen: Sowohl Olaf Tryggvason als auch Olaf der Dicke hatten als Wikinger reichlich militärische Meriten erworben, waren aber zum christlichen Glauben übergetreten. Mit dessen Hilfe versuchten sie, Norwegen zu einen und zu einem christlichen Reich europäischer Prägung zu machen. Was für beide mit dem Tod in der Schlacht endete (1000 bzw. 1030). Ohne auf die komplexen Allianzen zwischen norwegischen Thronprätendenten, Stammeshäuptlingen, dänischen und englischen Herrschern weiter einzugehen, bei denen die Religion beileibe nicht die Hauptrolle spielte: Trotz Olafs des Dicken Tod 1030 konnte niemand mehr den Siegeszug der neuen Religion aufhalten. Das Christentum war unter dem Volk bereits so stark verbreitet, dass bald ein regelrechter Kult um Olafs Leichnam aufkam. So erzählte man sich, dessen Blut könne Wunden heilen. Er wurde als Heiliger verehrt und fand schließlich im Dom von Trondheim seine letzte Ruhestätte. Seitdem galt er als immerwährender König Norwegens. Seine Nachfolger fühlten sich dem verpflichtet und herrschten über ein Land, in dem es königliche Residenzen, Kirchen, Münzstätten und Städte wie Oslo und Trondheim gab.

Im benachbarten Schweden erfolgte die Christianisierung später und langsamer. Immerhin bezeugt Adam von Bremen bekanntlich noch um 1070 die heidnischen Kultfeiern von Uppsala. Und derselbe weiß auch von einem der eher seltenen Märtyrertode unter den Nordgermanen zu berichten:

»Damals soll ein Angelsachse namens Wulfrad aus Liebe zu Gott nach Schweden gekommen sein und den Heiden mit großer Kühnheit das Wort Gottes verkündigt haben. Als er durch seine Predigt viele zum Christenglauben bekehrt hatte, wagte er es, ein Götzenbild dieses Volkes namens Thor zu verfluchen, das am Versammlungsplatz der Heiden stand; zugleich nahm er eine Axt und schlug das Bild in Stücke. Dafür aber durchbohrten sie ihn sogleich mit tausend Wunden, und so ging seine des Märtyrerlorbeers würdige Seele in den Himmel ein. Seine verstümmelte Leiche versenkten die Barbaren auf sehr schimpfliche Weise im Moor.«

Aber im 11. Jahrhundert muss die religiöse Zugehörigkeit doch recht durchmischt gewesen sein – wovon etwa in der Nähe Uppsalas zahlreiche Runensteine zeugen, die ohne jeden Zweifel von Christen zum Gedenken ihrer Toten errichtet worden waren. Und schon gegen Ende des 10. Jahrhunderts war es einem König names Olof Skötkonung gelungen, weite Landesteile zu kontrollieren – seinem Beinamen »Steuerkönig« zufolge verpflichtete er seine Untertanen dazu, Abgaben zu leisten. Außerdem machte er die kleine Siedlung Sigtuna am Mälarsee zu einer Art Hauptstadt, in der er residierte, eine Verwaltung etablierte und sogar Münzen prägen ließ. Dort gründete der gläubige Christ zudem mehrere Kirchen. Bemerkenswert daran: Hatte früher eine heidnische Mehrheit die Christen toleriert, durften nun die Ungetauften in der Stadt des Königs ihrem Glauben nachgehen – wie mehrere christliche und heidnische Friedhöfe belegen. Aber bis ins 12. Jahrhundert hatten die Schweden als letzte Nordgermanen das Christentum angenommen.

Eine Besonderheit stellt Island im Nordatlantik dar. Die ersten Siedler brachten gegen Ende des 9. Jahrhunderts die heidnische Religion aus Norwegen mit. Aber unter der Generation der ersten Landnehmer fanden sich auch Christen bzw. Männer und Frauen, die vom neuen Glauben bereits gehört hatten. Etliche Einwanderer kamen aus Irland und von anderen Teilen der Britischen Inseln, wo sie in der unmittelbaren Nachbarschaft der Christen lebten. Einzelne hatten dort die Taufe empfangen; das Gleiche galt für die irischen Sklaven, die aus einem durch und durch christlichen Land stammten. Im Laufe des 10. Jahrhunderts breitete sich bekanntlich der christliche Glaube in Skandinavien aus – wovon Island nicht unberührt blieb, obwohl die überwiegende Mehrzahl der Bevölkerung weiterhin dem Heidentum anhing. Nicht zuletzt, weil die führenden Häuptlinge der Goden selbst den Götterkult betrieben. Die Christen stellten damals eine kleine Minderheit, deren Glauben man tolerierte. Doch mit den Kontakten der weit herumreisenden Isländer stieg auch der christliche Einfluss. Um 980 versuchte sich ein aus Niedersachsen stammender Bischof Friedrich als Missionar, dem allerdings letztlich kein Erfolg beschieden war. Immerhin ergriff er sogar auf der zentralen Landesversammlung des Allthings das Wort – umsonst. Schließlich verließ er die Insel und kehrte heim. Knapp 20 Jahre später versuchte der norwegische König Olaf Tryggvason die Bekehrung der Isländer voranzutreiben. Diese unterstanden zwar nicht seiner Macht, pflegten aber enge Beziehungen zur alten Heimat. Zudem befanden sich häufig angesehene Isländer am Hof des Königs, sodass dieser sie als Geiseln nehmen oder ihnen sogar mit dem Tod drohen konnte. Insofern nahm man den norddeutschen Missionar Thankbrand gut auf, als er im Auftrag des Königs nach Island kam. Im Großen und Ganzen scheinen seine Bekehrungsversuche zwiespältig verlaufen zu sein. Denn zum einen gewann er zweifelsohne Sympathien für den christlichen Glauben, aber zum anderen ließ er sich zu Gewalttaten hinreißen, was sogar zu Totschlägen führte. Deshalb sah sich der Norddeutsche gezwungen, zu König Olaf zurückzukehren. Aber dieser ließ nicht locker, sodass die religiöse Situation im Sommer des Jahres 1000 auf dem Allthing verhandelt wurde. Dabei standen sich Heiden und die mittlerweile doch angewachsene Schar der Christen bewaffnet gegenüber. Ein Bürgerkrieg drohte! Schließlich gelangte die Sache vor den Gesetzessprecher Thorgeirr, der das einzige offizielle Amt der Inselrepublik wahrnahm und über entsprechendes Ansehen verfügte. Obwohl er Heide war, entschied er nicht unvermittelt gegen die Christen, sondern zog sich zu nächtlichem Bedenken zurück. Am nächsten Morgen erklärten beide Parteien, sich dem Urteil des Gesetzessprechers zu fügen. Thorgeirr entschied zugunsten der Christen. So wurde ein Gesetz verkündet, wonach alle sich taufen lassen und an einen Gott glauben sollten. Für traditionelle Bräuche wie das Aussetzen von Kindern und das Essen von Pferdefleisch sollten jedoch noch die alten Gesetze gelten. Das heimliche heidnische Opfern gestattete man, es wurde aber dann bestraft, wenn sich dafür Zeugen fanden. Doch diese Ausnahmeregelungen erwiesen sich schon bald als überflüssig, da sich die alten Bräuche recht schnell überlebten. Damit hatten die Isländer auf eine einmalige Art und Weise das

Christentum bei sich eingeführt: durch eine Mehrheitsentscheidung ihrer Volksversammlung, die dem Spruch ihres Vorsitzenden folgte.

Wie pragmatisch während der Wikingerzeit mit der religiösen Orientierung umgegangen wurde, belegt die so genannte Primsegnung (altnord. prímsigning, lat. prima signatio), eine Vorstufe der Taufe. Denn wer ihrzufolge das Kreuzzeichen erhalten hatte, durfte an Gottesdiensten teilnehmen. Heidnische Kaufleute konnten auf diese Weise ungehindert mit ihren christlichen Geschäftspartnern verkehren. Komplizierter wurde es beim grundsätzlichen Religionswechsel, der sich zuallererst in den Sitten und Gebräuchen zeigte. Denn der Glaube des Einzelnen galt im germanischen Heidentum weniger als die öffentlichen Feiern, worunter insbesondere Opferriten zu verstehen sind, die reiche Ernten und Frieden sichern sollten. Kein Wunder also, dass die Isländer und Norweger ihre angestammte Religion als inn forni siðr, »den alten Brauch«, bezeichneten, und den Religionswechsel als Siðaskipti, »Wechsel der Sitten« (man vergleiche dazu die Anweisungen Papst Gregors zur Englandmission über wechselnde Sitten am selben Kultort). Bei erfolgreicher Bekehrung veränderte sich folglich zuerst das öffentliche Leben – dem individuellen Glauben musste man ohnehin seine Zeit lassen. Denn die eigentliche Taufe stellte lediglich den formalen Akt der Bekehrung dar, was selbstredend bei Zwangstaufen galt. Erst nach den Taufen der Herrscher und der allgemeinen Durchsetzung der Taufe in der Bevölkerung konnte eine christliche Durchdringung beginnen. Sie erforderte ein System von Bistümern und Kirchengründungen, deren Priester der Bevölkerung den christlichen Glauben auf Dauer nahebrachten, die Sakramente spendeten und den Alltag im christlichen Sinne prägten – wozu natürlich ebenso Klöster mit ihren Schulen gehörten. Insofern muss die germanische Bekehrungsgeschichte über Jahrhunderte als langsame Aneignung gesehen werden, die von ersten oberflächlichen Kontakten über das Auftreten der Missionare bis hin zur Taufe und zu der kirchlichen wie geistlichen Erschließung eines Landes reichte.

Warum war aber das Christentum letztlich so erfolgreich? Warum konnte ihm der alte Asenglaube der Germanen nichts entgegensetzen? Mit viel Sympathie für das Heidentum könnte man darauf verweisen, dass dieses eben nicht vom expansiven Missionierungs- und Heilswillen des Katholizismus durchdrungen war. Man kannte keine »frohe Botschaft«, die man der Welt zu bringen hatte. Außerdem darf der Glaube an Wodan-Odin und die anderen Gottheiten wie oben dargelegt nur als öffentliche Opferangelegenheit gelten, während der Glaube des Einzelnen dessen Privatangelegenheit war. Die Germanen zeigten durchaus Toleranz und betrieben keine großflächigen Christenverfolgungen – was übrigens in der Spätantike einzelne Opfermassaker nicht ausschließt. Dann könnte man darauf verweisen, die Christianisierung sei unter den germanischen Stämmen zumeist von oben erfolgt; das heißt mit Unterstützung der Herrschenden wie etwa des Franken Chlodwig und des Dänen Harald Blauzahn. Denn sie nahmen sich das christliche Rom bzw. später in Skandinavien das Frankenreich zum Vorbild für ihre Reichsgründungen. Darum ist es kein Zufall, dass die heutigen skandinavischen Länder am Ende der Wikingerzeit als typische christlich-abendländische Reiche entstanden (die Republik Island wurde 1264 von Norwegen annektiert). Deshalb stand das Heidentum auf verlorenem Posten. Aber das Ganze geschah wohl nicht gegen den Widerstand der Bevölkerung. Denn das Christentum offerierte ein verlockendes Jenseitsangebot. Dazu bringt Beda Venerabilis in seiner englischen Kirchengeschichte ein treffendes Beispiel im Zusammenhang mit der Taufe König Edwins von Northumbrien um das Jahr 630. Wie bereits erwähnt, beriet sich dieser eingehend mit seinen Ratgebern, die zur Anerkennung des Christentums tendierten. Einer habe dafür ein Gleichnis herangezogen: Sie befänden sich nun in der Halle mit dem lodernden Feuer in der Mitte, draußen toben Winterstürme. Ein Sperling komme hereingeflogen, sei kurz im Warmen und fliege zur anderen Tür wieder hinaus. Genauso sei es mit der kurzen irdischen Existenz des Menschen bestellt. Was davor und danach sei, davon wisse man nichts. Wenn da die neue Religion Gewissheit bringe, solle man ihr folgen. Und so war es in der Tat: Die Germanen kannten verschiedene Vorstellungen des Jenseits und des Lebens nach dem Tod. Zu den ältesten dürfte das Weiterleben im Grabhügel gehört haben, das allerdings nur wenigen Privilegierten vorbehalten blieb. Im Norden kannte man natürlich das Kriegerparadies Walhall, das wiederum nur einer gewissen Schicht offenstand. Der Rest landete im feuchten Reich der Ran im Meer oder im tristen Totenreich der Hel. Dort drohten zwar keine Höllenstrafen, aber auch keine Verheißungen des Paradieses und des Himmlischen Jerusalem. Und dorthin konnte jeder gelangen, insofern er ein gottgefälliges Leben führte – und das in einfachem Leichentuch und ohne reiche Beigaben. Das gefiel jedoch nicht jedermann, wofür die Vita des Bischofs Wulfram eine anschauliche Episode bietet, derzufolge der 719 gestorbene Friesenherzog Radbod die Bekehrung verweigerte:

»Als der erwähnte Fürst Radbod zum Taufempfang ermuntert wurde, fragte er den heiligen Wulfram, ihn unter Eid verpflichtend, wo die größere Zahl der Könige, Fürsten und Adeligen des Friesenvolkes sei: In jenem Himmelsaufenthalt, den er, Wulfram, ihm, wenn er glaube und sich taufen lasse, in Aussicht stelle, oder an jenem Ort, den er die höllische Verdammung nenne? Darauf der heilige Wulfram: Du sollst nicht im Irrtum bleiben, hoher Fürst! Für Gott ist die Zahl seiner Erwählten eindeutig. Deine Vorgänger, die Fürsten des Friesenvolkes, die ohne Taufsakrament verschieden sind, haben – das ist gewiss – ihr Verdammungsurteil erfahren; wer aber von jetzt an glaubt und sich taufen lässt, wird auf ewig in der Freude mit Christus sein. Als dies, so wird berichtet, der ungläubige Fürst vernahm, da zog er – er war schon zum Taufbecken geschritten – den Fuß vom Taufbecken wieder zurück und sagte, er könne nicht auf die Gemeinschaft mit seinen Vorgängern, den Friesenfürsten, verzichten und mit der geringen Zahl von Armen im Himmel weilen; der neuen Predigt könne er nicht zustimmen, sondern bleibe lieber bei dem, was er allezeit mit dem Friesenvolk eingehalten habe.« (So die Lebensgeschichte des Heiligen Wolfram, *Vita Wulframni*.)

2. Synkretismus: Glaubensmischung zwischen Heidentum und Christentum

Abschließend ein Blick auf jene Phasen der Bekehrungsgeschichte, in denen es vorübergehend zu einer regelrechten
Glaubensmischung kam, dem sogenannten Synkretismus. Dabei vermengten sich christliche und germanische Elemente zu
unterschiedlichen Vorstellungen in Bräuchen und Riten, Mythologie und Gottesbildern. Solch eine synkretistische Grund-
haltung kann sich auch im Glauben einzelner Personen zeigen,
wofür das isländische *Buch von der Landnahme* eines der besten
Beispiele liefert: »Helgi war sehr gemischt in seinem Glauben.
Er glaubte an Kristr (Christus), aber für Seereisen und in
Schwierigkeiten rief er Thor an.« Hier also will der wackere
Helgi noch nicht so ganz dem neuen Gott vertrauen (im Norden wurde Christus schlichtweg als Gottheit gesehen, alles andere war zu kompliziert). Mit dem treuen Donner- und Wetter-
gott Thor hatte er anscheinend gute Erfahrungen gemacht,
weshalb er sich in besonderen Situationen auf ihn berief. Auf
ein ähnliches Phänomen dürften wir beim bereits vorgestellten
Schiffsgrab von Sutton Hoo stoßen. Dort errichtete man einem
angelsächsischen König nach altem Brauch einen prächtigen
Grabhügel, ohne ihn dort überhaupt noch zu bestatten.

Das verbot mutmaßlich sein christlicher Glaube. Im Rheinland bietet der fränkische Grabstein von Niederdollendorf
(7. Jahrhundert) ein erheblich bescheideneres Beispiel. Die einen knappen halben Meter hohe Kalkstele von einem fränkischen Friedhof zeigt nämlich in Reliefs und Eingravierungen
auf ihrer Vorderseite einen fränkischen Krieger, der sich das
Haar kämmt – was sich auf den Glauben an die Heilskraft der
Haare bezieht. Die Rückseite zeigt einen Mann mit Lanze, der
einen Nimbus trägt und wahrscheinlich von einer Mandorla
umgeben wird. Er dürfte Christus als Himmelskönig darstellen, mit dem Speer als germanischem Königszeichen in der
Hand. Dazu kommen reiche, dem germanischen Tierstil ent-
nommene Schlangenmotive. Traditionelle heidnische Vorstellungen verbinden sich hierbei mit einer Darstellung Christi, die

Fränkischer Grabstein von Niederdollendorf (bei Bonn)

ihrerseits germanisiert ist. Denn mit der Vorstellung des Gekreuzigten tat man sich noch lange schwer, weswegen man den
Gottessohn gern als germanischen Fürsten abbildete. Noch der
große Runenstein aus dem dänischen Jelling zeigt Christus mit

Reiterstein von Hornhausen (Sachsen-Anhalt)

ausgebreiteten Armen, die aber das Kreuz missen lassen und eher triumphierend wirken.

Wie stark in der Merowingerzeit religiöse Vorstellungen durchmischt wurden, zeigt auch der Reiterstein von Hornhausen im nördlichen Harzvorland. Seine Darstellung galt lange als der Prototyp eines stolzen germanischen Reiters. Einige Stimmen wollten darin sogar Wodan erkennen, da das Denkmal bei den Thüringern entstanden war, die noch länger dem

Heidentum anhingen. Archäologische Grabungen erbrachten ein anderes Ergebnis: Der Stein diente neben anderen als Chorschranke einer kleinen Kirche und stellt einen christlichen Reiterheiligen dar, wie man ihn etwa von St. Martin oder St. Georg kennt. Natürlich bedienten sich die germanischen Handwerker ihrer Mittel und ihrer Motive, sie stellten aber einen christlichen Heiligen dar. So weit auch das Thüringerreich von den Franken lag, es unterstand ihrer Macht und ihren einsetzenden Christianisierungsversuchen. Der Reiterstein von Hornhausen ist deshalb kein Zeugnis des Heidentums, sondern der neuen Religion, die Germanen ansprechen wollte. Später stoßen wir während der Wikingerzeit in Teilen der Britischen Inseln auf weitere Zeugnisse des Synkretismus. Dazu zählt das Gosforth-Kreuz (Cumberland, Nordengland, 1. Hälfte des 10. Jahrhunderts), ein über 4 m hohes Sandsteinkreuz, das christliche und heidnisch-nordgermanische Motive verbindet. Darunter auch der Fischzug Thors nach der Midgardschlange. Die Absicht dürfte gewesen sein, das Christentum dem Heidentum als überlegen darzustellen (Thor gelingt es bekanntlich nicht, das Ungeheuer zu besiegen). Der Beispiele gibt es viele, und selbst der *Weissagung der Seherin* aus den Götterliedern der Älteren Edda hat man neben traditionell heidnischen Motiven auch christliche Gedanken unterstellt, was zeitlich um das Jahr 1000 gut passen würde, aber schwer zu beweisen ist.

XI. Haben die Götter überlebt?

Heidnisches Nachleben im Aberglauben

1. Isländische Sagas und andere skandinavische Zeugnisse

Was ist eigentlich Aberglaube, der auch als Volksglaube bezeichnet wird? Wir verstehen darunter nämlich Vorstellungen und Bräuche, die im mittelalterlichen – und neuzeitlichen – Europa außerhalb oder doch zumindest am Rand des offiziellen christlichen Glaubens der Kirche sowie ihrer Lehren standen. Was vor allem für den Glauben an Wesen der niederen Mythologie, Naturgeister und Dämonen sowie volkstümliche magische Praktiken wie Heil- und Schadenszauber oder Wahrsagerei gilt. Das meiste davon entstammt vorchristlichen Religionen wie der antiken oder germanischen, die nicht selten eine Verbindung mit christlichen Vorstellungen eingehen. Aberglaube bewegt sich deshalb in einem Übergangsbereich zwischen Heidentum, Synkretismus und offizieller christlicher Religion. Wir werden im Folgenden feststellen, dass diese Form des Volksglaubens in mittelalterlichen Zeugnissen recht gut greifbar ist, während ihre neuzeitliche Einordnung schwierig wird. Das betrifft insbesondere die vermeintlichen Relikte der germanischen Religion, von denen die meisten gerade im deutschsprachigen Bereich in Frage zu stellen sind. Nicht nur, dass hier das lebendige Heidentum seit weit über 1000 Jahren verschwunden ist. Bereits für die frühmittelalterlichen Quellen, die gegen magische und abergläubische Bräuche wettern, besteht Unsicherheit, ob diese Sitten antiken, germanischen oder gar keltischen Vorstellungen entspringen. Mehr noch ist in der Gegenwart Vorsicht geboten, zu schnell auf die alten Germanen zu verweisen, wo doch viele Phänomene des Volksglaubens erst seit dem 15. oder 16. Jahrhundert bezeugt werden. Gleichwohl hat das Eine und Andere in der Tat überlebt.

Beginnen wir im mittelalterlichen Skandinavien, in dem bekanntlich die endgültige Bekehrung erst spät erfolgte und wo darum mit heidnischem Nachleben am ehesten zu rechnen ist. Während dort Gelehrte wie der Däne Saxo Grammaticus und der Isländer Snorri Sturluson die geistige Auseinandersetzung mit den alten Mythen suchen, gibt es auch Zeugnisse dafür, dass die vorchristlichen Gestalten in die Welt des Aberglaubens glitten. Dort waren sie je nachdem als Dämonen verschrien oder wurden als hilfreiche Geister um Glück und Fruchtbarkeit angerufen. Immerhin berichtet noch im 12. Jahrhundert ein englischer Priester erbost über den lockeren Glauben der Schweden:

> »Die Svear und Götar scheinen indes den christlichen Glauben nur zu achten, wenn die Dinge nach ihren Wünschen laufen und das Glück auf ihrer Seite ist; aber wenn die Sturmwinde gegen sie sind, wenn der Boden während der Dürre unfruchtbar wird oder wenn er von schweren Regenfällen überflutet wird, wenn ein Feind mit Plündern und Brennen einzufallen droht, dann verfolgen sie den Glauben, den zu achten sie behaupten, und mit Drohungen und Unrecht gegen die Gläubigen suchen sie diese aus dem Land zu jagen.«

Dabei dürfte der Engländer mit seiner Darstellung einer regelrechten heidnischen Reaktion übertrieben haben. Aber immerhin: Selbst die alten Gottheiten waren noch präsent. Ein gutes Beispiel dafür bietet die Stabkirche von Hegge im norwegischen Oppland, deren markanter Holzbau nach 1216 errichtet wurde – also 200 Jahre nach Durchsetzung der neuen Religion. Dort setzte man weit oben an das Ende einer Hochsäule eine Maske, in der ganz offensichtlich Odin als Gehängter und Einäugiger zu erkennen ist. Versteckter Hinweis eines subversiven Anhängers des alten Asenglaubens? Mitnichten, denn teuflische Dämonen und Fratzen des Bösen zierten allenthalben die Kathedralen des Abendlandes, womit wiederum das äußere Böse abgeschreckt werden sollte. Das Besondere an der Odinsfratze von Hegge ist hingegen, dass Odin hier gleichsam als Dämon gesehen wurde, dass aber auch die genaue Vorstellung bezeugt wird, die man noch von ihm hatte. Hatte er bereits im Heidentum als Toten- und Magiegott in vielen Gestalten nicht den besten Ruf, verschärfte dies die christliche Dämonisierung. Überall in Skandinavien führte er um die Mittwinterzeit ein schauriges Geisterheer durch die Lüfte, das in Deutschland als »Wildes Heer« bezeichnet wurde, aber etwa in Schweden bis heute Odens jakt, »Odins Jagd«, genannt wird. Erfreulicheres hatte zweifelsohne der alte Donner- und Regengott Thor zu bieten, der auch im Aberglauben seine Popularität behielt – selbst in Deutschland genoss der nach ihm benannte Donnerstag bis ins 17. Jahrhundert ein gewisses Ansehen, so als Gerichts- und Glückstag für Hochzeiten. Hierbei dürfte seine traditionelle Rolle als Schützer des Kosmos und mit seinem Hammer weihender Gott nachgewirkt haben. Dabei hinterließ sogar der sonst außerhalb der altnordischen Mythen kaum zu findende Loki zumindest in volkstümlichen Sprichwörtern und Redensarten seine Spuren: Die Isländer bezeichnen heiße Sommertage als Lokabrenna, »Lokis Feuer«. Und verzweifeln sie über einem völlig verwickelten Faden, sagen sie »da ist ein Loki drin«. In Norwegen kann man das prasselnde Ofenfeuer kommentieren mit »Lokje schlägt seine Kinder«. Wirft man irgendwelche Reste in die Flammen, tut man es »für Lokje«. Die genauen Wege dieser Überlieferung müssen letztlich ungeklärt bleiben; ihre Relikte bezeugen immerhin einen bemerkenswerten Aspekt des geheimnisvollen Zwietrachtsäers.

Die reichhaltige Literatur des isländischen Mittelalters birgt nicht nur Belege für vorchristliche Vorstellungen, sondern ebenso für den Aberglauben, der im 13. und 14. Jahrhundert auf der Atlantikinsel herrschte. Der Beispiele gibt es viele. Eines der auffallendsten ist die Furcht vor den Wiedergängern (altnord. draugr). Diese lebenden Toten, die ihre Grabhügel verließen und die Lebenden terrorisierten, sind gerade in der Sagaliteratur ein beliebtes Motiv. Dort bezeugen sie Vorstellungen, die der heidnischen Vergangenheit zugeschrieben wurden, aber höchstwahrscheinlich auch unter den christlichen Zeitgenossen herrschten. Vorab aber zu einem Heldenlied der Älteren Edda, die bekanntlich um 1270 niedergeschrieben wurde. Im

Zweiten Lied von Helgi dem Hundingstöter (Str. 42 ff.) reitet der tote Held mit vielen Kriegern aus Walhall zu einem Grabhügel. Dort erwartet er seine Witwe Sigrun, die zu ihm ins geöffnete Grab geht: »Nun ist die Braut im Hügel eingeschlossen, die Frau der Menschen, bei uns Gestorbenen.« Sie erblickt ihn als schaurigen Toten: das Haar mit Reif bedeckt, überall Blut, die Hände kalt. Sigrun bleibt bei ihm und netzt ihn mit ihren Tränen. Aber Helgi muss mit seinen Männern wieder nach Walhall zurück. Und Sigrun wartet vergebens beim Grabhügel auf die erneute Rückkehr des Toten. Ihre Magd warnte sie ohnehin vor den »Gespensterhäusern«, wie sie die Grabhügel nennt. Denn dort werden nachts »alle toten Feinde« mächtiger als bei Tageslicht. Davon weiß auch die Isländersaga vom starken Grettir zu erzählen: Ihrzufolge machte ein Unhold einen Hof im Norden Islands unsicher. Niemand wollte deshalb dort Schafe hüten, bis der Bauer schließlich den Schweden Glam dafür gewinnen konnte, der stark war und selbst unheimlich wirkte. Vom neuen Glauben hielt er nichts und verschmähte darum in der Christnacht den Gottesdienst in der Kirche. Draußen im dichten Schneegestöber geriet er prompt an einen Unhold, mit dem er sich offensichtlich einen erbitterten Kampf lieferte. Inmitten aufgewühlter Erde und Steine fand man schließlich den toten Glam, schwarz wie die Totengöttin Hel und dick wie ein Rind. Da sich dieser Leichnam nicht zur Kirche transportieren ließ, begrub man ihn weit draußen unter einem Steinhügel. Nun ging von dort der Schrecken aus, denn der Tote suchte als *draugr* den Hof heim. Manche, die ihm begegneten, fielen in Ohnmacht, andere verloren den Verstand. Nicht selten setzte sich Glam auf den Dachfirst und »ritt« die Häuser. Der Hof geriet in Verruf und wurde gemieden, einen furchtlosen Schafhirten fand man mit gebrochenem Genick an Glams Steinhügel. Dies ging so fort, bis sich schließlich der Sagaheld Grettir der Sache annahm. Im Hof erwartete er den Wiedergänger und lieferte sich mit ihm einen erbitterten Ringkampf, bei dem er schließlich siegte. Dann schlug er ihm mit seinem Schwert den Kopf ab und setzte ihn an dessen Hinterbacken, was womöglich Unheil abwehren sollte. Bei der Leiche des Unholds ging man aber auf Nummer sicher, indem man sie zu Asche verbrannte und diese in einem Sack weitab vom Hof vergrub. Grettir überkam trotz seines Mutes seit damals in der Dunkelheit panische Angst. Der Umgang mit den Gespenstern der nordgermanischen Grabhügel konnte demnach viel Unheil mit sich bringen. Die Südgermanen des Kontinents bewahrten sich andere volkstümliche Erinnerungen an den Brauch der Grabhügel. Sie entrückten berühmte Tote in bestimmte Berge, so etwa in den Kyffhäuser in Thüringen. Und der Untersberg bei Salzburg gilt als Sagenberg schlechthin. Denn im Innern des markanten Bergmassivs glaubte man nicht nur die alten Kaiser Karl den Großen und Friedrich Barbarossa »zum Schlaf sich hingesetzt«, dort und in der Umgebung siedelte man allerlei sagenhafte Wesen an wie Zwerge, Riesen, Berggeister, Wildfrauen und die durch die Winternächte tobende Wilde Jagd. Begründet wird dies anscheinend erst durch die angeblichen Erlebnisse des Reichenhallers Lazarus Gitschner im 16. Jahrhundert. Viele Elemente daraus entstammen jedoch älteren germanischen Vorstellungen, die in vielfältigen Sagenstoffen und -motiven kursierten.

Zurück nach Island, wo Snorri um 1220 für seine Edda neben alten Mythenstoffen auf Motive des zeitgenössischen Aberglaubens zurückgriff. Dafür bietet das Totenschiff Naglfar ein treffendes Beispiel. Denn dieses »Nagelschiff« (eigentlich »Leichenschiff«) spielt nicht nur in der Mythologie eine wichtige Rolle, weil dieses größte, dem Riesen Muspell gehörende Schiff sich bei den Ragnarök losreißt und unter dem Steuer Lokis die Muspellssöhne heranschafft. Laut Snorri besteht nämlich Naglfar aus den Nägeln der Toten, weshalb diesen die Nägel geschnitten werden sollten. Ansonsten erhält das Schiff neues Material und ist bei den Ragnarök umso schneller (Weiss. 50, Gylf. 51). Zum praktizierten Aberglauben des Volkes sind selbstverständlich auch jene magischen Bräuche zu zählen, wonach noch bis ins Spätmittelalter Zauberformeln mit Runen geritzt wurden. Etwa auf Kupferblechstreifen und Bleiblättchen gegen Dämonen und auf Holzstäbchen gegen Krankheiten. Auf Bechern sollten sie gegen Gift schützen, andernorts verhießen sie sicheres Glück in Liebe und Spiel. Die populärsten Überbleibsel vorchristlicher Vorstellungen stellt das vierorts in Skandinavien unter verschiedenen Namen bekannte Huldrefolk dar. Darunter ist eine Art von Heinzelmännchen zu verstehen, deren Zeugnisse sich bereits im späten Mittelalter finden. Der Volksglaube vermischte dabei Vorstellungen von Zwergen und Alben, die insbesondere in Norwegen bis heute populär sind. Und auf Island genießt das »verborgene Volk« (Huldufólk) geradezu öffentliche Akzeptanz. Immer wieder machen Nachrichten die Runde vom »Elfenglauben« der Menschen auf der Insel im Nordatlantik, dessentwegen der Schutz mutmaßlicher Elfenhügel sogar den Straßenbau beeinflusst. In der Tat gehen diese Vorstellungen auf den uralten Glauben an die Alben und Landwichte zurück, die Island seit jeher bewohnen. Insofern gehören sie unabdingbar zum Identitätsbewusstsein der Inselbewohner (die gleichwohl brave, zumeist protestantische Christen sind). In Norwegen nimmt man die Existenz von Trollen nicht ganz so ernst. Dabei treten diese Nachfahren der mythischen Riesen in Märchen und Sagen als typische Gestalten Nordeuropas auf. Üblicherweise sind sie groß und hässlich und hausen in der Bergen. Den Menschen können sie durchaus gefährlich werden. Andernorts in Skandinavien hat man sie auf weniger bedrohliche Heinzelmännchengröße geschrumpft. Schließlich noch zum wichtigsten Fest des Jahres, dass traditionelle Vorstellungen mit christlichen verbindet: Weihnachten, das in Skandinavien als Julfest (Jul; altnord. jól, angels. gehol, geohol; ursprünglich vielleicht »Zauberfest«) bezeichnet wird. Dieses altertümliche Wort verweist deutlich auf seinen Zusammenhang mit dem germanischen Mittwinterfest und ist unter Nordgermanen wie Deutschen mit reichen Volksbräuchen verbunden. Ursprünglich vollzog man dabei Fruchtbarkeitsopfer, gedachte aber auch des Toten- und Zaubergottes Odin, der Jul entsprechend auch Jólnir genannt wurde. Dazu gehörten womöglich auch Opfer des Totenkultes und der Ahnenverehrung. Die in der Sagaliteratur beim Julfest begangenen Trinkgelage (»Jul trinken«) könnten auf ein älteres Trankopfer hinweisen.

Im hohen Mittelalter galten die Nächte um Jul als gefährliche Zeit, in der Wiedergänger ihr Unwesen trieben.

2. Heidnische Relikte im deutschen Aberglauben?

Unter den Germanen südlich von Skandinavien begann die Christianisierung bekanntlich ein halbes Jahrtausend früher. Insofern ist die Frage gerechtfertigt, was sich an vorchristlichen Spuren im Volksglauben überhaupt noch nachweisen lässt. Zumal man in Mitteleuropa keine vorchristliche Mythensammlung betrieb, wie wir sie von den Isländern des 13. Jahrhunderts kennen. Außerdem blieb der Aberglaube von jeher ein Thema der mündlichen Überlieferung, die erst im Laufe der Neuzeit umfangreicher gesammelt und niedergeschrieben wurde. Die einzige Hilfe bietet bemerkenswerterweise die katholische Kirche, die Vorstellungen und Bräuche des Volkes selbstredend grundsätzlich als Teufelswerk ablehnte – manchmal jedoch tolerierte und sogar integrierte. Der schriftlichen Überlieferung von Mission und Kirche sind jedenfalls Informationen über solches »Teufelswerk« zu verdanken. Man erinnere sich nur des *Sächsischen Taufgelöbnisses*, das die Heidengötter nennt und sie zugleich zu den Unholden zählt und damit dämonisiert. Nach der Taufe nahm die Aufmerksamkeit gegenüber Verfehlungen des Christenvolkes stark zu. Für abergläubische Handlungen (lat. superstitio) sah die Kirche Bußen vor, was eine regelrechte Schriftengattung hervorrief. Die so genannten Bußbücher (Poenitentialen) enthielten Sündenkataloge mit den entsprechenden Bußen. Sie gehen zwar nicht auf Details ein, halten aber doch zumindest mit ihren Benennungen heidnische und abergläubische Vorstellungen insbesondere des frühen Mittelalters fest. Großen Wert genießt vor allem der bereits des Öfteren erwähnte Indiculus superstitionum et paganiarum, der aus dem 8. Jahrhundert stammt und vielleicht sogar mit einer 743 von Bonifatius geleiteten Synode in Verbindung gebracht werden kann. Seine Sammlung bleibt in vielem rätselhaft, wirft aber doch ein Schlaglicht auf den Volksglauben im heidnisch-christlichen Übergangsbereich. Die Verurteilungen von Zaubersprüchen und Wahrsagerei wie natürlich der Anbetung heidnischer »Götzen« haben wir bereits kennengelernt. Was ist aber vom »Reiben des Feuers aus Holz«, genannt nodfyr, zu halten? Und was von der »Mondfinsternis«? Was von den »Furchen um die Dörfer« und was von einem Lauf »mit zerrissenen Lappen und Schuhen«? Davon, »dass Frauen den Mond besprechen, um Menschen das Herz herauszunehmen« ganz zu schweigen. Eine geheimnisvolle Welt von Aberglaube und Magie tut sich in diesen wenigen Bemerkungen auf – eine Welt, für die sich nur begrenzt eindeutige Erklärungen finden lassen, deren Erbe aber vielleicht lange nachwirkte. Um ein Beispiel herauszugreifen: Die Gräben um die Höfe dienten wahrscheinlich dem Schutz vor Hexen und Zauberern, denen der Zugang zum Hof versperrt werden sollte. Dies wiederum dürfte zu jenen Vorstellungen gehören, die man sich im Norden vom garðr (altnord., Zaun, verwandt mit Garten) machte, also der Einfriedung um die eigene Behausung. Das eigene Areal erfuhr damit fast eine Heiligung und stellte auch später einen ganz eigenen Wert dar. Aber noch in späteren Zeiten sehen sich Geistliche gezwungen, gegen die Bräuche des Volkes Stellung zu beziehen. So lesen wir von Abt Regino von Prüm in der Eifel gegen 900, manche Leute besängen die Dämonen, um Hagel und Unwetter zu verursachen – wobei damit zweifelsohne Gestalten des Aberglaubens mit heidnischen Wurzeln gemeint sind. Und mehr als ein Jahrhundert danach stellt Burchard, der Bischof von Worms, Bußbücher zusammen, die eine Vielzahl an Volksbräuchen bezeugen und sich zumindest teilweise auf germanische Vorstellungen zurückführen lassen. Dazu gehören wie weiland im Indiculus Baumkult und Totenbräuche, Wahrsagung, Geister, Hexen, Schadenszauber, Schicksalsfrauen und Werwölfe.

Dem Aberglauben mit all seinen Schattierungen war offensichtlich eine lange Lebensdauer beschieden und kirchlich restlos beizukommen war ihm ohnehin nicht. Das gilt auch noch für die Zeit um 1200, in der die Bewohner des Abendlandes als gute Christen gelten durften (Heidentum fand sich allenfalls noch in Randgebieten wie bei den Samen im nördlichen Skandinavien oder unter den baltischen Völkern). Gleichwohl lohnt ein weitergehender Blick auf die Glaubenswelten der damaligen Europäer, auch über die germanischstämmigen Völker hinaus. Für sie gilt natürlich, dass das Christentum ihr Leben prägte, auch wenn sie von der kirchlichen Lehre und der Theologie wenig oder gar nichts wussten. Aber die Dorfkirche bildete den Mittelpunkt der dörflichen Gemeinschaft – weil sie der Friedhof umgab und der Platz vor dem Gotteshaus als Versammlungsort diente. Insofern sie schon über Glocken verfügte, markierten diese den festen Tageslauf: Sie riefen zum Gottesdienst, zeigten die Stunden des Tages an und wurden in der Not zum Alarm geläutet. Das Abendland füllte sich mit Kapellen und Wegkreuzen, mit Kirchen und Kathedralen, in denen man nicht nur zu Heiland, Dreifaltigkeit oder der Gottesmutter betete. Denn die Schar der christlichen Heiligen wuchs; oftmals verehrte man sie an Quellen oder in Hainen, wo früher heidnische Gottheiten angebetet worden waren. Die Gläubigen wandten sich zunehmend an die Nothelfer, aber auch an neue, ungemein populäre Heilige wie den heiligen Franz von Assisi. Immer mehr Schutzpatrone fanden sich zudem für Städte und ganze Länder, für Rom etwa Peter und Paul und in Norwegen der heilige Olaf. Obwohl die Kirche das Wunder genau definierte und sogar einschränkte, blieb das gemeine Volk dem Wunderglauben zutiefst verbunden. Und dabei flossen christliche und abergläubische Vorstellungen ineinander über. Jenseits der offiziellen christlichen Lehren pflegte man deshalb eine Volksreligion, die gerade im Alltag nicht mit den verordneten Glaubensinhalten übereinstimmte. Denn das Volk mischte den offiziellen Glauben, soweit er ihm gelehrt und vermittelt worden war, mit alten, vorchristlichen Vorstellungen und Bräuchen. Dieser Aberglaube respektierte Gott, Dreifaltigkeit sowie Heilige und fürchtete sich vor Teufel und Dämonen. Aber zumeist glaubte man eben auch an kleinere Wesen und Geister, denen man Opfer darbrachte: Feen, Nixen, Wassermänner, Bilwise und dergleichen mehr (vgl. unten). Deshalb suchte man sich durch christliche Gebete und Segenswünsche, abergläubische Flüche und magische Worte rundum abzusichern. Die Menschen trugen Kreuze und halbheidnische Amulette, suchten die Nähe von Reliquien und pflegten vielerlei Bräuche, um die Mächte des Bösen abzuwehren: Das Haus und sich selbst galt es vor Geistern zu schützen, worauf bereits der Indiculus anspielt. Übrigens fand selbst Bernhard von Clairvaux (1090–1153), bedeutender Zisterzienser und einer der berühmtesten Theologen seiner Zeit, nichts Anstößiges daran, Briefe mit Anti-Dämonensprüchen bei sich zu tragen! Mit der Lektüre antiker, arabischer und jüdischer Schriften fanden zudem immer mehr Gelehrte Interesse an Geheimlehren und magischen Büchern – aus »wissenschaftlicher Neugier«. Zu ihnen zählten bedeutende Intellektuelle wie Roger Bacon und Albertus Magnus, die prompt in den Ruf von Zauberern gerieten, obwohl sie gläubige Ordensmänner waren. Aber selbst Mönche waren nicht immer glaubenssicher, wie eine englische Chronik des 13. Jahrhunderts bezeugt. Ihrzufolge hatten mönchische »Dummköpfe« während einer 1268 grassierenden Viehseuche den einfachen Landleuten gezeigt, »wie man ein Feuer durch das Reiben von Holz entfacht und eine Priapusstatue errichtet, um den Tieren zu helfen«. Außerdem seien sie mit Weihwasser besprengt worden, in das vorher Hundehoden getaucht worden waren. Christlicher Glaube vermischte sich also selbst hinter Klostermauern mit magischen Vorstellungen. Vom Schwarzwaldkloster Hirsau berichten die so genannten *Hirsauer Gewohnheiten* aus dem 11. Jahrhundert, wie man einer geweihten Glocke gleichsam magische Kraft innewohnen sah:

»Zieht ein Unwetter herauf, soll man ein Kreuz im Kloster aufstellen in der Richtung, aus der das Unwetter kommt. Dazu die Reliquien und das Weihwasser. Dann sollen sofort die beiden größten Glocken geläutet werden, und zwar so lange, bis die große Gefahr vorüber zu sein scheint. Wenn aber die Gefahr so stark anzuwachsen droht, dass man die Brüder zusammenrufen muss, dann soll der Sakristan ununterbrochen die beiden größten Glocken läuten, die Hagel ankündigen. Wenn derart geläutet wird, sollen die Brüder hören und wissen, dass Hagel droht. Dann sollen sie bei Tag wie bei Nacht in die Kirche gehen – wo auch immer sie gerade sind – zwar nicht im Laufschritt, aber doch schneller als sonst üblich. Wenn sie noch nicht mit der Messe oder dem gewohnten Stundengebet begonnen haben, sollen sie mit einer Litanei anfangen. Und wenn diese zu Ende ist, sollen sie, falls notwendig, zusätzlich die sieben Psalmen beten. Währenddessen soll man ununterbrochen alle Glocken läuten.«

Aus dem Pyrenäendorf Montaillou, über dessen Volksleben um 1300 wir ungewöhnlich gut unterrichtet sind, erfahren wir von einem Umgang mit den Toten, der an die *Edda des Snorri Sturluson* erinnert. Dem Schutz von Haus und Hof diente es nämlich, wenn man Fingernagelstücke und Haare des verstorbenen Familienoberhauptes im Haus aufbewahrte. Deshalb wünschte sich sogar die verwitwete Mutter des Pfarrers von Montaillou ein paar Haarlocken und Schnipsel von den Finger- und Zehennägeln ihres verstorbenen Mannes. Damit bliebe nämlich das Glück dem Haus des Verstorbenen treu. Und Glück schien in jener abergläubischen Welt bitter nötig zu sein. Denn nicht nur unter den Nordgermanen sah man ein Schicksal walten, das vorherbestimmt war. Darum griff man auf die Dienste von Wahrsagern und »Tagwählern« zurück, die zu günstigen Tagen für Hochzeiten und anderen Feiern rieten. Man fürchtete sich vor Eulen und anderen Nachtvögeln, und hielt sie für jene Teufel, die die Seelen der Verstorbenen holten. In Südwestfrankreich erzählte man sich die Geschichte von einem Inquisitor, der des Nachts allein verstarb. Als man am nächsten Morgen seine Leiche fand, saßen zwei schwarze Katzen an seinem Bett, an jedem Ende eine: Nach der herrschenden Meinung waren es böse Geister, die seiner Seele Gesellschaft leisteten.

Das ganze Abendland muss während des Mittelalters als zutiefst abergläubisch geprägt gelten, die Menschen lebten gleichsam in einer magischen Welt. Eines aber sollte klar sein: Unter den vielzähligen Geistwesen des Volksglaubens war auch für germanische Gestalten Platz, die jedoch leider nicht immer eindeutig zu identifizieren sind. Eine Hilfe ist es, wenn etwa in althochdeutschen Glossen, also Wortübersetzungen, für antike Gestalten offensichtlich einheimische Namen eingesetzt werden (vgl. Merkur – Wodan). Darunter finden sich solche Wörter wie Skrat, Trut, Mahrt, Alp, wilde wib und holzfrouwe. Zusammen mit späteren Quellen ergibt sich eine Liste von Wesen des Volksglaubens, die anscheinend in älteren germanischen Vorstellungen wurzeln. So etwa der Alb als nächtlicher Druckgeist, der sich seinen Opfern auf die Brust setzt und sprachlich bis heute bekannt ist. Wie auch immer hat er jedenfalls etwas mit den mythischen Alben zu tun. Auch Baumgeister genossen weiterhin Verehrung, was 1227 eine Provinzialsynode in Trier dazu veranlasste, ein Verbot der Baumanbetung und der Quellenverehrung auszusprechen. Überhaupt bestand in Mitteleuropa ein ausgeprägter Kult mit Bäumen, Wasser und Steinen, von denen man sich Heilung versprach; nicht selten entwickelten sie sich zu christlichen Wallfahrtsorten. Bis ins 19. Jahrhundert galten Bäume als Sitze von Geistern. Weniger gewiss ist es um den rätselhaften Bilwis (vielleicht von altengl. bilewit, »wohlwollend«) bestellt. Jedenfalls darf er als dämonisches Wesen des deutschen Aberglaubens gelten, das erstmals um 1220 bezeugt ist und seitdem in vielerlei Gestalt auftritt: als schadenstiftender Zwerg, der mit seinen Pfeilen Menschen und Vieh lähmt; als menschengestaltiger Zauberer oder als Hexe; als eine Art Korndämon, der mit den Sicheln an seinen Füßen das Korn abschneidet und somit Schaden anrichtet. Völlig ungewiss ist, ob der Bilwis etwas mit der mythologischen Asengöttin Bil zu tun hat, die Snorri erwähnt und dem Mondlenker Mani zuordnet (Gylf. 11). Die erst später reich ausgestalteten Hexenvorstellungen werden zumindest teilweise germanische Wurzeln haben. Jedenfalls findet sich in althochdeutschen Glossenverzeichnissen des 9./10. Jahrhunderts das Wort als hagazussa, »Zaunweib, -geist«, das im altnordischen túnriða, »Zaunreiterin«, eine Entsprechung findet. Darunter könnte man ursprünglich den Geist eines eingezäunten Platzes verstanden haben; dann Zauberinnen und Wahrsagerinnen und schließlich im späten Mittelalter die angebliche Teufelsbuhlerin, der man schlimmste Dinge unterstellte. Die berüchtigten Hexenverfolgungen haben dann nichts mehr mit den abergläubischen Relikten germanischer Religion zu tun. Das unleidliche Wirken des »Schratts« erstreckte sich vom Wald bis in den Stall, wo er als Quälgeist gefürchtet war. Die ältesten Formen des Worts (Scrato, scraz) dürften »elend, kümmerlich« bedeuten und somit sein koboldartiges Wesen ausdrücken. Abschließend zu zwei Phänomenen germanischstämmigen Volksglaubens, die bis heute bekannt geblieben sind. Da wäre einmal die Gestalt der Frau Holle, die sich vor allem durch das gleichnamige Märchen der Brüder Grimm großer Bekanntheit erfreut. Dort ist sie ein gütiges mütterliches Wesen, das aus seinen Betten den Schnee ausschüttet. Dunklere Züge trägt sie in den Volkssagen als Anführerin der Wilden Jagd, in denen sie Züge einer Schreckgestalt annimmt. Ihre Verwurzelung in vorchristlichen germanischen Vorstellungen gilt als recht sicher: Ihres Namens wegen sieht man sie verwandt mit der Erdgöttin Hludana, die um 200 am Niederrhein bezeugt ist. Außerdem bildet sie eine Gruppe mit den nordgermanischen Mythengestalten der Unterweltsherrin Hel und Hlodyn (ein Name von Thors Mutter Jörd) sowie einer um 1000 genannten Holda, die womöglich mit Holle identisch ist (Burchard von Worms). Das althochdeutsche Verb helan, »verbergen«, weist diese Gruppe als Gottheiten der Erde aus. Die Wilde Jagd (Wildes Heer, Wütendes Heer; engl. Wild Hunt), als deren Anführerin Frau Holle manchmal gilt, ist erstmals als mittelhochdeutsches wuotigez her im 12. Jahrhundert belegt. Wie in Skandinavien verstand auch der Volksglaube der anderen germanischen Völker bis weit in die Neuzeit darunter einen geisterhaften und bedrohlichen Heerzug, der unter der Führung eines dämonischen Wesens im Sturm dahinjagt. Als Anführer dieses gespenstischen Zuges dachte man sich weithin Wodan bzw. Odin, aber auch landschaftlich abhängige Varianten wie Dietrich von Bern, dem Rodensteiner und anderen. Üblicherweise sah und hörte man die Wilde Jagd in den so genannten Zwölften (regional auch Rauhnächte) um Weihnachten und Neujahr (insbesondere zwischen dem Thomastag am 21. Dezember und Dreikönig am 6. Januar) durch die Nächte toben. Dazu passt auch ein bayerisches Zeugnis des 14. Jahrhunderts, wonach Gehenkte und Geräderte zu Wodans Heer stoßen *(Münchner Bannspruch)*. Be-

ruht das alles auf alten heidnischen Vorstellungen? Sie könnten
bis zu den gespenstisch bemalten Hariern zurückreichen, die
Tacitus um 100 nach Chr. als Totenheer bezeichnet. Ebenso
wollte man Parallelen mit den altnordischen Einherjern feststellen. Deutungsversuche sind jedenfalls zahlreich: eine Erklärung natürlicher Phänomene, insbesondere der stürmi-
schen und eisigen Nächte der Mittwinterzeit; traditionelle Vorstellungen vom nächtlichen Zug unheimlicher Toter und Ge-
spenster. Oder gar ein Nachleben germanischer Kriegerbünde
(vgl. Maskenumzüge im Alpenraum), bei denen Wodan bzw.
Odin als Gott der Toten, Krieger und Ekstase eine besondere
Rolle spielte.

XII. Goldene Hörner und Ringe der Macht

Wie Wagner, Tolkien und viele andere auf die alten Mythen zurückgreifen

Der alte Donnergott Thor ist seit 2011 in sämtlichen Medien einschließlich des Webs mehr denn je präsent. Damals kam nämlich ein Film mit Blockbuster-Qualitäten in die Kinos, bei dem der an Shakespeare erprobte britische Schauspieler und Regisseur Kenneth Branagh Regie geführt hatte (zwei Jahre später folgte ein weiterer Thor-Film). Dafür griff er auf eine Superhelden-Reihe zurück, die seit 1962 im Verlag der Marvel Comics aus New York publiziert worden war. Es geht folglich um Realverfilmungen einer knallbunten und actionreichen Comic-Geschichte. Und worum geht's noch? Darum, dass zu Zeiten der Wikinger die Frostriesen die Welt bedrohten, wobei sie auf den Widerstand des Königreichs Asgard unter seinem Herrscher Odin stießen. Der will das Problem auf friedlichem Wege lösen und verbannt deshalb ein Jahrtausend später seinen heißblütigen Sohn und Haudrauf Thor in die Welt der Menschen – samt dessen Krafthammer Mjolnir, der aber vorerst unlösbar in einem Stein feststeckt. Die Handlung verläuft von nun an zweigleisig: Während in Asgard Odin mit den feindlichen Riesen und seinem heimtückischen Ziehsohn Loki ringt und Heimdall die Brücke Bifröst bewacht, fristet Thor ein schwächliches Erdendasein und lernt eine sympathische Astrophysikerin kennen, die sich von ihm Aufklärung über Wirbelstürme erhofft. So nimmt die Handlung ihren Lauf, was uns hier nicht weiter kümmern soll. Jedenfalls ist der amerikanische Spielfilm ein aktuelles Beispiel, wie germanischer bzw. altnordischer Mythenstoff in den populären Künsten verarbeitet wird. Wenn man im christlichen Mittelalter die Götter euhemeristisch zu historischen Menschen machte, werden sie in der modernen

Verfilmung zu exterrestrischen Wesen, Aliens gewissermaßen. Als solche treten sie zumindest dem Namen nach in der amerikanischen Science-Fiction-Fernsehserie »Stargate SG-1« um 2000 auf; denn Thor heißt dort der Oberkommandierende der Asgard-Flotte, die von einer außerirdischen »alten Rasse« betrieben wird und den Menschen freundlich gesonnen ist. Die Motive und Namen der germanischen Götter und Mythen haben demzufolge in der Moderne überlebt, deren Künste und Medien sich gern aus dem großen Fundus überlieferter Mythengeschichten bedienen.

Ein ganz anderes Beispiel der Rezeption germanischer Kultur und Religion bieten die Externsteine, ein bizarres Sandsteingebilde im Teutoburger Wald bei Horn-Bad Meinberg. Mittlerweile bezeichnet man diese exponierte Lokalität als Naturdenkmal, da die Steinformation natürlich ist. Seit Jahrhunderten sorgten die Externsteine allerdings als Kulturdenkmal, was sie nur bedingt sind, für Streit und Furore. Denn so manchem galten (und gelten) sie als Heiligtum der Germanen, womit die Probleme beginnen. Aber von Anfang an: Als erster kam wohl 1564 ein altertumsinteressierter Pfarrer Hamelmann aus Lemgo auf die Idee, in dem auffallenden Naturgebilde ein heidnisches Heiligtum des Sachsenstammes zu sehen, das Karl der Große verchristlicht hatte. 200 Jahre später kam dann der zündende Gedanke auf, dort die Irminsul zu lokalisieren und damit jenes Heiligtum, das ein Jahrtausend zuvor von den Franken zerstört worden war. Später wollte man in den fraglos von Menschen bearbeiteten Sandsteinen eine uralte Sternwarte erkennen, bis schließlich solcherart Überlegungen um 1925 geradezu eskalierten. Das war Wilhelm Teudt (1860–1942) zu verdanken, einem Laienforscher der deutschtümelnden völkischen Bewegung, der mit Vehemenz die These vertrat, in den Externsteinen ein germanisches Heiligtum zu sehen. Kein Wunder, dass sich die Nazis nach ihrer Machtergreifung 1933 des Naturdenkmals im Teutoburger Wald annahmen. Insbesondere der an Geschichte (und Geschichtsfälschung) interessierte SS-Chef Heinrich Himmler unterstützte archäologische Ausgrabungen in den 1930er Jahren. Man wollte den Vorfahren unbedingt auf die Spur kommen und ihr vermeintliches Erbe ehren, dementsprechend ermahnte ein Schild den Besucher schon vorab: »Halte Ruhe am Heiligtum der Ahnen.« Um es kurz zu machen: Aus der germanischen Zuschreibung der Externsteine wurde nichts. Weder die ideologisch geprägten Ausgrabungen im »Dritten Reich« noch spätere wissenschaftlich korrekte Untersuchungen haben irgendwelche Hinweise auf Germanen ergeben; dafür jedoch viele christliche Funde des Mittelalters. Diese Einflüsse waren immer schon unübersehbar, wofür das romanische Kreuzabnahmerelief einer Felswand spricht, das früheste und monumentalste seiner Art nördlich der Alpen. Den »Germanophilen« fiel dabei eine Besonderheit auf: Um den Körper Jesu vom Kreuz zu lösen, steht Nikodemus auf einer gebogenen Palme, was in der byzantinischen Kunst nicht ungewöhnlich ist und von dort zu stammen scheint. Wer es aber unbedingt germanisch-heidnisch will, der sieht darin den gebeugten Stamm Irminsul als Symbol des unterdrückten Heidentums. Vertreter dieser Erklärung schmücken sich kurioserweise mit dem Emblem dieser Palme, die sie für das Symbol germanischen Heidentums halten. Nach 1945 galt es, die ideologischen Missbräuche und Peinlichkeiten rund um die Externsteine zu überwinden, was öffentlich gelungen ist. Private Gruppen zieht das Naturdenkmal mit der geheimnisvollen Aura aber weiterhin an, nicht zuletzt zur Sommersonnenwende: Neuheiden, Esoteriker, Laienforscher, Pseudowissenschaftler sowie Neonazis; am meisten jedoch Scharen von Ausflüglern, die die einmalige Felsformation ohne ideologische Brille bestaunen wollen. Ihr bekanntes und umworbenes Ausflugsziel hat jedenfalls nichts mit germanischer Religion zu tun, das sich irgendwie seriös nachweisen ließe.

Um 1900 erfreuten sich germanische, insbesondere altnordische Namen und Motive großer Beliebtheit. Davon zeugen bis heute bekannte Eigennamen: So ist das 1902 in Hagen gegründete und später nach Essen umgezogene Museum Folkwang, eines der renomiertesten deutschen Museen für deutsche und französische Malerei des 19. Jahrhunderts und moderne Kunst überhaupt, nach dem himmlischen Palast der Wanengöttin Freyja benannt. Als solchen erwähnen ihn die isländischen Eddas. Dass laut Überlieferung dorthin die Hälfte aller in der Schlacht gefallenen Krieger kommt, war den Museumsgründern wohl weniger bewusst. Sie sahen in Freyja die »Schutzgöttin der Künste«, was zwar nirgendwo überliefert ist, aber dem Museum doch einen sinnvollen Namen einbrachte. 1907 wurde eine Versicherung ins Leben gerufen, deren Name immer noch bekannt ist: Iduna. Dahinter verbirgt sich nicht unpassend die Asengöttin Idun, deren Äpfel den Göttern die Jugend erhalten, die also gleichsam deren Garant ist. Mehr als ein Jahrzehnt zuvor kam einer Brauerei in Freiburg im Breisgau die Idee, ihr dunkles Starkbier nach dem alemannischen und germanischen Hauptgott Wodan zu benennen. Unter diesem Namen kommt die Spezialität zur Winterszeit immer noch auf den Tisch und in die Gläser.

Diese willkürlich gewählten Beispiele – die skandinavischen wären Legion – unterstreichen die Präsenz der germanischen Religion und Mythologie in unserer Alltagswelt: in den populären Medien, in ideologisch belasteten Objekten, aber auch in völlig harmlosen historischen Benennungen. Sie belegen neben Literatur und Kunst (vgl. unten) die Rezeption der germanischen Kultur, also die Aufnahme, Aneignung und Interpretation von Texten, Mythen, Mythenresten und archäologischen Funden. Sie alle finden unter Nachgeborenen Verwendung, für die die vorchristliche Religion der Germanen in einer nahen oder fernen Vergangenheit zu suchen war. Aber jede Generation projizierte ihre Zeit und ihre Bedürfnisse in die untergegangene Religion. Das zeigt sich bereits im mittelalterlichen Island, wo man in einigen Götterliedern der *Älteren Edda* mythologische Stoffe regelrecht nachdichtete (so etwa das *Swipdaglied*). Deutlicher noch in der Vorzeitsaga von Fridthjof dem Kühnen (altnord. Friđþjófs saga frækna), die im 14. Jahrhundert entstand und 500 Jahre später in einer Nachdichtung Weltruhm erfuhr (vgl. unten). Um die sentimentale Liebesgeschichte der Königstochter Ingebjörg und des Bauernsohnes Fridthjof spinnt sich eine abenteuerliche Handlung, bei der einem Tempel des

Gottes Balder eine wichtige Rolle zufällt. Dessen Darstellung ist allerdings frei fabuliert und ohne Bezug zur vorchristlichen Religion. Isländische Vorzeitsagas (Fornaldarsögur) lesen sich überhaupt wie moderne Fantasyromane, deren Autoren sich ihrer reichlich bedienen. Darin geht es um Reisen in ferne Länder, um Kriegszüge, auf denen gekämpft und geplündert wird. Dort bekriegen sich Wikinger untereinander und müssen sich mit fantastischen Wesen wie Riesen und Drachen herumschlagen. Zu ihren bevorzugten Requisiten und Figuren gehören geheimnisvolle Grabhügel, fluchbeladene Zauberschwerter, prächtige Drachenboote, Unglück verheißende Zauberinnen und der einsame Wanderer Odin mit seinem weiten Schlapphut. Nicht weniges ist Mythenresten entnommen und märchenhaft verarbeitet worden.

Die Renaissance brachte seit dem ausgehenden 15. Jahrhundert im Heiligen Römischen Reich deutscher Nation die Überzeugung, Deutsche seien die Nachfahren der Germanen, sie seien gleichsam mit ihnen identisch. Verantwortlich dafür war der einzigartige Fund der Handschrift der *Germania* und anderer Werke des Tacitus im Kloster Hersfeld (Nordhessen). Er galt in Italien wie in Deutschland als Sensation, was seinen Ausdruck darin fand, dass bereits um 1500 mehrere 1000 Exemplare der *Germania* gedruckt vorlagen – die damals hochmoderne Technik des Buchdrucks nahm sich also der Geburtsschrift der »ersten Deutschen« an. Als solche galten die Germanen zumindest deutschen Humanisten wie Konrad Celtis, Jakob Wimpfeling und Heinrich Bebel. Und Ulrich von Hutten, Ritter, Gelehrter und Dichter, machte aus dem cheruskischen Häuptling Arminius einen ersten deutschen Nationalhelden. Was letztlich dazu führte, hinter dem römischen Namen Arminius einen deutschen Hermann zu entdecken – was sprachgeschichtlich falsch ist. Wie übrigens auch die anachronistische Annahme, alles Germanische der *Germania* als altertümlich, rein und eben typisch deutsch anzusehen. Deswegen kehrten die Deutschen natürlich nicht zum germanischen Heidentum zurück, von dem man ohnehin so gut wie nichts wusste. Aber das Feld war bereitet, begierig die alten Mythen von Odin und Thor aufzu-

nehmen und sie als eigenes Erbe zu verstehen. Dabei konnte
man auf die skandinavische Überlieferung zurückgreifen.
Auch dort hatte nämlich eine »nordische Renaissance« in Dänemark und Schweden zu einer nationalen Rückbesinnung auf
die eigene Vergangenheit geführt. Waren ohnehin vorchristliche Relikte unter den Nachfahren der Nordgermanen präsen-
ter geblieben als in Deutschland, entdeckte man die isländischen Handschriften als wahren Schatz einer eigenständigen
nordischen Kultur. Den Anfang machte aber der Däne Saxo
Grammaticus, dessen in sperrigem Latein geschriebenen *Gesta
Danorum* erstmals 1514 in Paris gedruckt wurden. Knappe 130
Jahre später fanden sich auf Island endlich die vielgesuchten
Götter- und Heldenlieder der Älteren Edda wieder (vgl. Kap. II), die
gemeinsam mit der ohnehin bekannten *Prosa-Edda* des Snorri
Sturluson die altnordischen Mythen überlieferten. Dies alles
beförderte den schwedischen und dänischen Nationalstolz
(Norwegen und Island lagen damals als arme Provinzen Dänemarks darnieder), der sich in gegenseitigen Kriegen, aber auch
in beider Eingreifen in Deutschland im Dreißigjährigen Krieg
zeigte. In Schweden inspirierte er sogar den Gelehrten Olof
Rudbeck (1630–1702) dazu, das alte Schweden mit dem sagenumwobenen Atlantis gleichzusetzen und zur Wiege menschlicher Kultur zu verklären (»Atland eller manhem« 1679–1702).
Als Heimat der ostgermanischen Goten sah sich das skandinavische Land ohnehin schon, weswegen man den *Codex Argen-
teus* mit der gotischen Bibelübersetzung nur zu gern als Kriegsbeute aus Prag nach Uppsala gebracht hatte (vgl. Kap. X). Den
endgültigen Durchbruch für das Interesse und die Begeisterung an der altisländischen Überlieferung und vor allem an
den Göttergeschichten brachte die Mitte des 18. Jahrhunderts.
Die damals vorherrschende Aufklärung konnte mit dergleichen Überlieferungen nichts anfangen und verwarf sie als Ausdruck zurückgebliebenen Barbarentums. Aber in Großbritan-
nien erwuchs eine Gegentendenz mit generellem Interesse am
Mittelalter und seinen Burgen (»Gothic Revival«). Gleichzeitig
wollte man mehr von den Überlieferungen des einfachen Volkes wissen, von dessen Liedern und Märchen. Dem kam zu Gu-

te, dass in Frankreich Jean-Jacques Rousseau (1712–1778) das Bild des edlen Wilden schuf, das im Barbaren das Vorbild eines einfachen und glücklichen Lebens sah. Den Nerv der Zeit traf jedoch James Macpherson (1736–1796), der aus dem schottischen Hochland stammte und seinen Lebensunterhalt als Dorf- und Hauslehrer bestritt. Er hatte zu Beginn der 1760er Jahre einige längere Gedichte veröffentlicht, die er nach eigenem Bekunden unter der Bevölkerung der Highlands gesammelt und schließlich aus dem Gälischen ins Englische übersetzt hatte. Ursprünglich sollten sie das Werk eines keltischen Barden aus der Zeit um 300 nach Chr. sein. 1765 erschienen sämtliche dieser *Works of Ossian*. Mehr als die schwülstig und trivial geschilderte Handlung beeindruckte die Leser des 18. Jahrhunderts jene melancholische Stimmung, die angeblich die raue und nebelverhangene Landschaft des Nordens ausdrückte. Deshalb las man den *Ossian* überall in Europa und nahm ihn als Stimme einer längst vergangenen Zeit wahr, in der die Dichter den Ton der Natur trafen und damit authentisch waren. Übrigens tat es dem allen keinen Abbruch, als sich herausstellte, dass die *Works of Ossian* mitnichten originale Lieder aus dem 3. Jahrhundert waren, sondern sehr freie Nachdichtungen James Macphersons.

Dieser Zeitgeist fand auch in Skandinavien seinen Niederschlag und zwar ausgerechnet in der Person des aus Genf stammenden und in Kopenhagen lehrenden Professors Paul-Henri Mallet (1730–1807), der auf die isländische Überlieferung aufmerksam wurde: Zeigten die Götter- und Heldenlieder nicht jene »in die Lüfte schwingende Phantasie«, die »vielleicht eher einem primitiven und unkultivierten als einem zivilisierten Volk eigentümlich« war? Diese Erkenntnis drückte er in einem 1756 erschienenen französischsprachigen Werk über die Denkmäler der Mythologie und Poesie der Kelten und alten Skandinavier aus *(Monuments de la mythologie et de la poesie des Celts et particulièrement des anciens Scandinaves)* – mit ersten Übersetzungen aus der Lieder-Edda und der Edda Snorris. Damit wurde das Interesse für die altnordische Literatur geweckt, deren Texte man schon bald in die modernen skandinavischen Sprachen, ins Englische und Deutsche übertrug. Denn wenige Jahre später publizierte der Theologe Gottfried Schütze (1719–1784) eine deutsche Übersetzung des Malletschen Werkes und machte die hiesigen Dichter und Gelehrten darauf aufmerksam. Unter ihnen ragt zweifelsohne Johann Gottfried Herder (1744–1803) heraus, der von Rousseaus Vorstellung des edlen Wilden angetan war, der in seiner Ursprünglichkeit, im Archaischen und Barbarischen der verbildeten Zivilisation vorzuziehen war. Auf den Spuren dieses Ursprünglichen, das dem Naturzustand des Menschen am nächsten kam, fand Herder die »Volksseele« in dem, was sich das einfache Volk erzählte: in Liedern, Sagen und Märchen. Dazu zählte er auch die erhalten gebliebenen Dichtungen des Mittelalters, insbesondere die Lieder der Edda. In seiner weithin bekannt gewordenen Sammlung *Stimmen der Völker in Liedern* finden sich darum Übertragungen und Nachdichtungen der *Weissagung der Seherin* und aus den *Sprüchen des Hohen*, aber auch *Balders Träume*, die Herder als *Das Grab der Prophetin* betitelte. Gerade diese Übertragung erfreute sich unter dem zeitgenössischen Publikum großer Beliebtheit. Gegen 1800 ergriff die Romantiker die Begeisterung für das deutsche Mittelalter, aber auch für die nordgermanische Frühzeit und die damit verbundenen Mythen. Außerdem entwickelte sich in den Kämpfen gegen das napoleonische Frankreich ein deutsches Nationalbewusstsein. Heinrich von Kleist (1777–1811) schrieb mit der *Hermannsschlacht* (1808) ein Drama, das die Schlacht im Teutoburger Wald dazu verwendet, den preußischen und deutschen Widerstand gegen Frankreich zu fordern. Dabei kommt im nationalen Pathos auch der alte Germanengott Wodan zum Einsatz, dem es laut Hermann nach dem Sieg über die Römer zu danken gilt: »Ihr aber kommt, ihr wackern Söhne Teuts, Und lasst, im Hain der stillen Eichen, Wodan für das Geschenk des Siegs uns danken! ...« Viel mehr als Kleist gab sich jedoch der Erzromantiker Friedrich de la Motte Fouqué (1777–1843) mit den Stoffen der nordgermanischen Überlieferung ab. U. a. übertrug er etliche isländische »Sagen« ins Deutsche und gab mit dem *Held des Nordens* (1810) dem Nibelungenstoff ein eigenes Gepräge.

Anspruchsvollere Werke und Ideen der deutschen Romantik regten nun ihrerseits skandinavische Poeten in Dänemark und Schweden an. Den Anfang machte der junge Däne Adam Oehlenschläger (1779–1850), dessen Gedicht von den Goldhörnern *(Guldhornene)* 1802 die ferne Vergangenheit des Nordens verherrlichte. Den Anlass dazu boten die beiden Gallehus-Hörner, zwei prächtig verzierte Unikate der Völkerwanderungszeit, die in Kopenhagen gestohlen und eingeschmolzen worden waren. Der Dichter interpretierte sie als Geschenk der nordischen Götter, das nun für immer dahingeschwunden sei. Ohnehin habe man ihr mystisches Geheimnis nicht mit dem Verstand begreifen, sondern nur mit dem Gefühl erahnen können. Aber Oehlenschläger hatte mit der Geschichte und Kultur des alten Nordens sein Thema gefunden, dem er fast ein halbes Jahrhundert treu blieb. Seine Tragödien und Romane, die seinerzeit auch in Deutschland bekannt waren, handelten u. a. von Göttermythen wie Thors Reise ins Riesenheim oder Balders Tod. Demzufolge sahen die skandinavischen Länder die vielgeschmähte barbarische Wikingerzeit als »goldenes Zeitalter« an, dessen Erbe sie sich über viele Jahrzehnte in der so genannten Nationalromantik voll Begeisterung hingaben. Und der dänische Theologe und Pastor N. F. S. Grundtvig (1783–1872) widmete sich als einer der ersten der Mythologie des Nordens *(Nordens Mytologi.* 1808). Ebenso in Schweden, wo sich 1811 in Stockholm ein *Gotischer Bund* (»Götiska förbundet«) begründete, für den der Dichter Erik Gustaf Geijer (1783–1847) die Zeitschrift *Iduna* herausgab. Die berühmteste romantische Wikingergeschichte verfasste der schwedische Professor und Bischof Esaias Tegnér (1782–1846). Er gestaltete die erwähnte isländische Vorzeitsaga zur *Frithiofs Saga* um, die 1825 erschien. Mit der heidnischen Vorzeit hatte diese sentimentale Romanze wenig gemein, aber sie machte den Wikinger für den bildungsbeflissenen Bürger salonfähig. Und um das Liebespaar Frithiof und Ingeborg spann sich eine rührende Geschichte, in der u. a. ein bereits in der Vorlage frei erfundener Tempel des Gottes Balder in Brand gerät. Dieser heute nur noch schwer genießbare Text in 24 Gesängen wurde immerhin zum ersten internationalen Erfolg der schwe-

dischen Literatur. Der vom Norden begeisterte letzte deutsche
Kaiser Wilhelm II. ließ 1913 am norwegischen Sognefjord sogar
eine Frithiof-Statue enthüllen.

Die Epoche der Romantik markiert in der 1. Hälfte des
19. Jahrhunderts allerdings auch den Beginn der wissenschaft-
lichen Erforschung der germanischen Mythologie. Dafür steht
beispielhaft und bis heute beeindruckend die monumentale
Deutsche Mythologie (1835) Jacob Grimms (1785–1863), in der er
eine Fülle literarischen und volkskundlichen Materials zusam-
mentrug. Seinen ursprünglichen Vorsatz, auf skandinavische
Überlieferungen zu verzichten, konnte er allerdings nicht einhalten und so präsentiert sich die Deutsche eben doch als Germanische Mythologie. Bereits im folgenden Jahr veröffentlich-
te der schwäbische Romantiker, Dichter und Altgermanist Ludwig Uhland (1787–1862) mit dem *Mythus von Thor* »Studien zur
nordischen Mythologie«. Schließlich sei noch Karl Simrock
(1802–1876) genannt, der als Übersetzer der Liederedda (1851)
und Herausgeber eines *Handbuchs der deutschen Mythologie*
(1855) die Götter und Mythen der Germanen in weiten Kreisen
der deutschen Bevölkerung populär machte. Im Anschluss daran entstand eine Fülle mehr oder weniger dickleibiger Religi-
onsgeschichten und Mythologien zum Germanischen. Das große Interesse lag vor allem an einem Schluss der meisten Verfasser: Was die Isländer des 13. Jahrhunderts an Götterliedern und
Mythen niedergeschrieben hatten, musste auch das germanische Erbe der Deutschen sein, das hier verlorengegangen war.
Demzufolge erfreute sich die altnordische Überlieferung zu-
nehmender Beliebtheit. Unter den zahlreichen Nach- und Neu-
dichtungen war es letztlich Richard Wagner (1813–1883), der mit
seinen Musikdramen aus alten Motiven und Versatzstücken etwas Neues schuf. Mit dem vierteiligen Bühnenfestspiel *Der
Ring des Nibelungen*, das 1876 in Bayreuth uraufgeführt wurde,
gelang ihm sein einflussreichstes Werk. Dafür griff er auf germanische Stoffe und Motive zurück, wobei ihm als Quellen weniger das mittelhochdeutsche *Nibelungenlied* denn die altnordische Überlieferung der Eddalieder sowie der *Wölsungensaga*
diente. Aus den alten Göttern und Helden schuf er letztlich ei-

nen eigenen modernen Mythos. Der Titelring ist das Symbol der Macht, um das sein Besitzer Alberich und Wotan als Herrscher der Welt erbittert ringen. Dessen Enkel Siegfried sieht sich als freien Menschen, der gegen die etablierte Ordnung rebelliert. Mit der Götterdämmerung, mit der die alte Welt untergeht, knüpft Wagner an die Ragnarök der *Weissagung der Seherin* an. Indem das opulente Musikdrama die alten Überlieferungen frei gestaltete, machte es die nordgermanischen Mythen ungeheuer populär. Die beabsichtigte Kritik an der kapitalistischen Gesellschaft nahm man in Deutschland weniger wahr als die mutmaßlich germanischen Requisiten und Kostüme. Alles, was angeblich mit Germanen zusammenhing, war seitdem *en vogue*: Hörner- und Flügelhelme, fell- oder rüstungsbewehrte Krieger mit langen Bärten, speertragende Walküren, Runen, Drachenstilmotive sowie Götter- und Heldennamen. Durch die derart ausgestatteten Aufführungen im Festspielhaus zu Bayreuth wurde *Der Ring des Nibelungen* gleichsam ein nationales Ritual. Die – zumeist historisch falschen – Attribute und Requisiten galten als selbstverständliche Bestandteile deutscher Geschichte und Identität. Germanisch, Deutsch und Nordisch wurden gleichsam als identische Begriffe angesehen.

Auch andernorts in Europa hegte man Interesse an den Mythen des Nordens. In England etwa durch etliche Übersetzungen und Studien zum Altnordischen an den Universitäten Oxford und Cambridge. Dort nahm sich der vielseitige Künstler und Dichter William Morris (1834–1896) des isländischen Wölsungenromans an. In Skandinavien hatte man sich sowieso im Geist der Nationalromantik den Wikingern und ihren Mythen zugewandt. Dies fand im Alltag einen offensichtlichen Niederschlag im so genannten Wikinger-Stil, der sich u. a. in der Architektur und im Design ausdrückte. Und immer mehr skandinavische Bürger fanden Gefallen an Wikingerfesten, auf denen sie mit Hörnerhelmen geschmückt originalen Met genossen. Dass die Rezeption der Vergangenheit in Nordeuropa nicht nur rückwärtsgewandt war, belegt ein Gedicht des bedeutendsten schwedischen Dichters der Moderne, August Strindberg (1849–1912): In *Lokis Schmähungen* (Lokes smädelser, 1884) greift er auf

Lokis Spottrede aus den eddischen Götterliedern zurück und interpretiert den zwielichtigen Gott als Rebell gegen die etablierte Ordnung.

In Deutschland entstand derweil eine völkische Bewegung, deren zahlreiche Gruppen nach der Niederlage des 1. Weltkriegs 1918 germanisch-nordische Versatzstücke mit einem aggressiven Rassismus verbanden. Damit wurde der Grundstein für viele obstruse Lehren gelegt, wozu auch die pseudowissenschaftliche Interpretation der Externsteine gehörte. Im Mittelpunkt stand der angeblich reinrassige nordische Mensch, den es natürlich nie gegeben hat. Die Ideologen des Nationalsozialismus griffen solche Ideen auf und verwendeten sie während ihrer Herrschaft. In diesem Zusammenhang wurden auch die nordgermanischen Mythen missbraucht und mussten zur Konstruktion einer antichristlichen Scheinreligion herhalten. Alles »Altgermanische« musste demzufolge nach 1945 sowohl wissenschaftlich wie auch künstlerisch eine Rehabilitationsphase durchmachen, die nach Jahrzehnten gelungen ist und die faszinierende Götter- und Mythenwelt der Germanen endlich vorurteilsfrei zugänglich macht. Dabei erfuhren germanische Motive und Figuren in der zweiten Hälfte des 20. Jahrhunderts gerade in der deutschen wie globalen Populärkultur eine ungeahnte Wiederkehr (vgl. Thor). Das gilt vor allem für die Fantasy-Literatur und insbesondere für den englischen Hochschulprofessor J. R. R. Tolkien (1892–1973) und seine 1954/55 erschienene Trilogie *Der Herr der Ringe* (The Lord of the Rings). Als Schöpfer eines regelrechten Mythenuniversums sah er dessen Zentrum Mittelerde als seine Heimat England in einer weit zurückliegenden Vergangenheit. Nicht als historisch greifbare Wirklichkeit, sondern als Mythologie des Nordwestens Europas. Darum schuf er seine fiktive Welt aus eigenständigen Elementen der Phantasie und aus einer Vielzahl von Namen, Figuren und Motiven der germanischen und keltischen Überlieferungen. Als Professor für mittelalterliche englische Sprache und Literatur beherrschte er nicht nur die historischen angelsächsischen Mundarten, das mittelalterliche Englisch, das isländische Altnordisch und Gotisch, sondern kannte auch die inselkeltischen Sprachen wie das Altirische und das Walisi-sche. Darüberhinaus galt er als Kenner der isländischen Sagas und Eddas, die ihm reichliche Vorlagen boten. So entnahm er den Begriff von Mittelerde der altnordischen Mythologie, deren Menschenwelt bekanntlich Midgard ist. Andere Eigennamen entstammen der *Weissagung der Seherin*, insbesondere die der Zwerge. Die Figur des Zauberers Gandalf (altnord. »Zauberel-be«) zeigt Züge des Gottes Odin; wie dieser zieht er als grauer Reisender mit großem Hut und Zauberstab bzw. Speer umher. Und der Ring der Macht, das alles entscheidende Objekt des Romans, dürfte zumindest in Anklängen Odins Wunderring Draupnir verbunden sein, der schließlich auch ein Herrschafts-symbol war. Tolkiens Werk bietet jedenfalls das bislang bedeu-tendste moderne Zeugnis für das Nachleben der germanischen Mythen.

Die Götter und Mythen der Germanen finden sich außerdem mit weniger Massenaufmerksamkeit in allerlei Genres und Gruppen. Den wenigsten kann man erfreulicherweise neona-zistisches Gedankengut unterstellen. Das gilt auch für die zahl-reichen Gruppierungen, die einer neuheidnischen Glaubens-richtung anhängen. Dabei berufen sie sich insbesondere auf die altnordischen Eddas, die natürlich keine Glaubenslehre bie-ten. Dem germanischen Neuheidentum haftet insofern etwas Inszeniertes an, das die mutmaßlichen religiösen Praktiken von vor mehr als einem Jahrtausend imitiert. Aber immerhin: Seit den 1970er Jahren ist auf Island die Gemeinde der Anhän-ger des Asenglaubens (Ásatrú) offiziell als Religionsgemein-schaft anerkannt. Zu etwas ganz anderem: In der Musikszene des Heavy Metal haben sich einige Subgenres etabliert, deren Gruppen sich dem Viking und dem Pagan Metal zugehörig se-hen. Dabei wird nicht nur das Wikingertum als besondere Da-seinsform besungen, sondern auch die paganen (heidnischen) Götter und Mythen thematisiert. So besangen konsequenter-weise die norwegischen »Einherjer« den Kriegergott Odin und seine Walküren: »Odin owns ye all.« (Simek 2010, 207 f.). Doch »Die Götter und Mythen der Germanen« sollten friedfertiger ausklingen, wofür sich das Werk des dänischen Comiczeichners Peter Madsen anbietet. Denn er hat sich seit 1979 der alten Göttergeschichten angenommen und sie unter dem Titel »Valhalla« in 15 äußerst komischen Alben herausgegeben und damit auf seine Weise erneut zum Leben erweckt.

ANHANG

Die altnordischen Eigennamen werden soweit »eingedeutscht«, dass für ihre Wiedergabe lediglich Buchstaben des deutschen Alphabets verwendet werden, also ä für æ, th für þ, d für ð u. Ä. Im Großen und Ganzen bewegen sich die Namensformen im Rahmen der im deutschsprachigen Bereich üblichen Vorgaben. Daneben wird zumeist mindestens einmal der Originalname angeführt. Genaue Stellenangaben erfolgen lediglich für die Hauptquellen der beiden Eddas und der *Germania* des Tacitus (jeweils mit Strophen- bzw. Kapitelangaben). Für weitere Quellen sei lediglich auf das Literaturverzeichnis verwiesen.

Abkürzungsverzeichnis

AGR   Vries, Jan de: Altgermanische Religionsgeschichte. 2 Bde. Berlin 1970 (3. Aufl.).

altengl.   Altenglisch

althochdt.   Althochdeutsch

altnord.   Altnordisch

altsächs.   Altsächsisch

Almgren 1934   Almgren, Oscar: Nordische Felszeichnungen
als religiöse Urkunden. Frankfurt a. M. 1934.

Alw.   Alwisslied. In: Krause, Arnulf (Übers.): Die
Götterlieder der Älteren Edda. Stuttgart 2006.
Strophenangabe.

Angels.   Angelsächsisch

Bald.   Balders Träume. In: Krause, Arnulf (Übers.):
Die Götterlieder der Älteren Edda. Stuttgart
2006. Strophenangabe.

Böldl   Böldl, Klaus: Götter und Mythen des Nordens.
Ein Handbuch. München 2013.

Demandt   Demandt, Alexander: Über allen Wipfeln.
Der Baum in der Kulturgeschichte. Düsseldorf
2005.

Dt.   Deutsch

Germania   Fuhrmann, Manfred: Tacitus, Germania.
Stuttgart 1972. Kapitelangabe.

german.   Germanisch

griech.   Griechisch

Grim.   Grimnirlied. In: Krause, Arnulf (Übers.):
Die Götterlieder der Älteren Edda. Stuttgart
2006. Strophenangabe.

Gylf.   Gylfis Täuschung. In: Krause, Arnulf (Übers.):
Die Edda des Snorri Sturluson. Stuttgart 1997.
Kapitelangabe.

Harb.   Harbardlied. In: Krause, Arnulf (Übers.):
Die Götterlieder der Älteren Edda. Stuttgart
2006. Strophenangabe.

Helgi 1	Erstes Lied von Helgi dem Hundingstöter. In: Krause, Arnulf (Übers.): Die Heldenlieder der Älteren Edda. Stuttgart 2001. Strophenangabe.
Helgi Hj.	Lied von Helgi Hjörwardssohn. In: Krause, Arnulf (Übers.): Die Heldenlieder der Älteren Edda. Stuttgart 2001. Strophenangabe.
Hunn.	Hunnenschlachtlied. In: Krause, Arnulf (Übers.): Die Heldenlieder der Älteren Edda. Stuttgart 2001 Strophenangabe.
Hym.	Hymirlied. In: Krause, Arnulf (Übers.): Die Götterlieder der Älteren Edda. Stuttgart 2006. Strophenangabe.
Hyndl.	Hyndlalied. In: Krause, Arnulf (Übers.): Die Götterlieder der Älteren Edda. Stuttgart 2006. Strophenangabe.
indogerman.	Indogermanisch
lat.	Lateinisch
Merk.	Merkgedicht von Rig. In: Krause, Arnulf (Übers.): Die Götterlieder der Älteren Edda. Stuttgart 2006. Strophenangabe.
Petzoldt 2003	Petzoldt, Leander: Kleines Lexikon der Dämonen und Elementargeister. München 2003 (3. Aufl.)
Petzoldt 2011	Petzoldt, Leander: Magie – Weltbild, Praktiken, Rituale. München 2011.
Reg.	Reginnlied. In: Krause, Arnulf (Übers.): Die Heldenlieder der Älteren Edda. Stuttgart 2001. Strophenangabe.
Simek 2010	Simek, Rudolf (Hrsg.): Mythos Odin. Texte von der Edda bis zum Heavy Metal. Stuttgart 2010.
Simek 2014	Simek, Rudolf: Religion und Mythologie der Germanen. Darmstadt 2014 (2. Aufl.).
Skirn.	Skirnirlied. In: Krause, Arnulf (Übers.): Die Götterlieder der Älteren Edda. Stuttgart 2006. Strophenangabe.

Spottr.	Lokis Spottrede. In: Krause, Arnulf (Übers.): Die Götterlieder der Älteren Edda. Stuttgart 2006. Strophenangabe.
Sprache	Die Sprache der Dichtkunst. In: Krause, Arnulf (Übers.): Die Edda des Snorri Sturluson. Stuttgart 1997. Kapitelangabe.
Sprüche	Die Sprüche des Hohen. In: Krause, Arnulf (Übers.): Die Götterlieder der Älteren Edda. Stuttgart 2006. Strophenangabe.
Thrym.	Thrymlied. In: Krause, Arnulf (Übers.): Die Götterlieder der Älteren Edda. Stuttgart 2006. Strophenangabe.
Waft.	Wafthrudnirlied. In: Krause, Arnulf (Übers.): Die Götterlieder der Älteren Edda. Stuttgart 2006. Strophenangabe.
Weiss.	Weissagung der Seherin. In: Krause, Arnulf (Übers.): Die Götterlieder der Älteren Edda. Stuttgart 2006. Strophenangabe.

Bibliographie

Quellen

Aðalbjarnarson, Bjarni (Hrsg.): Heimskringla. 3 Bde. Reykjavík 1941–51. (Íslenzk fornrit. 26–28.)

Böldl, Klaus; Vollmer, Andreas; Zernack, Julia (Hrsg.): Die Isländersagas in 4 Bänden mit einem Begleitband. Frankfurt a. M. 2011.

Buchner, Rudolf (Übers.): Gregor von Tours. Zehn Bücher Geschichten. 2 Bde. Darmstadt 1955/56.

Ebel, Uwe (Hrsg.): Völsunga saga. Frankfurt a. M. 1983.

Fransen, Gérard; Kölzer, Theo (Hrsg.): Burchard von Worms. Decretorum Libri XX, ergänzter Neudruck der Editio Princeps Köln 1548. Aalen 1992.

Frey, Johannes (Übers.): Beowulf. Das angelsächsische Heldenlied. Stuttgart 2013.

Friis-Jensen, Karsten; Zeeberg, Peter (Hrsg. u. dän. Übers.): Saxo Grammaticus. Gesta Danorum. Danmarkshistorien. 2 Bde. Kopenhagen 2005.

Fuhrmann, Manfred (Hrsg. u. Übers.): Tacitus, Germania. Stuttgart 1972.

Genzmer, Felix (Übers.): Die Edda. Götterdichtung, Spruchweisheit und Heldengesänge der Germanen. Düsseldorf / Köln 1997.

Heller, Rolf (Übers.): Isländersagas. 2 Bde. Wiesbaden 1982.

Herrmann, Joachim (Hrsg.): Griechische und lateinische Quellen zur Frühgeschichte Mitteleuropas bis zur Mitte des 1. Jahrtausends unserer Zeitrechnung. Bde. 1–4. Berlin 1988–1991.

Herrmann, Paul (Übers.): Erläuterungen zu den ersten neun Büchern der Dänischen Geschichte des Saxo Grammaticus. 1: Übersetzung. Leipzig 1901.

Heusler, Andreas; Ranisch, Wilhelm (Hrsg.): Eddica minora. Dortmund 1903. (Nachdr. Darmstadt 1974.)

Jónsson, Finnur (Hrsg.): Edda Snorra Sturlusonar. København 1931.

- Den norsk-islandske Skjaldedigtning. 4 Bde. Kopenhagen 1912–15. (Neudr. 1967–73.)
- Snorri Sturluson. Edda. København 1900. (2. Aufl. 1926.)

Jónsson, Guðni (Hrsg.): Fornaldar sögur Norðurlanda. 4 Bde. Reykjavík 1954 (Nachdr. 1981.)
- Íslendinga sögur. 13 Bde. Reykjavík 1953.

Kock, Ernst Albin (Hrsg.): Den norsk-isländska skaldediktningen. 2 Bde. Lund 1946–49.

Krause, Arnulf (Übers.): Die Edda des Snorri Sturluson. Stuttgart 1997.
- Die Götterlieder der Älteren Edda. Stuttgart 2006.
- Die Götter- und Heldenlieder der Älteren Edda. Stuttgart 2004.
- Die Heldenlieder der Älteren Edda. Stuttgart 2001.

Krusch, Bruno; Levison, Wilhelm (Hrsg.): Vita Vulframni. In: Passiones vitaeque sanctorum aevi Merovingici 3. Hannover/Leipzig 1910.

Lehnert, Martin (Übers.): Beowulf. Ein altenglisches Heldenepos. Stuttgart 2004.

Lorenz, Gottfried: Snorri Sturluson. Gylfaginning. Texte, Übersetzung, Kommentar. Darmstadt 1984. (Texte zur Forschung. 48.)

Müller, Stephan (Übers., Hrsg.): Althochdeutsche Literatur. Eine kommentierte Anthologie. Stuttgart 2007.

Neckel, Gustav, Felix Niedner (Übers.): Die jüngere Edda mit dem sogenannten ersten grammatischen Traktat. Düsseldorf 1966. (Thule. 20.)

Neckel, Gustav; Kuhn, Hans (Hrsg.): Edda. Die Lieder des Codex Regius nebst verwandten Denkmälern. Bd. 1: Text. Heidelberg 1983 (5. Aufl.).

Nickel, Gerhard (Hrsg.): Beowulf und die kleineren Denkmäler der altenglischen Heldensage Waldere und Finnsburg. Mit Text und Übersetzung, Einleitung und Kommentar sowie einem Konkordanz-Glossar. Bde. 1–3. Heidelberg 1976–1982.

Niedner, Felix (Übers.): Snorris Königsbuch: Heimskringla. 3 Bde. Jena 1922–23.

Rau, Reinhold (Hrsg.): Briefe des Bonifatius. Willibalds Leben des Bonifatius. Nebst einigen zeitgenössischen Dokumenten. Darmstadt 2011 (3. Aufl.).

Reifegerste, Matthias E. (Hrsg.): Die Hervararsaga. Leverkusen 1989.

Sammlung Thule – Altnordische Dichtung und Prosa. Band 1–24. Neuausgabe Düsseldorf/Köln 1963–1967.

Schier, Kurt (Übers.): Egils saga. München 1996.

Schwarz, Wolfgang F. (Hrsg., Übers.): Paulus Diaconus. Historia Langobardorum (Geschichte der Langobarden). Darmstadt 2009.

Simrock, Karl (Übers.): Die Edda, die ältere und jüngere nebst den mythischen Erzählungen der Skalda. Stuttgart 1851.

Spitzbart, Günther (Hrsg., Übers.): Beda der Ehrwürdige. Kirchengeschichte des Englischen Volkes. 2 Bde. Wissenschaftliche Buchgesellschaft. Darmstadt 1982.

Strerath-Bolz, Ulrike (Übers.): Isländische Vorzeitsagas I. München 1997.

Togan, A. Zeki Validi (Hrsg., Übers.): Ibn Fadlans Reisebericht. Leipzig 1939. (Nachdruck 1966.)

Tolkien, Christopher (Hrsg., Übers.): The Saga of King Heidrek the Wise. London 1960.

Trillmich, Werner (Hrsg., Übers.): Adam von Bremen. Bischofsgeschichte der Hamburger Kirche. In: Quellen des 9. und 11. Jahrhunderts zur Geschichte der Hamburgischen Kirche und des Reiches. Darmstadt 1978. S. 135 ff.

– Rimbert. Ansgars Leben. In: ebd. S. 1 ff.

Sekundärliteratur

Acker, Paul; Larrington, Carolyne (Hrsg.): The Poetic Edda. Essays on Old Norse Mythology. New York / London 2002.

Almgren, Oscar: Nordische Felszeichnungen als religiöse Urkunden. Frankfurt a. M. 1934.

Althaus, Sylvia: Die gotländischen Bildsteine: Ein Programm. Göppingen 1993.

Arnold, Martin: Thor: Myth to Marvel. London 2011.

Bächtold-Stäubli, Hanns (Hrsg.): Handwörterbuch des deutschen Aberglaubens. 10 Bde. Berlin / Leipzig 1927–1942. (Nachdr. 1987.)

Baetke, Walter: Die Götterlehre der Snorra Edda. Berlin 1952. (Berichte über die Verhandlungen der Sächsischen Akademie der Wissenschaften zu Leipzig. Philologisch-historische Klasse. 97. Band. Heft 3.) [Wieder in: Walter Baetke: Kleine Schriften. Weimar 1973. S. 206–246.]

– Die Religion der Germanen in Quellenzeugnissen, Frankfurt a. M. 1938 (2. Aufl.).

Bauchhenss, Gerhard; Günter Neumann (Hrsg.): Matronen und verwandte Gottheiten. Köln 1987.

Beck, Heinrich: Das Ebersignum im Germanischen. Berlin 1965 (= Quellen und Forschungen zur Sprach- und Kulturgeschichte der germanischen Völker. N. F. 16).

– Snorri Sturlusons Sicht der paganen Vorzeit. Göttingen 1994. (Nachrichten der Akademie der Wissenschaften in Göttingen. I. Philologisch-historische Klasse. 1994. Nr. 1.)

Beck, Heinrich u. a. (Hrsg.): Reallexikon der Germanischen Altertumskunde. 37 Bde. Berlin / New York 1973–2008.

Beck, Heinrich; Ellmers, Detlev; Schier, Kurt (Hrsg.): Germanische Religionsgeschichte. Quellen und Quellenprobleme. Berlin / New York 1992. (Ergänzungsbände zum Reallexikon der Germanischen Altertumskunde. 5.)

Beck, Heinrich; Heizmann, Wilhelm; van Nahl, Jan (Hrsg.): Snorri Sturluson – Historiker, Dichter, Politiker. Berlin 2013. (Ergänzungsbände zum Reallexikon der Germanischen Altertumskunde. 85.)

Beck, Inge: Studien zur Erscheinungsform des heidnischen Opfers nach altnordischen Quellen. München 1967.

Beck, Wolfgang: Die Merseburger Zaubersprüche. Wiesbaden 2003.

Behm-Blancke, Günter: Heiligtümer der Germanen und ihrer Vorgänger in Thüringen. Die Kultstätte Oberdorla. Forschungen zum alteuropäischen Kultwesen. Stuttgart 2002/03.

Beitl, Richard; Beitl, Klaus: Wörterbuch der deutschen Volks-
kunde. Stuttgart 1974 (3. Aufl.).

Bemman, Güde und Jan: Der Opferplatz von Nydam. Die Funde aus den älteren Grabungen Nydam-I und Nydam-II.
2 Bde. Neumünster 1998.

Bibire, Paul: Freyr and Gerðr: The Story and its Myths. In: Sagnaskemmtun. Studies in Honour of Hermann Pálsson. Wien
1986. S. 19–40.

Birkhan, Helmut: Magie im Mittelalter. München 2010.

Böldl, Klaus: Götter und Mythen des Nordens. Ein Handbuch.
München 2013.

Bruce-Mitford, Rupert Leo Scott: Sutton Hoo Ship Burial. 1–3.
London 1973–83.

Brøndsted, Johannes: Nordische Vorzeit 1–3. Neumünster
1960–1963.

Buisson, Ludwig: Der Bildstein Ardre VIII auf Gotland. Göttermythen, Heldensagen und Jenseitsglaube der Germanen im
8. Jahrhundert n. Chr. Göttingen 1976 (Abhandlungen der Akademie der Wissenschaften in Göttingen, phil.-hist. Kl. 3/102).

Burri, Margrit: Germanische Mythologie zwischen Verdrän-
gung und Verfälschung. Zürich 1982.

Capelle, Torsten: Anthropomorphe Holzidole in Mittel- und
Nordeuropa. Stockholm 1995.

– Bilderwelten der Bronzezeit. Felsbilder in Norddeutschland
und Skandinavien. Mainz 2008.

Capelle, Torsten; Fischer, Christian (Hrsg.): Ragnarok. Odins
verden. Silkeborg 2005.

Carver, Martin (Hrsg.): The Cross goes North. Processes of
Conversion in Northern Europe, AD 300–1300. York 2003.

Cöllen, Sebastian: Heimdallr – der rätselhafte Gott. Eine philologische und religionsgeschichtliche Untersuchung. Berlin
2015 (Ergänzungsbände zum Reallexikon der Germanischen Altertumskunde. 94.)

Demandt, Alexander: Über allen Wipfeln. Der Baum in der
Kulturgeschichte. Düsseldorf 2005.

Derolez, R. L. M.: Götter und Mythen der Germanen. Wiesbaden 1974.

Dictionary of the Middle Ages. 13 Bde. New York 1982–1989.

Dieck, Alfred: Die europäischen Moorleichenfunde (Hominidenmoorfunde) 1. Neumünster 1965.

Doht, Renate: Der Rauschtrank im germanischen Mythos. Wien 1974 (= Wiener Arbeiten zur germanischen Altertumskunde und Philologie. 3).

Düwel, Klaus: Buchstabenmagie und Alphabetzauber. Zu den Inschriften der Goldbrakteaten und ihrer Funktion als Amulette. In: Frühmittelalterliche Studien 22 (1988). S. 70–110.

Düwel, Klaus: Das Opferfest von Lade. Quellenkritische Untersuchungen zur germanischen Religionsgeschichte. Wien 1985. (Wiener Arbeiten zur Germanischen Altertumskunde und Philologie. 27.)

Düwel, Klaus: Runenkunde. Stuttgart 2008 (4. Aufl.).

Dumézil, Georges: Loki. Darmstadt 1959. (Frz. Orig.-Ausg. Paris 1948.)

– Mythos und Epos. Die Ideologie der drei Funktionen in den Epen der indoeuropäischen Völker. Frankfurt/Main 1989.

Egeler, Matthias: Walküren, Bodbs, Sirenen: Gedanken zur religionsgeschichtlichen Anbindung Nordwesteuropas an den mediterranen Raum. Berlin 2011 (Ergänzungsbände zum Reallexikon der Germanischen Altertumskunde. 71).

Eichner, Heiner; Nedoma, Robert: Die Merseburger Zaubersprüche: Philologische und sprachwissenschaftliche Probleme in heutiger Sicht. In: Die Sprache 42. 2001/02. S. 1–195.

Eis, Gerhard: Altdeutsche Zaubersprüche. Berlin 1964.

Falk, Hjalmar: Odensheite. Kristiania 1924.

Fix, Hans (Hrsg.): Snorri Sturluson. Beiträge zu Werk und Rezeption. Berlin / New York 1998.

Fleck, Jere: Die Wissensbegegnung in der altgermanischen Religion. Diss. München 1968.

Flowers, Stephen E.: Runes and Magic: Magical Formulaic Elements in the Older Runic Tradition. Bern / Frankfurt a. M. / New York 1986.

Focke-Museum (Hrsg.): Graben für Germanien. Archäologie unterm Hakenkreuz. Stuttgart 2013.

Gehrts, Heino: Die Gullveig-Mythe der Völuspá. In: Zeitschrift für deutsche Philologie 88 (1969). S. 321–378.

Glendinning, Robert J.; Bessason, Haraldur (Hrsg.): Edda. A Collection of Essays. Winnipeg 1983.

Golther, Wolfgang: Handbuch der germanischen Mythologie. Leipzig 1895 (Nachdr. 1995).

Grimm, Jacob: Deutsche Mythologie. Berlin 1875–78 (4. Aufl.). (Nachdruck Frankfurt a. M. 1981.)

Grönbech, Wilhelm: Kultur und Religion der Germanen. 2 Bde. Darmstadt 1997 (12. Aufl.).

Grønvik, Ottar: Der Runenstein von Tanum – ein religionsgeschichtliches Denkmal aus urnordischer Zeit. In: Ahlbäck, Tore (Hrsg.): Old Norse and Finnish Religions and Cultic Place-Names. Åbo / Stockholm 1990. S. 223–255.

Gschwantler, Otto: Christus, Thor und die Midgardschlange. In: Festschrift für Otto Höfler zum 65. Geburtstag Bd. 1. Hrsg. von Helmut Birkhan und Otto Gschwantler. Wien 1968. S. 145–168.

Gustafson, Gabriel: Gotlands Bildsteine 1–2. Stockholm 1941–42.

Gutenbrunner, Siegfried: Die germanischen Götternamen der antiken Inschriften. Halle/S. 1936.

Harmening, Dieter: Superstitio. Berlin 1979.

Hartmann, Elisabeth: Die Trollvorstellungen in den Sagen und Märchen der skandinavischen Völker. Stuttgart/Berlin 1936.

Hauck, Karl: Die bremische Überlieferung zur Götter-Dreiheit Altuppsalas und die bornholmischen Goldfolien aus Sorte Muld (Zur Ikonologie der Goldbrakteaten, LII). In: Frühmittelalterliche Studien 27 (1993). S. 409–479.

Haugen, Einar: The Edda as Ritual: Odin and His Masks. In: Glendinning, Robert J.; Bessason, Haraldur (Hrsg.): Edda. A Collection of Essays. Winnipeg 1983. S. 3–24.

Heizmann, Wilhelm: Gefjon: Metamorphosen einer Göttin. In: Rudolf Simek; Wilhelm Heizmann (Hrsg.). Mythological Women. Studies in Memory of Lotte Motz. Wien 2002. S. 197–255.

Heizmann, Wilhelm: Laukr (»Lauch«) in der altnordischen Literatur, Mythologie und Heilkunde (Diss.). München 1981.

Heizmann, Wilhelm; Oehrl, Sigmund (Hrsg.): Bilddenkmäler zur germanischen Götter- und Heldensage. Berlin 2015 (Ergänzungsbände zum Reallexikon der Germanischen Altertumskunde. 91).

Historisches Museum der Pfalz Speyer (Hrsg.): Die Wikinger. Begleitbuch zur Ausstellung. Speyer / München 2008.

Höfler, Otto: Das Opfer im Semnonenhain und die Edda. In: Edda, Skalden, Saga. Festschrift für Felix Genzmer zum 70. Geburtstag. Hrsg. von Hermann Schneider. Heidelberg 1952. S. 1–67.

– Götterkomik. Zur Selbstrelativierung des Mythos. In: Zeitschrift für deutsches Altertum 100 (1971). S. 371–389.

Holtsmark, Anne: Studier i Snorres Mytologi. Oslo 1964. (Skrifter udgitt av Det Norske Videnskaps-Akademi i Oslo. II. Hist.-Filos. Kl. Ny Serie. No. 4.)

Holzmann, Verena: »Ich beswer dich wurm und wyrmin«. Formen und Typen altdeutscher Zaubersprüche und Segen. Wien 2001.

Jankuhn, Herbert (Hrsg.): Vorgeschichtliche Heiligtümer und Opferplätze in Mittel- und Nordeuropa. Göttingen 1970.

Jørgensen, Lars u. a. (Hrsg.): Sieg und Triumph. Der Norden im Schatten des Römischen Reiches. Kopenhagen 2003.

Kabell, Aage: Balder und die Mistel. Helsinki 1965 (= FFC. 196).

Kaufhold, Martin: Europas Norden im Mittelalter. Darmstadt 2001.

Klingenberg, Heinz: Alvíssmál: Das Lied vom überweisen Zwerg. In: Germanisch-Romanische Monatsschrift 48 (1967) S. 113–142.

– Edda – Sammlung und Dichtung. Basel / Stuttgart 1974.

– För Scírnis: Brautwerbungsfahrt eines Werbungshelfers. In: alvíssmál 6 (1996). S. 21–62.

– Hárbarðzlióð. Individuelles und überindividuelles Erzählen. In: Helden und Heldensage. Otto Gschwantler zum 60. Geburtstag. Hrsg. von Hermann Reichert und G. Zimmermann. Wien 1990. S. 143–186.

Korn, Wolfgang: Megalithkulturen. Rätselhafte Monumente der Steinzeit. Stuttgart 2005.

Krause, Arnulf: Die Geschichte der Germanen. Hamburg 2012.
- Die Welt der Wikinger. Hamburg 2012.
- Die wirkliche Mittelerde. Tolkiens Mythologie und ihre Wurzeln im Mittelalter. Stuttgart 2012.
- Reclams Lexikon der germanischen Mythologie und Heldensage. Stuttgart 2010.
- Von Göttern und Helden. Die mythische Welt der Kelten, Germanen und Wikinger. Stuttgart 2010.
Krause, Wolfgang: Die Runeninschriften im älteren Futhark. Göttingen 1966.
Kristjánsson, Jónas: Eddas und Sagas. Die mittelalterliche Literatur Islands. Hamburg 1994.
Krüger, Bruno u. a.: Die Germanen. Geschichte und Kultur der germanischen Stämme in Mitteleuropa. Bd. 1–2. Darmstadt 1987.
Kuhn, Hans: Das alte Island. Düsseldorf 1971.
Kuhn, Hans: Das Fortleben des germanischen Heidentums nach der Christianisierung. In: Settimane di studio del Centro italiano di studi sull'alto medioevo XIV, La conversione al Cristianesimo nell'Europa dell'alto medio evo. Spoleto, 14–20 aprile 1966. Spoleto 1967. S. 743–757. [Wiederabdruck in: H. K. Kleine Schriften II. Berlin 1972. S. 378–386.]
- Das nordgermanische Heidentum in den ersten christlichen Jahrhunderten. In: Zeitschrift für deutsches Altertum 79 (1942). S. 133–166. [Wiederabdruck in: H. K. Kleine Schriften II. Berlin 1972. S. 296–326.]
Kulturhistorisk leksikon for nordisk middelalder fra vikingetid til reformationstid. Bd. 1–22. Kopenhagen 1956–1978.
Larsson, Lars: Continuity for Centuries. A Ceremonial Building & Its Context at Uppåkra, Southern Sweden. Stockholm 2004.
Lecouteux, Claude: Eine Welt im Abseits. Zur niederen Mythologie des Mittelalters. Dettelbach 2000.
Lindow, John: Murder and Vengeance among the Gods. Baldr in Scandinavian Mythology. Helsinki 1997.
Lindqvist, Sune: Gotlands Bildsteine. 2 Bde. Stockholm 1941–42.

Marold, Edith: Der gotländische Bildstein von Ardre VIII und die Hymiskviða. In: Festschrift Michael Müller-Wille. 1998. S. 39–49.
– Skaldendichtung und Mythologie. In: Poetry in the Scandinavian Middle Ages, Spoleto, 4–10 Sept. 1988. Spoleto 1990. S. 107–130 (= Atti del 12° Congresso Internazionale di Studi sull'Alto Medioevo).
– Das Walhallabild in den Eiríksmál und den Hákonarmál. In: Mediaeval Scandinavia 5 (1972). S. 19–33.
McKinnell, John; Simek, Rudolf: Runes, Magic and Religion: A Sourcebook. Wien 2004 (SMS 10).
McTurk, Rory (Hrsg.): A Companion to Old Norse-Icelandic Literature and Culture. Malden 2005.
Meller, Harald (Hrsg.): Der geschmiedete Himmel. Die weite Welt im Herzen Europas vor 3600 Jahren. Stuttgart 2004.
Meulengracht Sørensen, Preben: Loki's Senna in Ægir's Hall. In: Idee – Gestalt – Geschichte. Festschrift Klaus von See. Hrsg. von Gerd Wolfgang Weber. Odense 1988. S. 239–259.
Minis, Cola: »Thor weihe diese Runen«. In: Frühmittelalterliche Studien 8 (1974). S. 195–222.
Mittner, Ladislaus: Wurd: Das Sakrale in der altgermanischen Epik. Bern 1955.
Mogk, Eugen: Lokis Anteil an Balders Tode. Helsinki 1925.
– Novellistische Darstellung mythologischer Stoffe Snorris und seiner Schule. Helsinki 1923 (= FFC. 51).
– Zur Bewertung der Snorra Edda als religionsgeschichtliche und mythologische Quelle des nordgermanischen Heidentums. Leipzig 1932.
Müller-Wille, Michael: Opferkulte der Germanen und Slawen. Stuttgart 1999.
Näsström, Britt-Mari: Freyja – The Great Goddess of the North. Lund 2005 (Lund Studies in History of Religions 5).
Neckel, Gustav: Die Überlieferungen vom Gotte Balder. Dortmund 1920.
Neckel, Gustav: Walhall. Dortmund 1931.
Nilsson, B. (Hrsg.): Kontinuitet i kult och tro från vikingatid till medeltid. 1992.

Nordal, Sigurdur (Hrsg.): Völuspá. Darmstadt 1980. (Texte zur Forschung. 33.)

Olrik, Axel: Ragnarök. Berlin 1923.

Padberg, Lutz E. von: Christianisierung im Mittelalter. Darmstadt 2006.

Pentz, Peter u. a. (Hrsg.): Die Wikinger. München 2014.

Pering, Birger: Heimdall. Religionsgeschichtliche Untersuchungen zum Verständnis der altnordischen Götterwelt. Lund 1941.

Pesch, Alexandra: Die Goldbrakteaten der Völkerwanderungszeit – Thema und Variation. Berlin 2007. (Ergänzungsbände zum Reallexikon der Germanischen Altertumskunde. 36.)

Petzoldt, Leander: Kleines Lexikon der Dämonen und Elementargeister. München 2003. (3. Aufl.)

– Magie – Weltbild, Praktiken, Rituale. München 2011.

Picard, Eve: Germanisches Sakralkönigtum? Heidelberg 1991.

Pohl, Walter: Die Germanen. München 2000. (Enzyklopädie Deutsche Geschichte 57.)

– Die Völkerwanderung. Eroberung und Integration. Stuttgart 2005 (2. Aufl.).

Pulsiano, Phillip (Hrsg.): Medieval Scandinavia. An Encyclopedia. New York / London 1993.

Puschner, Uwe; Großmann, G. Ulrich (Hrsg.): Völkisch und National. Zur Aktualität alter Denkmuster im 21. Jahrhundert. Darmstadt 2009.

Ranke, Kurt u. a. (Hrsg.): Enzyklopädie des Märchens. Handwörterbuch zur historischen und vergleichenden Erzählforschung. Bd. 1 ff. Berlin / New York 1977 ff.

Rooth, Anna Birgitta: Loki in Scandinavian Mythology. Lund 1961.

Ross, Margaret Clunies: Two of Þórr's Great Fights according to Hymiskviða. In: Leeds Studies in English. N. S. 20 (1989) S. 7–27.

– An Interpretation of the Myth of Thórr's Encounter with Geirrøðr and his Daughters. In: Speculum Norrœnum. Norse Studies in Memory of Gabriel Turville-Petre. Odense 1981. S. 370–391.

Ross, Margaret Clunies: Prolonged echoes. Old Norse myths in medieval Northern society. 2 Bde. Odense 1994–1998.

Sailer, Manuela (Hrsg.): Gold für die Ewigkeit. Das germanische Fürstengrab von Gommern. Halle (Saale) 2001.

Sanden, Wijnand van der: Mumien aus dem Moor. Die vor- und frühgeschichtlichen Moorleichen aus Nordwesteuropa. Amsterdam 1996.

Sayers, William: Irish Perspectives on Heimdallr. In: alvíssmál 2 (1993). S. 3–30.

Sawyer, Peter (Hrsg.): Die Wikinger. Geschichte und Kultur eines Seefahrervolkes. Hamburg 2008.

Schaffner, Stefan: Die Götternamen des Zweiten Merseburger Zauberspruchs. In: Die Sprache 41 (1999). S. 153–205.

Schier, Kurt: Balder, Loki, Heimdall. Untersuchungen zur germanischen Religion. Teil 1: Balder und die sterbenden Gottheiten des Orients. Habil. München 1969.

– Sagaliteratur. Stuttgart 1970.

Schier, Kurt: Skandinavische Felsbilder als Quelle für die germanische Religionsgeschichte? In: Beck, Heinrich u. a. (Hrsg.): Germanische Religionsgeschichte. Quellen und Quellenprobleme. Berlin/New York 1992. S. 162–228.

Schnurbein, Stefanie von: Religion als Kulturkritik. Neugermanisches Heidentum im 20. Jahrhundert. Heidelberg 1992.

Schröder, Franz Rolf: Balder-Probleme. In: Beiträge zur Geschichte der deutschen Sprache und Literatur 84 (1962). S. 319–357.

– Grímnismál. In: Beiträge zur Geschichte der deutschen Sprache und Literatur 80 (1958). S. 341–378.

– Heimdall. In: Beiträge zur Geschichte der deutschen Sprache und Literatur 89 (1967). S. 1–41.

– Das Hymirlied: Zur Frage verblasster Mythen in den Götterliedern der Edda. In: Arkiv för Nordisk Filologi 70 (1955). S. 1–40.

– Skadi und die Götter Skandinaviens. Tübingen 1941.

Schulz, Katja: Riesen. Von Wissenshütern und Wildnisbewohnern in Edda und Saga. Heidelberg 2004.

Schulz, Katja (Hrsg.): Eddische Götter und Helden. Milieus und Medien ihrer Rezeption. Heidelberg 2011.

Schulz, Katja; Heesch, Florian (Hrsg.): »Sang an Aegir«: Nordische Mythen um 1900. Heidelberg 2009.

See, Klaus von: Die Gestalt der Hávamál. Eine Studie zur eddischen Spruchdichtung. Frankfurt/Main 1972.

– Europa und der Norden im Mittelalter. Heidelberg 1999.

– Mythos und Theologie im skandinavischen Hochmittelalter. Heidelberg 1988.

– Skaldendichtung. München / Zürich 1980.

– Snorris Konzeption einer nordischen Sonderkultur. In: Snorri Sturluson. Kolloquium anläßlich der 750. Wiederkehr seines Todestages. A. a. O. S. 141–177.

Simek, Rudolf: Die Edda. München 2007.

– Die Germanen. Stuttgart 2011 (2. Aufl.).

– Die Wikinger. München 2005 (4. Aufl.).

– Götter und Kulte der Germanen. München 2004.

– Lexikon der germanischen Mythologie. Stuttgart 2006 (3. Aufl.).

– Mittelerde. Tolkien und die germanische Mythologie. München 2005.

– Religion und Mythologie der Germanen. Darmstadt 2014 (2. Aufl.).

– (Hrsg.): Mythos Odin. Texte von der Edda bis zum Heavy Metal. Stuttgart 2010.

Simek, Rudolf; Pálsson, Hermann: Lexikon der altnordischen Literatur. Stuttgart 2007 (2. Aufl.).

Söderberg, Barbro: Lokasenna – egenheter och ålder. In: Arkiv för Nordisk Filologi 102 (1987) S. 18–99.

Stausberg, Michael (Hrsg.): Kontinuitäten und Brüche in der Religionsgeschichte. Festschrift für Anders Hultgård zum 65. Geburtstag am 23. Dezember 2001. Berlin/New York 2001 (Ergänzungsbände zum Reallexikon der Germanischen Altertumskunde. 31.).

Steinsland, Gro: Det hellig bryllup og norrøn kongeideologi. En undersøkelse av hierogamimyten i Skírnismál, Ynglingatal, Háleygjatal og Hyndluljóð. Oslo 1991.

- Norrøn religion. Myter, riter, samfunn. Oslo 2005
- Pagan Myth in Confrontation with Christianity: *Skirnismál* and *Genesis*. In: Old Norse and Finnish Religions and Cultic Place-Names. Hrsg. von Tore Ahlbäck. Åbo 1990. S. 316–328.
- Treet i Völuspá. In: Arkiv för Nordisk Filologi 94 (1979) S. 101–131.

Stiegemann, Christoph; Kroker, Martin und Walter, Wolfgang (Hrsg.): Credo. Christianisierung Europas im Mittelalter. Bd. 1–2. Petersberg 2013.

Ström, Åke V.; Biezais, Haralds: Germanische und baltische Religion. Stuttgart 1975.

Tarantul, Evgen: Elfen, Zwerge und Riesen. Untersuchung zur Vorstellungswelt germanischer Völker im Mittelalter. Frankfurt a. M. 2001.

Teegen, Wolf-Rüdiger: Studien zu dem kaiserzeitlichen Quellenopferfund von Bad Pyrmont. Berlin / New York 1999. (Ergänzungsbände zum Reallexikon der Germanischen Altertumskunde. 20.)

Turville-Petre, E. O. Gabriel: Myth and Religion of the North. London 1964. (Nachdr. Westport 1975.)

Uecker, Heiko: Geschichte der altnordischen Literatur. Stuttgart 2004.

Vries, Jan de: Altgermanische Religionsgeschichte. 2 Bde. Berlin 1970 (3. Aufl.).
- Altnordische Literaturgeschichte. 2 Bde. Berlin 1964–1967 (2. Aufl.).
- The Problem of Loki. Helsinki 1933.

Weber, Gerd W.: Siðaskipti. Das religionsgeschichtliche Modell Snorri Sturlusons in Edda und Heimskringla. In: Sagnaskemmtun. Studies in Honour of Hermann Pálsson. Wien, Köln 1986. S. 309–329. (Philologica Germanica. 8.)
- Snorri Sturlusons Verhältnis zu seinen Quellen und sein Mythos-Begriff. In: Wolf, Alois (Hrsg.): Snorri Sturluson. Kolloquium anläßlich der 750. Wiederkehr seines Todestages. Tübingen 1993. S. 193–244.

Wikinger Waräger Normannen. Die Skandinavier und Europa 800–1200. Ausstellungskatalog. Berlin 1992.

Wilson, David M. (Hrsg.): Kulturen im Norden. Die Welt der Germanen, Kelten und Slawen 400–1100 n. Chr. München 1980.

Wolf, Alois: Sehweisen und Darstellungsfragen in der Gylfaginning. Thors Fischfang. In: Skandivistik 7 (1977). S. 1–27.

– (Hrsg.): Snorri Sturluson. Kolloquium anlässlich der 750. Wiederkehr seines Todestages. Tübingen 1993.

Wolfram, Herwig: Das Reich und die Germanen. Zwischen Antike und Mittelalter. Berlin 1998 (Siedler Deutsche Geschichte 1).

– Die Germanen. München 2005 (8. Aufl.).

BILDNACHWEIS

S. 51:
Brosche in Form der Weltenschlange (Midgardschlange).
© akg-images / Werner Forman

S. 55:
Umzeichnung eines Bronze-Pressbleches der Vendelzeit,
Fundplatz: Öland, Schweden.
Oscar Montelius, *Om lifvet i Sverige under hednatiden* (Stockholm
1905)

S. 58:
Bildstein aus der Kirche von Ardre, Gotland, Schweden.
Gotländisch, 8./9. Jh.
© akg-images

S. 61:
Der Fenriswolf frißt Odin. Steinrelief, skandinavisch, 10. Jh.
Fragment vom Kreuzstein von Kirk Andreas, Isle of Man.
© akg-images / Werner Forman

S. 65:
Kopf einer männlichen Götterfigur. Eisenzeit. Fundort: Braak,
bei Eutin (Moorfund)
© akg-images

S. 71:
Weihestein für die Aufanischen Matronen (errichtet Anfang
3. Jh. n. Chr.).
© akg / Bildarchiv Steffens

S. 77:
Anhänger mit Figur der Göttin Freyja
© akg-images / Werner Forman

S. 85:
The Funen bracteate (DR BR42 = DR IK58), found in Funen,
Denmark.
Creative-Commons-Lizenz »Namensnennung – Weitergabe unter
gleichen Bedingungen 3.0 nicht portiert« /
Author: Bloodofox

S. 89:
Odin fra Lejre, Roskilde museum
Creative Commons Attribution-Share Alike 3.0 Unported /
Autor: Harafnisa

S. 97:
Bronzestatue »Christ or Þor« aus dem isländischen National-
museum
Creative Commons Attribution-Share Alike 3.0 Unported license. /
Author: L3u

S. 99:
A part of the Gosforth Cross showing, among other things, Thor's
fishing trip. Photographed from Finnur Jónsson (1913).
The original artist who made the Gosforth Cross is unknown.
Reproduction by Julius Magnus Petersen (1827–1917).

S. 103:
Thorshammer. (Hammer Thors, mit dem er gegen die Riesen
kämpfte; Nachbildung als Amulett). Wikingerzeit, 10. Jahrhundert. Fundort: Island.
© akg-images / Werner Forman

S. 109:
Essestein von Snaptun mit eingeritztem Männerkopf, gedeutet als
Kopf des Gottes Loki.
© akg-images / Werner Forman

S. 115:
Kleine Männerfigur, wahrscheinlich der Fruchtbarkeitsgott Freyr.
Schweden, etwa 1000 oder 11. Jh. Fundort: Rällinge, Lunda, Söder-
mansland, Schweden
© akg-images / Werner Forman

S. 155:
Runenstein, Jelling (Jütland / Dänemark). Um 965 n. Chr.
© akg-images

S. 165:
image stone from from Tjängvide, Alskog Gotland (Go 110)
Creative Commons Attribution-Share Alike 4.0 International /
Author: Berig

S. 175:
Die Merseburger Zaubersprüche. Handschrift des
10. Jahrhunderts. (Faksimile)
© akg-images

S. 187:
Gußform aus Speckstein sowohl für einen Thorshammer als
auch für ein christliches Kreuz. Fundort: Trendgården, Jütland,
Dänemark.
© akg-images / Werner Forman

S. 198:
Bildstein aus Niederdollendorf bei Bonn. Fränkisch, Ende
7. Jahrhundert.
© akg-images / Herbert Kraft

S. 199:
7th–8th century tombstone depicting knight, from Hornhausen,
Germany.
© akg-images / De Agostini Picture Lib.